Philip G. Zimbardo
Nicht so schüchtern!

Philip G. Zimbardo

Nicht so schüchtern!

So helfen Sie sich selbst aus Ihrer Verlegenheit

Forschung unter Mitwirkung von
Paul A. Pilkonis, Ph. D.
Therapie unter Mitwirkung von
Margaret E. Marnell, R. N., M. A.

mvg verlag

CIP-Kurztitelaufnahme der Deutschen Bibliothek

Zimbardo, Philip G.:

Nicht so schüchtern!: so helfen Sie sich selbst
aus Ihrer Verlegenheit / Philip G. Zimbardo. [Aus
d. Amerikan. übers. von Hans Hermann. –
5. Aufl. – Landsberg am Lech: mvg-verlag, 1986.

(mvg-Paperbacks)
Einheitssacht.: Shyness – What it is, What to do
About it ‹dt.›
ISBN 3-478-02505-2

5. Auflage 1986

Originaltitel: Shyness – What it is, What to do About it

Aus dem Amerikanischen übersetzt von Hans Hermann

Umschlaggestaltung: Weisbrod Werbung
Druck- und Bindearbeiten: Presse-Druck Augsburg
Printed in Germany 020505/786502
ISBN 3-478-02505-2

Dieses Buch widme ich

Margaret, meiner Mutter;
Christina, meiner Frau;
Adam, meinem Sohn und
Zara Maria, meiner Tochter,

die mir Vertrauen, bedingungslose
Liebe und sanfte Zärtlichkeit
schenkten – und mich lehrten,
sie zu schätzen und zu teilen.

DANKSAGUNG

Während ich für diese Danksagung die Beiträge all der Leute zusammenstelle, die mich persönlich – und hoffentlich auch mein Buch – bereichert haben, staune ich über die Größe unserer „Familie" aus verwandten Seelen, und ich denke gerne an sie alle zurück.

Robert Norwood war einer der ersten schüchternen Studenten, der mutig genug war, mich dazu zu zwingen, das Problem der Schüchternheit zu einem Thema ernsthafter Untersuchungen zu machen. Paul Pilkonis bin ich zu besonderem Dank verpflichtet, denn er organisierte die Forschungsteams, leitete die Analyse unserer umfangreichen Ergebnisse und unterstützte die experimentelle Analyse der Schüchternheit mit seiner schöpferischen Intelligenz. Christina Zoppel war damit beschäftigt, unsere in die Tausende gehenden Daten zu programmieren und mit dem Computer auszuwerten; mit ihrer Tüchtigkeit und ihrem Sachverstand wurde sie mir zu einer unentbehrlichen Stütze.

Diese Untersuchung der Schüchternheit hat auch von den Beobachtungen , Interviews, Experimenten und persönlichen Einsichten der folgenden Studenten profitiert: Nina Hatvany, Trudy Solomon, Jeff Wachtel, Debra Tong, Miv London, Terri Macey, Mel Lee, Susan Reilly, Carol Frey, Tim Botello, Steven Cohn, Judy Leventhal, Cristopher Counihan, Scott Fink, Colleen O'Beirne, Gopal Gupta, Alex Armour, Michael Broderick, Judeth Greco, Joel Kabaker, Angel Mayorga, Cecilia Pacheco, Carolyn Sanders, Christina Sousa-Silva, Robert Blake, Jeff Prater, Susie Malouf, Hillary Davis, Zehra Peynircioglu.

Eine Datensammlung aus anderen Kulturen (einschließlich der Übersetzung von Fragebogen und der damit verbundenen Arbeit) wurde mir von Kollegen zur Verfügung gestellt, denen ich für ihre großzügige Unterstützung zu danken habe: Francesco Gaona Lopez

(Mexiko), Larry Leo (Taiwan und persönliche Beobachtungen in der Volksrepublik China), K. L. Sindwani (Indien), Karl Minke und Richard Brislin (Hawaii), Helmut Lamm (Deutschland), Charles Greenbaum (Israel) und aus Japan Giyoo Hatano, Michiru Sugawa und Hitoshi Fujisawa. Einen Kuß möchte ich meinen Worten des Dankes für Ayala Pines hinzufügen, die in ihrer ansteckenden Begeisterung für die Erkundung der Schüchternheit eine eindrucksvolle Datensammlung beisteuerte, erfragt von Israelis aus allen Lebensbereichen, von kleinen Kibbuzniks bis hin zu Männern und Frauen im Militär.

Mein Dank gilt auch Lehrern und anderen, die ihr Wissen und ihre Gedanken zum Thema Schüchternheit beitrugen: Sharon Bower, Marilynne Robinson, Dorothy Holob, Jean Davis, Mimi Silbert und Christina Maslach. An der Jordan Junior High School waren es Chuck Moore, Elizabeth Lillard und Mary Kushnick, denen ich für ihre Hilfe zu danken habe, wie auch Ruth Miller und Dora Buntin von der Green Gables Elementary School, und Brooks Carder, Elizabeth Missakian und Linda Burke von Synanon. Und es gibt noch andere, deren Beiträge geholfen haben, auch wenn sie hier nicht einzeln aufgeführt sind.

Die Beratungsstelle für Schüchterne an der Stanford-Universität auf die Beine zu stellen, erforderte viel Mut, Zähigkeit, harte Arbeit, Feingefühl und eine gute Portion Humor – und dafür danke ich Meg Marnell.

All diese Bemühungen kosteten auch Geld; wir bekamen Forschungsstipendien vom „Office of Naval Research", vom „Boys Town Center for the Study of Youth Development" an der Stanford-Universität und vom „National Institute of Mental Health". Mit ihrer finanziellen Unterstützung haben sie keineswegs die in diesem Buch dargelegten Erkenntnisse, Ideen, Meinungen oder Werte zu vertreten.

Wenn man einen Haufen Forschungsergebnisse hat und damit am Boden einer Beratungsstelle für Schüchterne sitzt, ist man noch weit davon entfernt, das alles in einem Buch zusammengefaßt präsentieren zu können. Es war Warren Stone von Addison-Wesley, der mir Feuer unter den Schwanz machte, und Ann Dilworth als Lektorin fachte es immer wieder kräftig und feinfühlig an, wenn es auszugehen drohte. Meine wundervolle Sekretärin, Rosanne Sausotte, gab wie gewöhnlich ihr bestes, um meine unleserliche Handschrift auseinanderzuklauben (kräftig unterstützt von Joyce Lockwood und Annie Edmonds).

Schließlich hätten die Gedanken in meinem Kopf nie zu Papier gebracht werden können, wenn sich nicht die ganze Crew im Massage-Zentrum von Palo Alto so um mich bemüht hätte – sie sorgten dafür, daß mein rechter Arm bis spät in die Nacht hinein in Bewegung blieb, nachdem er völlig empfindungslos geworden war.

Ich hoffe, daß jeder, der etwas zu diesem Buch beigesteuert hat, nun auch am greifbaren Ergebnis unserer „Familienangelegenheit" seine Freude haben wird.

San Francisco *PGZ*

INHALT

EINFÜHRUNG

In den letzten vier Jahren habe ich psychologische Forschungen durchgeführt, um einen faszinierenden Wesenszug des Menschen – die Schüchternheit – besser verstehen zu lernen. Als Vater und Lehrer war mir seit langem bewußt, wie hemmend sich die Schüchternheit auf Kinder und Heranwachsende auswirkt. Aber erst eine Reihe von merkwürdigen Vorfällen lenkte mein Interesse als Sozialwissenschaftler auf eine systematische Analyse der Schüchternheit.

Vor einer großen Klasse der Stanford-Universität sprach ich darüber, daß gewisse soziale Situationen unser Denken, Fühlen und Handeln tiefgehend verändern können. Um das zu verdeutlichen, schilderte ich ein kurz vorher abgeschlossenes Experiment, in dem Studenten die Rollen von Gefängniswärtern und Gefangenen in einer simulierten Gefängnissituation spielten.[1] Obwohl diese Leute ausgewählt wurden, weil sie bei allen unseren psychologischen Tests normale Ergebnisse erzielt hatten, fingen sie schon nach wenigen Tagen in diesem Gefängnis an, seltsame und pathologische Verhaltensweisen an den Tag zu legen.

Die falschen Gefängniswärter gingen schon bald über ihr anfänglich nur dominierendes Verhalten hinaus und behandelten „ihre Gefangenen" in einer brutalen, oft sadistischen Art. Die falschen Gefangenen reagierten auf diese Demonstration von Macht mit Beunruhigung und Hilflosigkeit, und fügten sich schließlich widerstandslos allen Vorschriften. Das Experiment, das auf zwei Wochen angelegt war, mußte schon nach sechs Tagen abgebrochen werden, weil sich in dieser gefängnisähnlichen Umgebung dramatische Veränderungen in der Persönlichkeit und im Wertgefüge ergaben.

Wie war es möglich, daß diese Jungen, die ganz willkürlich in Wärter und Gefangene eingeteilt worden waren, so leicht in diese

Rollen schlüpfen konnten? Sie hatten keinerlei Übung. Aus einer Vielfalt von Erfahrungen mit Macht und Ungerechtigkeit in ihren Familien, Schulen und durch die Medien hatten sie jedoch schon gelernt, was es heißt, ein Gefangener oder Gefängniswärter zu sein. Wärter üben ihre Macht dadurch aus, daß sie die Vorschriften der Institution schaffen oder aufrechterhalten – Vorschriften, die gewöhnlich die Handlungsfreiheit einschränken. Die Vorschriften nennen all die Dinge, die man vielleicht tun möchte, aber nicht tun darf, und all die Dinge, die man tun muß, aber nicht tun möchte. Gefangene können sich entweder gegen diese Zwangsvorschriften wehren, oder sie können sich fügen. Wehren sie sich, werden sie bestraft: also geben die meisten nach und tun, was der Wärter von ihnen erwartet.

Als ich die Mentalität des Wärters und des Gefangenen mit meiner Klasse diskutierte, kam die Rede auf Parallelen zwischen diesem Verhältnis und dem von Mann und Frau, Eltern und Kindern, Lehrern und Schülern, Ärzten und Patienten usw.. „Könnt ihr euch aber diese zwei Mentalitäten in einem einzigen Kopf, diese zwei Denkweisen in ein und derselben Person vorstellen?" fragte ich. Das offensichtliche Beispiel war die extrem schüchterne Person.

„Es gibt schüchterne Menschen, die sowohl den Wunsch als auch die Kenntnisse haben, etwas Bestimmtes zu tun, und die trotzdem nicht zur Tat schreiten", sagte ich. „Sie gehen auf eine Tanzveranstaltung, sie kennen die Tanzschritte, und doch hält sie irgend etwas in ihrem Innern davon ab, jemanden zum Tanzen aufzufordern oder eine Aufforderung anzunehmen. Ähnlich ist es im Klassenzimmer. Da gibt es Schüler, die die Antwort wissen und die auf den Lehrer einen guten Eindruck machen wollen, aber irgend etwas sorgt dafür, daß sie trotzdem stumm bleiben. Sie werden am Handeln gehindert, weil der Wärter in ihrem Innern ihnen eingibt: 'Du machst dich lächerlich; man wird dich auslachen; dies ist nicht der richtige Ort dafür; ich werde dir nicht die Freiheit lassen, spontan zu handeln; laß deine Hand unten, melde dich nicht freiwillig, tanze nicht, singe nicht, mach dich nicht bemerkbar; in Sicherheit bist du nur, wenn man dich nicht sieht und nicht hört.' Und der Gefangene in ihm beschließt, sich nicht auf die gefährliche Freiheit eines spontanen Lebens einzulassen; er fügt sich brav."

Nach dem Unterricht kamen ein paar Studenten zu mir, um mehr über ihr „Problem" zu erfahren. Ihr Problem war eine übergroße

Schüchternheit, die dazu führte, daß sie ihr Leben größtenteils danach ausrichteten, Situationen zu vermeiden, in denen sie irgendwie bloßgestellt werden konnten. Wir fragten uns gemeinsam, wie ungewöhnlich ihre Reaktionen seien, und in welchem Ausmaß eine derartige Schüchternheit unter jungen Menschen anzutreffen sei. Ich konnte ihnen wohl verständnisvoll zuhören, konnte ihnen aber kaum erklären, woher die Schüchternheit kam, welche Konsequenzen sie hatte, oder wie sie sich „heilen" ließ. Nach alter akademischer Sitte empfahl ich ihnen, zur Bibliothek zu gehen und herauszufinden, was über Schüchternheit bekannt ist.

Inzwischen hatte es sich in der Klasse herumgesprochen, daß ich gelegentlich in zwangsloser Runde über Schüchternheit diskutierte, und bald waren es ein Dutzend Studenten, die regelmäßig an einem Seminar über die Schüchternheit teilnahmen. Zunächst einmal war es natürlich nicht gerade das brillanteste Seminar in meiner Laufbahn; zwölf schüchterne Fremde ergeben keine lebhafte Diskussion – es sei denn, die Diskussion dreht sich um das Thema, das sie am meisten beschäftigt, das Gebiet, auf dem sie Fachleute sind – ihre eigene Schüchternheit.

Als wir über die erste Phase, in der wir unsere Erfahrungen mit der Schüchternheit austauschten, hinauswaren und uns mit dem befaßten, was „wissenschaftlich" über sie bekannt war, stellten wir zu unserer gemeinsamen Überraschung fest, daß die Schüchternheit noch kaum erforscht war. Es gab lediglich einige Untersuchungen und Spekulationen über die Schüchternheit als Charakterzug und über einzelne Aspekte der Schüchternheit – etwa über die Verlegenheit; über die Anstrengung, das Gesicht zu wahren; über das Lampenfieber; über Sprachschwierigkeiten und so weiter –, aber es gab keine systematischen Untersuchungen, die sich spezifisch darum bemühten, die Dynamik der Schüchternheit zu verstehen. Was erforscht werden mußte, war die Bedeutung der Schüchternheit für den Schüchternen selbst, für seine (oder ihre) Kontaktperson und für die Gesellschaft insgesamt. Mit dieser Zielvorstellung arbeitete unsere Klasse einen Fragebogen aus, in dem Leute aufgefordert wurden, selbst zu entscheiden, ob sie schüchtern waren oder nicht. Andere Fragen galten den Gedanken, Gefühlen, Handlungsweisen und körperlichen Symptomen, die sich mit der Schüchternheit verbanden. Wir versuchten auch, herauszubekommen, was für Leute und Situationen wohl diejenigen, die den Fragebogen ausfüllten, so schüchtern machten. Diese erste Umfrage wurde unter fasr 400 Studenten gemacht und dann sorgfältig revidiert, um präzisere Ergebnisse zu erzielen.

Inzwischen haben sich fast 5000 Menschen an dieser Umfrage zur Schüchternheit beteiligt, und wir haben daraus eine ganz erhebliche Menge an Informationsmaterial zusammengetragen. Unser Team hat außerdem hunderte von ausführlichen Interviews geführt und schüchterne und nicht-schüchterne Leute in verschiedenen Umgebungen beobachtet. Um die genauen Beziehungen der Schüchternheit zu anderen Reaktionen zu untersuchen, haben wir zusätzlich Experimente unter kontrollierten Laborbedingungen durchgeführt. Diskussionen mit Eltern und Lehrern tragen dazu bei, Lücken in unseren Erkenntnissen über die komplizierten Probleme der Schüchternheit zu schließen.

Wenn auch der überwiegende Teil unserer Informationen von amerikanischen Studenten stammt, haben wir unsere Forschungen auch auf die nicht-studentische Bevölkerung und auf Menschen aus anderen Kulturen ausgedehnt. Unsere Umfrage-Ergebnisse erstrecken sich auf Marinerekruten, Geschäftsleute, Patienten mit Gewichtsproblemen, Teilnehmer an gruppentherapeutischen Sitzungen, Schüler aus Grund- und Hauptschulen und Gymnasiasten. Von ausländischen Kollegen erhielten wir wertvolle Informationen über das Wesen der Schüchternheit in Japan, Taiwan, der Volksrepublik China, Hawaii, Mexiko, Indien, Deutschland und Israel.

Viele von denen, die den Fragebogen ausgefüllt haben, wollten wissen, wie sich die Schüchternheit überwinden läßt. Um dafür erfolgreiche Techniken zu entwickeln, haben wir an der Stanford-Universität eine Beratungsstelle für Schüchterne eingerichtet, wo wir verschiedene Übungen ausprobieren, die möglicherweise schüchternen Menschen helfen können. Durch diese Beratungsstelle hoffen wir, den Leuten bei der Überwindung ihrer Schüchternheit helfen zu können *und* mehr über das Wesen dieses weit verbreiteten Problems zu erfahren.

Auch wenn wir heute erheblich mehr wissen als zu Beginn unserer Beschäftigung mit dem Warum und Weshalb der Schüchternheit, sind doch noch viele Fragen offen. Unsere Forschungsarbeit ist in erster Linie eine fortlaufende Untersuchung der vielen Aspekte, die diese manchmal subtile und oft verwirrende Erscheinung kennzeichnen. Normalerweise schreiben Forscher ein derartiges Buch erst, wenn sie mehr Informationen beisammen haben. Wir haben diese Zurückhaltung aufgegeben, weil wir so dringend aufgefordert worden sind, *jetzt* mit guten Ratschlägen und Informationen zu helfen. Diese Bitten sind in Hunderten von Briefen, Telefongesprächen und persönlichen Appellen von Leuten an uns herangetragen worden, die täglich unter der unerträglichen Bürde ihrer Schüchternheit zu leiden haben. Wir können nur hoffen, daß dieses Buch nützliche Informationen und praktische Tips enthält, die diesen Menschen helfen, mit ihrer Schüchternheit besser zurechtzukommen.

Dieses Buch ist in zwei Teile gegliedert. Im ersten Teil liegt das Schwergewicht auf der Frage, was es mit der Schüchterheit eigentlich auf sich hat. Der Leser erfährt, was es heißt, verschiedenen Arten von Schüchternheit ausgesetzt zu sein, und welchen ganz spezifischen Problemen sich der Schüchterne gegenübersieht, woher die Schüchternheit kommt und wie sie sich analysieren läßt. Es wird untersucht, inwiefern die Familie, die Schule und die Gesellschaft dazu beitragen, daß einer schüchtern wird; und es wird gezeigt, wie die Schüchternheit intime Beziehungen schwierig und genußreiche sexuelle Beziehungen oft unmöglich macht. Schüchternheit kann ein ganz persönliches Problem sein, aber ihre Auswirkungen bekommt die ganze Gesellschaft zu spüren. So endet der erste Teil mit einer Betrachtung der Art und Weise, wie die Schüchternheit soziale Probleme schafft – auf Grund ihrer nicht so offenkundigen Beziehung zur Gewalttätigkeit und zum Alkoholismus, zu sozialen Bewegungen, zum unpersönlichen Sex und zum Vandalismus.

Der zweite Teil konzentriert sich auf die praktische Frage, wie man mit den von der Schüchternheit herrührenden Problemen fertigwerden kann. Der Leser findet konstruktive Vorschläge, wie er seine Einstellung zur Schüchternheit und zu sich selbst verändern kann. Oft entsteht Schüchternheit nicht einfach aus einem Mangel an Selbstvertrauen oder aus unbegründeten Ängsten in sozialen Situationen; sie geht oft eher auf einen Mangel an sozialen Fertigkeiten zurück. Einfache Taktiken und Strategien sollen helfen, diese Fertigkeiten zu entwickeln und die Geschicklichkeit im Umgang mit Menschen zu verbessern.

Aber selbst wenn sich mit einem Wundermittel jedem schüchternen Menschen der Gegenwart helfen ließe – was kann künftige Generationen vor der Beklemmung bewahren, die auf der Schüchternheit beruhen? Das letzte Kapitel befaßt sich mit der provozierendsten Frage überhaupt: welche Therapie gibt es für eine Gesellschaft, die Schüchternheit erzeugt? Eine rückwirkende Therapie für Leute, die bereits unter Schüchternheit leiden, reicht nicht aus. Wir müssen alle Anstrengungen unternehmen, um unsere Gesellschaft so zu verändern, daß dieses Übel erst garnicht entstehen kann.

Die Schüchternheit ist ein heimtückisches persönliches Problem, das solche epidemischen Ausmaße erreicht, daß man ohne weiteres von einer Volkskrankheit sprechen kann. Gewisse Tendenzen in unserer Gesellschaft lassen darauf schließen, daß das in den kommenden Jahren noch schlimmer werden wird, denn die Zwänge in unserer Gesellschaft isolieren uns immer mehr, zwingen uns zum Wettbewerb und machen uns immer einsamer. Wenn wir nicht bald etwas tun, werden unsere Kinder und Enkelkinder zu Gefangenen ihrer eigenen Schüchternheit werden. Um das zu verhindern, müssen wir begreifen lernen, was Schüchternheit ist, damit wir eine zuträgliche Umwelt schaffen können, in der schüchterne Menschen die Sicherheit ihrer privaten Gefängnisse aufgeben und ihre verlorenen Freiheiten der Sprache, des Handelns und der menschlichen Beziehungen wiedergewinnen können.

Hawthorne mag an den schüchternen Menschen gedacht haben, als er schrieb: „Gibt es ein dunkleres Verlies als das eigene Herz? Einen unerbittlicheren Wärter als das eigene Selbst?" Wir können lernen, wie man aus der Hölle der extremen Schüchternheit sogar einen Himmel macht. Leicht ist es nicht, aber es ist möglich. Wie, das soll dieses Buch aufzeigen.

ERSTER TEIL

Was ist Schüchternheit?

1.

Begreifen, was Schüchternheit ist

> Ich weiß noch gut, wie ich vier Jahre alt war, was ich da alles tat, um Leute nicht sehen zu müssen, die uns besuchen kamen. Es waren Leute, die ich kannte, etwa Cousins, Tanten, Onkel, Freunde der Familie, ja sogar meine Brüder und Schwestern. Ich versteckte mich in Wäschekörben, Kleidertruhen, Schränken, in Schlafsäcken, unter Betten. Es ist wahrscheinlich eine endlose Liste, und das alles nur, weil ich vor Menschen Angst hatte.
> Je älter ich wurde, desto schlimmer wurde alles.

Schlimmer? Es fällt schwer, über diese Aussage nicht zu lachen, die sich wie der Anfang eines Sketches von Woody Allen anhört. Aber wir lachen offensichtlich nur, weil wir uns dagegen wehren, zuviel Mitgefühl mit dieser schmerzlichen Erinnerung einer Oberschülerin zu empfinden. Wir versuchen uns einzureden, daß sie übertreibt; so schlimm kann das Leben doch gar nicht sein. Doch für viele Schüchterne Menschen ist es fraglos so schlimm.

Mein Bruder, der Beinschienen tragen mußte, um die Folgen einer Kinderlähmung zu überwinden, legte mit der Zeit die gleiche krankhafte Menschenscheu an den Tag. Sobald es an der Tür klopfte, zählte George schnell durch, um zu sehen, ob alle Familienmitglieder da waren. Wenn keiner fehlte, bezog er hastig seinen Posten unterm Bett, oder er ging ganz auf Nummer Sicher und schloß sich im Bad ein. Erst nach langem Betteln und Flehen gab er nach und kam heraus, um sich von einem Nachbarn oder von irgendwelchen Verwandten Guten Tag sagen zu lassen.

Meine Mutter, eine mitleidsvolle Frau mit gutem Einfühlungsvermögen in die Funktionsweise der menschlichen Natur, kam zu dem Schluß, daß sie George helfen mußte, bevor seine Schüchternheit ganz außer Kontrolle geriet. Denn seine Qualen hörten auch nicht auf, als er ohne Beinschienen auskam. Sie war überzeugt, daß er die Gesellschaft gleichaltriger Kinder brauchte, und sie konnte die Leute in der Vorschule dazu überreden, den viereinhalbjährigen George einzuschulen, und das mitten im Schuljahr. Meine Mutter erinnert sich:

> Er heulte und schluchzte an diesem ersten Tag fast ohne Unterbrechung und klammerte sich in panischer Angst an meinem Kleid fest. Sobald die Lehrerin oder eines der Kinder in seine Richtung blickte, versteckte er den Kopf in meinem Schoß oder blickte zur Decke. Wenn aber die Klasse eine Geschichte erzählt bekam oder mit den Spielzeuginstrumenten Musik machen durfte, siegte seine Neugier, und er mußte dann einfach hinsehen und zuhören.

Da kam mir der Gedanke, daß sich George nicht so unbehaglich fühlen würde, wenn er unsichtbar wäre, wenn er also alles verfolgen und mitmachen könnte, ohne selbst von den anderen Kindern beobachtet zu werden. Er konnte natürlich nicht verschwinden; aber das nächstbeste war möglich – er konnte sich maskieren wie sein Held im Radio, der Rächer aus Texas.

Nach dem Essen ermunterte ich George, mit mir zusammen aus einer braunen Einkaufstüte eine über den Kopf zu ziehende Maske zu basteln. Wir schnitten Augen aus, eine Nase und einen Mund, und machten das Ganze etwas bunt, damit es hübscher aussah. Als er die Maske aufsetzte, gefiel sie ihm gleich, und ich mußte immer und immer wieder fragen: „Wer ist denn dieses maskierte Kind?" Fröhlich antwortete er dann: „Der Rächer aus Texas", oder: „Herr Niemand", oder: „Das geht dich nichts an", oder aber er brüllte einfach wie ein Löwe. Gelegentlich nahm er die Maske ab, um mir zu zeigen, daß er immer noch darunter steckte.

Seine Lehrerin war damit einverstanden, es mit meinem Plan zu versuchen; ja sie ging sogar noch weiter: sie sorgte dafür, daß er funktionierte. Sie erzählte den anderen Kindern, daß der neue Schüler eine besondere Maske tragen würde, und daß sie nicht versuchen dürften, sie ihm abzunehmen, sondern daß sie vielmehr ganz normal mit diesem maskierten Kind spielen sollten. Zur allgemeinen Überraschung hatte diese ungewöhnliche Methode Erfolg. George konnte zu einem Teil der Klasse werden, wenn auch etwas losgelöst von den anderen. Er konnte sich jederzeit einbilden, man erkenne ihn nicht, und das, ohne sich zu diesem Zweck verstecken zu müssen. Nach und nach kam er den anderen Kindern näher, und es dauerte nur wenige Wochen, bis er an den Spielen teilnahm.

Er blieb noch ein ganzes Jahr im Kindergarten, und sein Selbstvertrauen wuchs in dem Maße, in dem ihm der Alltag im Klassenzimmer vertraut wurde. Aber immer noch trug er die Maske – jeden Morgen setzte er sie auf, und er nahm sie erst ab, wenn sein Bruder kam, um ihn mit nach Hause zu nehmen.

Und dann kam der große Tag am Ende des Schuljahres, als den Eltern der zu verabschiedenden Kinderschüler der Klassenzirkus dargeboten werden sollte. Da George schon im Jahr vorher teilgenommen hatte, war er, was Feste anbelangte, bereits ein alter Hase. „Möchtest du gerne Zirkusdirektor sein?" fragte ihn die Lehrerin. Vor Freude hüpfte er auf und ab. „George, du weißt, daß der Zirkusdirektor einen Zylinder und einen feinen Anzug trägt, aber keine Maske", fuhr sie geschickt fort, „wenn du also der Zirkusdirektor sein möchtest, mußt du deine Maske für diese Dinge eintauschen. Einverstanden?"

Und so war nun George nicht nur in die Gruppe integriert, sondern er leitete sogar den Zirkus. Mit lauten Rufen lenkte er die Aufmerksamkeit der Zuschauer hierhin und dorthin! Die Maske brauchte er nun nichr mehr, er war auf dem besten Weg dazu, ein glücklicherer und gesünderer Junge zu werden. Er ging zwar nie vollkommen aus sich heraus, aber er schloß enge Freundschaften mit Jungen und Mädchen, und später in der Oberschule wurde er sogar zum Klassensprecher gewählt.

Georges Bedürfnis, eineinhalb Jahre lang diese Papiertüte auf dem Kopf zu tragen, mag bizarr erscheinen. Doch diese geniale Lösung machte es ihm möglich, nach und nach eine normale Beziehung zu anderen herzustellen, und schließlich kam ja auch der Tag, da er die Maske abnehmen und er selbst sein konnte. Die Einkaufstüte war eine erfolgreiche Lösung für ein extrem schüchternes Kind. Andere haben dieses Glück nicht; sie werden erwachsen, ohne jemals gelernt zu haben, mit diesem quälenden Problem fertigzuwerden.

Die Schüchternheit kann eine seelische Behinderung sein, die sich so lähmend auswirkt wie die schwersten körperlichen Behinderungen, und ihre Folgen sind oft verheerend:

- Die Schüchternheit macht es Ihnen schwer, Leute kennenzulernen, Freundschaften zu schließen, oder an potentiell guten Erfahrungen Freude zu haben.
- Sie hindert Sie daran, sich für Ihre Rechte stark zu machen und und Ihre eigenen Meinungen und Werte bekannt werden zu lassen.
- Die Schüchternheit verringert die Chancen, daß andere Ihre persönlichen Stärken positiv bewerten.
- Sie führt dazu, daß Sie Ihrer selbst unsicher sind und sich in übertriebenem Maße mit Ihren eigenen Reaktionen beschäftigen.
- Die Schüchternheit erschwert klares Denken und eine wirkungsvolle Kommunikation.
- Negative Gefühle wie Depressionen, Angstzustände und Vereinsamung sind typische Begleiterscheinungen der Schüchternheit.

Schüchtern sein heißt, vor Menschen Angst zu haben, insbesondere vor Menschen, die aus irgendeinem Grunde eine emotionale Bedrohung verkörpern: Fremde, weil sie etwas Neues oder Ungewisses verkörpern; Autoritäten, die eine gewisse Macht ausüben: Vertreter des anderen Geschlechts, die potentielle intime Begegnungen darstellen. George und das junge Mädchen, dessen Bemerkungen dieses Kapitel einleiteten, fühlten sich beide praktisch durch jedermann bedroht. Sie liefern recht dramatische Beispiele für die Schüchternheit. Doch die alltägliche Spielart dieses Problems drängt sich still und leise in unser aller Leben.

Sind Sie je in eine Party hineingeplatzt, auf der Sie keinen Menschen kannten außer der Gastgeberin – und die war nirgends zu sehen? „Wer sind denn *Sie?*" fragt jemand, und aus Ihrem Mund kommen allenfallls unsichtbare Schmetterlinge. Oder waren Sie je in einer Gruppe, deren Anführer fröhlich vorschlägt: „Am besten lernen wir uns kennen, wenn jeder seinen Namen sagt und irgend etwas Persönliches über sich selbst erzählt." Sofort beginnen Sie mit einer Generalprobe Ihres Auftritts. „Ich heiße ... (verdammt, ach ja) ... Phil Zimbardo. Ich bin ein ... eine ... Person (nein, das ist nicht persönlich genug – warum bin ich nicht lieber ins Kino gegangen?)." Und noch einmal, voller Unbehagen: „Ich heiße, eh ... !!" Durch solche alltäglichen Vorfälle lernen die Leute, die nicht schüchtern sind, wenigstens einige Qualen kennen, denen schüchterne Menschen ausgesetzt sind.[1]

Trotz der negativen Folgen und der Intensität der Schüchternheit läßt sich das Problem überwinden. Das setzt aber voraus, daß wir die Grundlagen der Schüchternheit erkennen und dann ein angemessenes Programm aufstellen, mit dem sich diese Grundlagen verändern lassen.

Was ist Schüchternheit?

„Schüchternheit" ist ein verschwommener Begriff; je näher wir hinsehen, desto mehr Spielarten der Schüchternheit entdecken wir. Bevor wir also auch nur anfangen können, über Gegenmaßnahmen nachzudenken, müssen wir genauer in Erfahrung bringen, was Schüchternheit ist. Dem Oxford English Dictionary entnehmen wir, daß das Wort zum erstenmal um das Jahr 1000 n. Chr. in einem altenglischen Gedicht auftaucht, wo es soviel bedeutet wie „leicht verängstigt". Schüchtern sein heißt „schwer zugänglich, infolge Ängstlichkeit, Vorsicht oder Mißtrauen". Der Schüchterne „hat in seiner Vorsicht eine Abneigung dagegen, sich mit einer ganz bestimmten Person oder Sache auseinandersetzen zu müssen". Er ist „vorsichtig im Reden oder Handeln", „scheut sich vor einer Selbstbehauptung", ist „überängstlich"; oft ist er „aus mangelndem Selbstvertrauen zurückhaltend oder reserviert" oder bei anderer Veranlagung „von fragwürdigem Charakter, 'zwielichtig', verrufen". Für Webster's ist die Schüchternheit ein „Gefühl des Unbehagens in Gegenwart anderer".

Doch irgendwie sind diese Definitionen kaum dazu angetan, das praktische Wissen zu bereichern. Eine Einzeldefinition kann gar nicht vollständig sein, da die Schüchternheit nicht jedem das Gleiche bedeutet. Sie ist eine komplizierte Erscheinung und kann sich sehr unterschiedlich auswirken – das reicht vom leichten Unbehagen zur übertriebenen Menschenscheu oder gar zur extremen Neurose. Um zunächst einmal zu einem besseren Verständnis dieses Phänomens zu kommen, erfaßten wir mit unserer Stanford-Umfrage zur Schüchternheit fast 5000 Menschen.

Halten Sie sich derzeit für schüchtern?

_____ ja _____ nein

(Und *Sie*? Halten Sie sich für schüchtern?)

Falls Sie mit „nein" geantwortet haben: Hat es irgendwann in Ihrem Leben eine Zeit gegeben, in der Sie sich für schüchtern hielten?

_____ ja _____ nein

Wir unterließen es in unserer Umfrage, eine genaue Definition der Schüchternheit anzubieten. Stattdessen hatte jeder die Freiheit, seine eigene Definition zu finden. Zuerst sollten die Leute das Etikett „Schüchternheit" für sich akzeptieren oder zurückweisen, und danach wollten wir wissen, wie sie zu dieser Entscheidung kamen. Wir fragten, welche Leute und Situationen sie schüchtern machten, und was für Gedanken, Gefühle, Taten und körperliche Symptome sich mit ihrer Schüchternheit verbanden. Wie Sie einem Abdruck der Fragen auf S. 179 entnehmen können, versuchten wir auch, einigen anderen Aspekten der Schüchternheit auf die Spur zu kommen.

Eine universale Erfahrung

Das grundlegendste Ergebnis unserer Umfrage besagt, daß die Schüchternheit allgemein, weit verbreitet und universal ist. Über 80 Prozent der Befragten waren nach eigener Aussage *irgendwann in ihrem Leben schüchtern,* entweder jetzt, früher oder die ganze Zeit. Von diesen wiederum fanden sich über 40 Prozent *gegenwärtig schüchtern* – mit anderen Worten: vier von zehn Menschen, oder 84 Millionen Amerikaner!

Für manche Leute ist die Schüchternheit seit langem ein regelmäßiger Störenfried in ihrem täglichen Leben. Ein Viertel etwa gab an, *chronisch schüchtern* zu sein, jetzt und immer. Von diesen erzählten uns ganze 4 Prozent – *waschechte Schüchterne* –, ihre eigene Definition der Schüchternheit beruhe auf der Tatsache, daß sie die *ganze* Zeit schüchtern seien, in *allen* Situationen und praktisch *allen* Menschen gegenüber.

In welchem Maße Schüchternheit vorherrscht, hängt von der jeweiligen Zivilisation und vom Menschentyp ab. Wir haben jedoch nie eine Gruppe von Menschen getroffen, in der sich weniger als ein Viertel für *gegenwärtig schüchtern* hielt, und in einigen Gruppen, etwa bei Mädchen aus den unteren Klassen der Oberschule oder bei Studenten aus einigen orientalischen Ländern, steigt die Statistik sprunghaft an und erreicht bis zu 60 Prozent. Der Anteil der waschechten Schüchternen lag bei keiner der untersuchten Gruppen unter 2 Prozent und kann bis zu 10 Prozent ansteigen, etwa bei Japanern.

Die Teilnehmer an unserer Umfrage stützten ihre Entscheidung, ob sie sich schüchtern nennen sollten oder nicht, unter anderem auf die Frage, wie *oft* sie sich schüchtern fühlten. Etwa ein Drittel der Leute fühlte sich mindestens ebenso oft schüchtern, wie nicht. Über 60 Prozent gaben an, nur gelegentlich schüchtern zu sein, doch sie fanden diese Situationen schwerwiegend genug, um sich als schüchtern zu bezeichnen. Wenn einer zum Beispiel nur bei öffentlichen Auftritten schüchtern ist, so kann das genügend ernste Probleme aufwerfen, wenn er – so wie viele Studenten und Geschäftsleute – öfters vor Zuhörern referieren muß.

Unter 20 Prozent der Teilnehmer an der Umfrage sagten aus, daß sie sich nicht als schüchtern einstufen. Was auch immer sie unter Schüchternheit verstanden, sie hatten jedenfalls das Gefühl, daß die

Schüchternheit nicht zu ihren persönlichen Eigenarten gehörte. Interessanterweise gaben jedoch die meisten dieser Leute zu, daß sie in bestimmten Situationen mit Schüchternheitssymptomen wie Erröten, Herzklopfen und „einem flauen Gefühl im Magen" reagierten. Das heißt also, daß sie auf manche Menschen und manche Situationen mit Gedanken, Gefühlen und Handlungen reagierten, die für den Schüchternen charakteristisch sind. Diese Leute mit einer *situationsbedingten* Schüchternheit halten sich nicht für schüchtern; sie meinen vielmehr, daß gewisse äußere Umstände – etwa wenn sie einen Raum voller Fremder betreten müssen – ein vorübergehendes Unbehagen bereiten. Diese Unterscheidung zwischen Leuten, die sich bereitwillig *selbst* als schüchtern bezeichenen, und denen, die nur ihre *Reaktionen auf bestimmte Situationen* schüchtern finden, ist sehr wichtig, und wir werden uns in einem späteren Kapitel noch damit befassen.

Wenn wir sagen, die Schüchternheit sei eine universale Erfahrung, so ist das eine weitgehende Verallgemeinerung, die jedoch eine solide Grundlage hat. Ganze 7 Prozent aller erfaßten Amerikaner geben an, nie in ihrem Leben Gefühle der Schüchternheit empfunden zu haben. Auch in anderen Ländern behauptet jeweils nur eine kleine Minderheit, selber noch nie Schüchternheit empfunden zu haben.

Wer ist schüchtern?

Schüchternheit ist unter Schulkindern häufiger anzutreffen als unter Erwachsenen, denn vielen im Augenblick nicht-schüchternen Erwachsenen ist es gelungen, ihre kindliche Schüchternheit zu überwinden. Dennoch weisen unsere Forschungsergebnisse nachdrücklich den Mythos zurück, nach dem die Schüchternheit eine reine Kinderkrankheit ist. Vielleicht fällt sie uns bei Kindern stärker auf, weil sie unter schärferer fortwährender Beobachtung stehen als Erwachsene. Doch nach wie vor ist ein beträchtlicher Anteil der Erwachsenen schüchtern. Robert Young, als Dr. Marcus Welby bei Fernsehzuschauern bekannt und beliebt, gehört dazu.

> Ich war schon immer schüchtern. Als Kind hatte ich sogar vor meiner Lehrerin Angst. Später gehörte ich dann zu jenen großen und hageren Jungen, die sich von der äußeren Erscheinung und vom Gewicht her nicht für den Football eigneten und deshalb nicht automatisch zu Schulhelden wurden. Für einen Teenager spielte das eine große Rolle.[2]

Es gibt provozierende Belege dafür, daß es in den Jahren des Heranwachsens bei Mädchen häufiger zu Schüchternheit kommt als bei Jungen. Bei einer Umfrage unter Schülern im vierten, fünften und sechsten Schuljahr waren im Durchschnitt 42 Prozent „gegenwärtig schüchtern" – ganz wie in der ursprünglichen Umfrage. Die Zahl derer, die sich selbst als schüchtern bezeichneten, war unter diesen Jungen und Mädchen etwa gleich. Schauen wir uns aber die Sieben- und Achtkläßler an, dann klettert nicht nur der Anteil der Schüchternen auf durchschnittlich 54 Prozent, sondern es sind auch die Mädchen unter den Teenagern, die für diesen Zuwachs sorgen. Es mag sein, daß der Zwang, in der Schule beliebt zu sein und vom anderen Geschlecht für äußerlich (sexuell) attraktiv gehalten zu werden, von unseren Mädchen in diesem Alter stärker empfunden wird als von den Jungen. Ein vierzehnjähriges Mädchen schreibt über ihre Hemmungen und Ängste:

> Ich werde sehr nervös und meine Kopfhaut juckt dann so entsetzlich, daß ich dauernd kratze. Ich weiß nicht, wie ich mich in Gegenwart anderer benehmen soll. Zuhause benehme ich mich anders als in der Schule. Ich ziehe mich nicht mal so an, wie ich gerne möchte.

Und einem Brief an Ann Landers entnehmen wir den Kummer eines jungen Mädchens, das ganz „durcheinander" ist, weil es „anders" zu sein glaubt als seine Mitschülerinnen und sich danach sehnt, so zu werden wie sie – und doch vielleicht ein bißchen anders, doch vielleicht etwas Besonderes.

> Liebe Ann Landers: Ich hoffe, Sie werfen meinen Brief nicht gleich in den Papierkorb, nur weil er von einem Teenager kommt, einem Mädchen, das etwas durcheinander ist. Ich fühle mich wirklich gräßlich und brauche einen Rat. Mein Problem ist, daß ich mich nicht ausstehen kann – ich will immer betont freundlich sein, um meine Schüchternheit zu verbergen, und bin dann viel zu laut. Ich bin auf bestimmte Mädchen eifersüchtig und möchte sein wie sie, doch wenn ich es dann versuche, klappt es nicht.
>
> Es gibt Tage, da glaube ich, ich bin bei allen beliebt, nur weil mich einer aus meiner Klasse grüßt oder mir zulächelt. Und am nächsten Tag kann ich mich schon wieder elend fühlen, weil ein paar Mädchen in einer Ecke tuscheln, und ich glaube, die lachen über mich, hinter meinem Rücken. Meine Noten sind nicht schlecht, aber sie könnten schon besser sein. Meine Mutter sagt, bei mir geht alles durcheinander. Sie schimpft mich, weil mir meine Haare wichtiger sind als meine

Hausaufgaben. Das ist jetzt schon der vierte Brief, den ich an Sie schreibe. Die anderen habe ich alle weggeworfen, aber diesen hier schicke ich ganz bestimmt ab.

„Anders"

Frauen neigen eher zu Schüchternheit als Männer, richtig? Falsch! Noch eine irreführende Verallgemeinerung, die wahrscheinlich auf Beobachtungen zurückgeht, nach denen die meisten Männer in Gesellschaft aggressiver und bestimmter auftreten. Nach unseren Erkenntnissen gibt es in diesem Punkt keinen Unterschied zwischen den Geschlechtern. Unter Studenten ist sogar der Prozentsatz derer, die sich als schüchtern bezeichenen, etwas höher als unter Studentinnen; doch dieser geringfügige Unterschied wird durch die Zahlen einiger Gruppen von Nicht-Studenten wieder ausgeglichen, und er scheint auch mit dem jeweiligen kulturellen Hintergrund der Untersuchten zu tun zu haben (vgl. Übersicht innerhalb der „Anmerkungen" auf S. 304).

Die Schüchternheit geht geheimnisvolle Wege und befällt selbst diejenigen, die noch nie schüchtern gewesen sind. Solche Neulinge auf dem Gebiet der Schüchternheit machen etwas mehr als die Hälfte all derer aus, die im Augenblick schüchtern sind. Oft handelt es sich dabei um junge Erwachsene, die als Kinder nicht schüchtern waren und es aus irgendeinem Grund erst jetzt geworden sind.

Trotzdem läßt sich die Schüchternheit überwinden, beiseite schieben oder mit der Zeit ablegen. Etwa 40 Prozent gaben an, sie seien einmal schüchtern gewesen, seien es aber jetzt nicht mehr – eine beruhigende Angabe. Wenn wir die Erfahrung dieser ehemals Schüchternen mit einbeziehen, können wir vielleicht den „chronischen" und „gegenwärtigen" Schüchternen eine nützliche Hilfestellung geben.

Wie wirkt sich die Schüchternheit auf den Menschen aus?

Wir fangen langsam an, der Schüchternheit auf die Spur zu kommen. Wir können sie zwar nicht genau definieren, doch wir wissen, daß sie weit verbreitet ist. Vielleicht läßt sich dieser komplizierte Zustand etwas weiter aufhellen, wenn wir untersuchen, wie sich die Schüchternheit auf verschiedene Menschen auswirkt. Die Schüchternheit umspannt ein weites psychologisches Spektrum: sie reicht von einem gelegentlichen Gefühl des Unbehagens in Gegenwart anderer bis hin zu traumatischen Beklemmungszuständen, die das Leben des Betreffenden völlig zerrütten können. Für manche Leute scheint die Schüchternheit ein selbstgewählter, bevorzugter Lebensstil, für andere ist sie wie eine lebenslängliche Haftstrafe, ohne Hoffnung auf vorzeitige Entlassung.

An dem einen Ende des Spektrums finden wir diejenigen, die sich unter Büchern, Ideen und Objekten oder in der Natur wohler fühlen als in der Gesellschaft von Menschen. Schriftsteller, Wissenschaftler, Erfinder, Förster und Forschungsreisende haben sich vielleicht aus gutem Grunde für eine Lebensaufgabe entschieden, die es ihnen erlaubt, einen großen Teil ihrer Zeit in einer fast menschenfreien Umgebung zuzubringen. Sie sind größtenteils introvertiert, und der Umgang mit ihren Mitmenschen reizt sie nur wenig; sie brauchen die Abgeschiedenheit und Einsamkeit. Es geht ihnen wie Greta Garbo: sie sind lieber allein.

In der Tat entdecken heute wieder viele Menschen die Attraktivität eines einsamen Lebens, so wie es Thoreau am Waldensee vorgelebt hat. Aber selbst innerhalb dieses kleinen Abschnitts im Spektrum der Schüchternheit gibt es Abstufungen: die einen können sich leicht auf andere Menschen einstellen, wenn das notwendig wird, andere tun sich mit einer solchen Wechselbeziehung schwer, weil sie nicht wissen, wie man eine belanglose Unterhaltung führt, eine Rede hält, tanzt oder ein Essen für geladene Gäste arrangiert.

Im mittleren Bereich der Schüchternheit finden wir die Masse der Schüchternen, Leute, die sich in bestimmten Situationen und in Gegenwart bestimmter Typen eingeschüchtert und unbehaglich fühlen. Dieses Unbehagen ist stark genug, um sie im Umgang mit anderen zu stören und zu behindern, so daß sie nur mit Mühe oder gar nicht sagen können, was sie denken, oder tun können, was sie gerne tun würden.

Diese Art der Beklemmung äußert sich oft im Erröten und in offenkundiger Verlegenheit; so berichtet ein noch junger leitender Angestellter:

> In den dreiunddreißig Jahren meines Lebens litt ich von Anfang an unter überstarkem Erröten, einem besonders hinderlichen Symbol der Schüchternheit. Obwohl ich es mit meiner Energie und meiner Hartnäckigkeit zum graduierten Betriebswirt und zu einer Stellung als

Stellvertreter des Vizepräsidenten eines großen Bankenkonsortiums gebracht habe, hat mich der mit der Schüchternheit und dem ständigen Erröten verbundene Kräfteverschleiß zweifellos eine noch verantwortungsvollere Position gekostet.

Dieses Unbehagen kann sich auch hinter aggressiven Ausfällen verbergen, die andere vor den Kopf stoßen; ein Schriftsteller berichtet:

> Ich mische mich überall ein, reiße Unterhaltungen an mich, mache mich mit meinem endlosen Geplapper lächerlich und lästig, so daß ich auf andere gefühllos wirke – und das alles aus den gleichen Gründen, aus denen andere sich bemühen, nur ja nicht aufzufallen. Die Angst vor öffentlichem Auftreten, die sich dahinter verbirgt, und alle damit zusammenhängenden Probleme sind bei mir nicht weniger schwerwiegend als bei einem Mauerblümchen.

Selbst Melvin Belli, der bekannte Rechtsanwalt aus San Franzisko, berühmt wegen seiner dramatischen Auftritte im Gerichtssaal, war nach eigenem Geständnis nicht nur „oft schüchtern", sondern „wurde zur auffälligen Figur, um die Schüchternheit zu verbergen".[4]

Da die gleiche Ursache der Schüchternheit – eine Angst vor Menschen – so verschiedene Reaktionen hervorbringt, läßt sich aus dem äußerlichen Verhalten eines Menschen nicht immer auf die eigentlichen Gefühle des Betreffenden schließen. Die Schüchternheit wirkt sich zwar oft auf unser Verhalten aus, aber eben nicht immer auf eine offensichtliche oder direkte Art. Letztlich ist einer schüchtern, wenn er *glaubt*, es zu sein, ganz gleich, wie er sich in der Öffentlichkeit benimmt.

Leute aus dem mittleren Bereich des Spektrums der Schüchternheit sind im allgemeinen schüchtern, weil es ihnen an sozialen Fertigkeiten und/oder an Selbstvertrauen fehlt. Manchen fehlen die sozialen Fertigkeiten, die eine Voraussetzung dafür sind, daß das Räderwerk der zwischenmenschlichen Beziehungen reibungslos funktioniert. Sie wissen nicht, wie man ein Gespräch beginnt oder um eine Gehaltserhöhung bittet oder sich im Unterricht zu Wort meldet. Anderen fehlt das Vertrauen, das zu tun, was nach ihrer eigenen Überzeugung richtig ist. Was ein solcher Mangel an Selbstvertrauen selbst einem sehr intelligenten Menschen antun kann, zeigt die Schilderung einer jungen Frau, die sich auf Grund ihrer Schüchternheit gezwungen sah, ihr Jurastudium abzubrechen:

ALLES GUTE ZUM VALENTINSTAG!
HIER, KLEINES ROTHAARIGES MÄDCHEN ... DAS IST FÜR DICH ... ES IST EINE VALENTINSKARTE ...
DIESE VALENTINSKARTE HABE ICH EXTRA FÜR DICH GEMACHT ...
HIER, KLEINES ROTHAARIGES MÄDCHEN, DIES IST EINE VALENTINSKARTE, DIE ICH DIR ÜBERREICHEN MÖCHTE ...
HIER, KLEINES ROTHAARIGES MÄDCHEN ... DIESE VALENTINSKARTE SOLL DIR ZEIGEN, WIE SEHR ICH DICH MAG ...
HIER, DIESE VALENTINSKARTE IST FÜR DICH, SÜSSES KLEINES ROTHAARIGES MÄDCHEN ...
HIER, DU KLEINE PUPPE, DU ... DIESE VALENTINSKARTE IST FÜR DICH ...
HIER, KLEINES ROTHAARIGES MÄDCHEN, DIESE VALENTINSKARTE IST FÜR DICH, UND ICH HOFFE, DASS SIE DIR SO GUT GEFÄLLT, WIE DU MIR, UND ...
SEUFZ
US MAIL
HE, CHARLIE BROWN ... HAST DU DIESEM KLEINEN ROTHAARIGEN MÄDCHEN SCHON DEINE VALENTINSKARTE GEGEBEN?
ICH KONNTE ES NICHT ... ICH HABE SIE OHNE ABSENDER VERSCHICKT ...
GUTER ALTER CHARLIE BROWN ... DAS IST WIRKLICH TYPISCH CHARLIE BROWN!
SCHULZ

> Ich begann mit dem Jurastudium im September, nachdem ich in der Vorprüfung hervorragend abgeschnitten und aus den vorbereitenden Semestern einen Notendurchschnitt von fast „sehr gut" mitgebracht hatte und ohne Schwierigkeiten von drei Universitäten akzeptiert worden war. Doch ich schied noch vor dem Ende des ersten Quartals aus. Nicht weil mich der erhebliche Zeitaufwand schreckte, sondern weil ich so schüchtern bin, daß ich es nicht ertragen konnte, im Unterricht immer nur zu hoffen (und zu beten), der Professor möge mich nicht aufrufen. Und das, obwohl ich mich auf die Stunden vorbereitete und die Antworten wußte!

Am anderen Ende des Spektrums haben wir dann diejenigen, deren Menschenscheu keine Grenzen kennt – die chronisch Schüchternen. Ihre Angst wird extrem, sobald man sie auffordert, etwas in Gegenwart von anderen zu tun, und diese überwältigende Angst macht sie so hilflos, daß ihr einziger Ausweg darin besteht, zu fliehen und sich zu verstecken. Diese lähmenden Folgen der extremen Schüchternheit sind nicht auf Jugendliche oder Studenten beschränkt. Sie verschwinden auch nicht etwa mit den Jahren. Eine vierundsechzigjährige Frau schreibt:

> Ich habe mein ganzes Leben lang im Zeichen der Schüchternheit gelebt. Es dauerte Jahre, bis ich mich selbst genügend akzeptieren konnte, um an die Möglichkeit zu glauben, irgendein Mann könne auf die Idee kommen, ich sei es wert, seine Frau zu werden. Ich fühlte mich voller Mängel, nicht gut genug. Ich galt als ungesellig. Ich konnte in Gesellschaft nicht entspannt sein. Ich lud nie die Freunde meines Mannes ein. Ich hatte Angst, als Versager, als Spielverderber oder sonst was zu erscheinen. Wenn ich sie nicht einlud, dann würden sie nichts davon erfahren. Schließlich war ich wie eine Ausgestoßene, niemand mochte mich, auch mein Mann nicht. Er ließ sich von mir scheiden, und damit war alles aus.

Im schlimmsten Fall kann die Schüchternheit zu einer schweren Neurose werden, zu einer Lähmung, die zu Depressionen und schließlich gar zu Selbstmordgedanken führen kann. Eine Geschäftsfrau, die sich selbst als attraktive, jugendlich wirkende Fünfzigerin beschreibt, reagierte auf eine Diskussion über die Schüchternheit innerhalb einer Talkshow im Rundfunk[5] mit diesem erschütternden Einblick in ihre Psyche:

Ich bin unglaublich einsam. Ich lebe vollkommen allein, habe nirgends auf der Welt einen Freund oder eine Freundin. Ich bin so oft im Leben hintergangen worden, daß ich nach all diesen Erfahrungen sehr unglücklich und verbittert bin. Meine Feiertage verbringe ich in totaler Einsamkeit. Es sind für mich immer Zeiten großer Traurigkeit und Bedrücktheit, und ich sehe ihnen von Mal zu Mal mit größerer Angst entgegen, weil ich meine Einsamkeit in einer Zeit, in der die meisten Leute mit Freunden und Verwandten zusammen sind, noch intensiver spüre als sonst. Ich denke oft daran, meinem Leben ein Ende zu machen, aber mir fehlt dazu der richtige Mumm.

Für sie und für Leute in jedem Bereich des Spektrums wird die Schüchternheit zu einem persönlichen Problem. Sie ist mehr als ein kleines Ärgernis oder eine unbedeutende Störung: sie ist ein echtes Problem.

Die positive Seite der Schüchternheit

Obwohl viele dieser Geschichten und Statistiken beunruhigend sind, dürfen wir doch nicht vergessen, daß die Schüchternheit auch viele günstige Aspekte aufweist. Zwischen 10 und 20 Prozent aller Schüchternen *mögen* diesen Zustand. Sie schätzen die Schüchternheit, weil sie ihre positive Seite entdeckt haben.

„Zurückhaltend", „still", „anspruchslos", „bescheiden" – das alles sind Beschreibungen schüchterner Menschen mit einem positiven Beiklang. Bei entsprechender Eleganz gilt dieses Verhalten sogar als „kultiviert" oder „vornehm". David Niven, Prinz Charles, Katherine Hepburn und Jacqueline Onassis fallen einem als Vertreter dieses „Ich-bin-lieber-etwas-schüchtern"-Typs ein.

Ein britischer Psychologe äußert in einem 1927 erschienenen Aufsatz diese höchst vergnügliche Ansicht über die Tugenden der Schüchternheit:

Die Schüchternheit ist, zumindest in diesem Land, so alltäglich, daß wir geneigt sind, sie als etwas Angeborenes zu akzeptieren, als einen charakteristischen Teil jugendlichen Charmes und – wenn sie sich über die Jugendjahre hinaus behauptet – als Zeichen eines edlen Charakters; sie scheint sogar – und das ist nicht unbedingt bedauernswert – eine Eigenart unseres Nationalcharakters zu sein.[6]

Die Schüchternheit läßt einen besonnen und selbstkritisch erscheinen. Sie intensiviert das Eigenleben und sorgt für Freuden, die nur die Einsamkeit bringen kann. Schüchterne machen anderen nicht bange, tun ihnen nicht weh, wie man öfters bei selbstsicheren, stärkeren Persönlichkeiten beobachten kann. Der Autor Isaac Bashevis Singer weiß das überzeugend auszudrücken:

> Ich bin nicht der Meinung, daß man seine Schüchternheit überwinden sollte. Bei näherem Hinsehen ist sie ein Segen. Ein schüchterner Mensch ist das Gegenteil eines aggressiven Menschen. Schüchterne Menschen sind selten die großen Sünder. Sie lassen die Gesellschaft in Frieden leben.[7]

Ein weiterer Vorteil besteht darin, daß der Schüchterne in seinen Beziehungen zu anderen wählerischer sein kann. Die Schüchternheit gibt ihm die Gelegenheit, sich zurückzuhalten, zu beobachten und dann vorsichtig und behutsam zu handeln. Der Schüchterne kann sich auch sicher fühlen im Wissen, daß man ihn nie für unangenehm aggressiv oder angeberisch halten wird. Er kann auch leicht zwischenmenschliche Konflikte vermeiden und wird möglicherweise als guter Zuhörer geschätzt.

Eine besonders interessante positive Seite des Schüchternseins sind die Anonymität und der Schutz, die sie gewährt. Die Schüchternheit selbst kann dem Betreffenden als Maske dienen, die ihn davor schützt, bemerkt zu werden, in einer Menge aufzufallen. In der Anonymität fühlt er sich oft von den Zwängen dessen befreit, was er eigentlich tun „sollte". Das Verhalten ist frei von Begrenzungen, die ihm normalerweise die gesellschaftlichen Konventionen auferlegen. Karneval und Kostümfeste liefern treffliche Beispiele für die markanten Persönlichkeitsveränderungen, die durch die Anonymität von Masken und Kostümen bestärkt werden.[8]

Als meine Mutter meinen schüchternen Bruder hinter einer Maske verbarg, wußte sie intuitiv, daß auch er sich freier fühlen würde. Für die anderen Kinder war er natürlich keineswegs anonym. Aber ihre Perspektive war nicht die seine. Und die subjektive Sicht ist für das Verständnis der Schüchternheit von entscheidender Bedeutung.

Als wir die Leute wegen der Schüchternheit befragten, blieb die Definition ihnen überlassen – sie sollten aus ihrer Sicht berichten.

Jetzt wissen wir, daß die Schüchternheit weit verbreitet ist, oft ein bedrückendes und beklemmendes Problem, doch für manche ein erstrebenswerter Zustand. Ob sich einer schüchtern nennt, hängt teilweise davon ab, wie oft er sich schüchtern fühlt und wie lange ihn solche Ängste schon bedrängen. Wie sieht aber die zugrundeliegende persönliche Erfahrung aus? Was es mit der Psychologie der Schüchternheit auf sich hat, erfahren wir im folgenden Kapitel.

2.
Die private Welt des Schüchternen

In irgendeiner Weise berührt offenbar die Schüchternheit unser aller Leben. Was jeder von uns für sein ganz persönliches Problem hielt, teilen wir in Wirklichket mit einer unglaublich großen Zahl von Menschen. Und es mag uns ein echter Trost sein, zu wissen, daß wir mit unserem Kummer nicht allein sind.

Worin besteht aber nun, genau betrachtet, dieser Kummer? Was ist das für ein *Gefühl*, schüchtern zu sein? Shirley Radl, eine erfolgreiche Journalistin und freie Schriftstellerin, beschreibt die Unruhe in ihrem Innern so:

> Nachdem ich persönlich fast mein ganzes Leben – mal stärker, mal schwächer – unter Schüchternheit zu leiden hatte, weiß ich ganz genau, wie es anfing – schon als kleines Mädchen war ich mager und häßlich, als Teenager noch magerer und häßlicher –, und ich weiß auch ganz genau, daß weder die Wissenschaftler, die die Schüchternheit erforschen, noch die von mir Interviewten übertreiben, wenn sie von einem schrecklichen und irren Gefühl sprachen. Ich weiß genau, wie das ist, wenn ich mich bei jeder meiner Gesten unsicher fühle, wenn ich nur mit Mühe schlucken und reden kann, wenn ich meine Hände ohne ersichtlichen Grund zittern sehe, wenn ich mich schrecklich kalt fühle und dabei mächtig schwitze, wenn mich Themen verwirren, die mir bestens vertraut sind, und wenn ich mir allerlei schreckliche Dinge ausmale, die mir zustoßen könnten – wobei die harmloseste Vorstellung noch die ist, ich könnte meinen Job verlieren, weil ich ein öffentlicher Schandfleck bin.
>
> Ich habe in Gesellschaft von Männern, Frauen und Kindern, die nicht die geringste Bedrohung für mich darstellten, Schwindelanfälle und Zuckungen bekommen. Ich weiß genau, wie das ist, wenn man das Lebensmittelgeschäft meidet, weil man der Kassiererin nicht gegenübertreten kann; ich wurde oft übermäßig nervös, wenn ich mich mit dem Milchmann unterhielt, und ich hielt es nicht aus, wenn mich die Freunde meiner Kinder aufmerksam dabei beobachteten, wie ich Popcorn für sie machte. Ich weiß genau, wie das ist, wenn man das Gefühl hat, nackt durchs Leben zu stolpern und dabei gefilmt und über Telstar in die ganze Welt gesendet zu werden.[1]

Wenn schüchterne Menschen über ihre Reaktionen auf die Schüchternheit sprechen, sind es drei allgemeine Bereiche, die sie bekümmern. Da sind erstens die äußerlichen Verhaltensmerkmale, die andere wissen lassen: „Ich bin schüchtern". Zweitens geht es um die körperlichen Symptome der Beklemmung, etwa das Erröten. Und drittens quält sie schließlich ein überwätigendes Gefühl der Verlegenheit und Unsicherheit. Wenn wir uns diese Merkmale der Schüchternheit genauer ansehen, gewinnen wir einen Eindruck von der ganz privaten Welt des Schüchternen.

Schweigen ist nicht immer Gold

Ein schüchtener Mensch offenbart seine Schüchternheit auf mehr als eine Art. Volle 80 Prozent berichten, daß ihre Abneigung gegen das Reden ihnen selbst und anderen verrät, daß etwas nicht in Ordnung ist. Etwa jeder zweite Schüchterne gibt an, es sei für ihn schwierig oder unmöglich, eine Blickverbindung mit anderen herzustellen. „Wenn ich schon nichts sagen kann, dann kann ich es wenigstens ruhig sagen", scheint für 40 Prozent der Schüchternen eine typische Reaktion. Sie sagen von sich selbst, daß sie eine allzu leise Sprechstimme haben (der Fluch der Stimmbildner – die ihrerseits der Fluch der Schüchternen sind). Eine weitere Gruppe der Schüchternen meidet einfach den Umgang mit anderen oder unterläßt es, die Initiative zum Handeln zu ergreifen, wenn sie handeln müßten.

Die vom Fernsehen her bekannte Komikerin Phyllis Diller war bei all ihrer scheinbar freimütigen Possenreißerei eine dieser schweigenden und menschenscheuen Schüchternen:

> Lehrer, die mich als Kind kannten, erzählten meinen Eltern, ein so übertrieben schüchternes Mädchen wie ich sei ihnen noch nie untergekommen. Bei Schulbällen war ich so schüchtern, daß ich bei den Mänteln in der Garderobe blieb. Bei Ballspielen gegen andere Schulen hatte ich so entsetzliche Angst, ein Geräusch von mir zu geben, daß ich die Anfeuerungsrufe nur summte.[2]

Doch nicht nur schüchternen Leuten verschlägt es die Sprache. Vielmehr zeigen die Forschungsergebnisse, daß das Schweigen eine naheliegende Reaktion auf die Beklemmung ist, die wir alle in bestimmten Situationen spüren.[3] Weil es aber schüchterne Menschen immer wieder versäumen, sich auszudrücken, gelingt es ihnen weniger gut, ihre eigene Welt zu formen. Zwischenmenschliche Beziehungen bestehen aus einem fortwährenden Verhandeln – um Dienstleistungen, Bindungen, Zeit, Sicherheit, Liebe und so fort. Mit den Worten der Country-Sängerin Loretta Lynn: „Das Leben ist wie ein Besuch in einem Ladengeschäft". Ohne diesen freien Gedanken- und Gefühlsaustausch mit anderen ist dieses wichtige Handeln und Verhandeln nicht möglich.

Dieser Widerwillen der Schüchternen, mit anderen eine Beziehung anzuknüpfen, läßt sich am besten mit dem Begriff der „Schweigsamkeit" beschreiben. Der Schweigsame hat eine Abneigung dagegen, unaufgefordert zu sprechen; er bleibt am liebsten stumm, ist nicht geneigt, frei zu sprechen.

Professor Gerald Phillips und seine Mitarbeiter beschäftigen sich seit zehn Jahren mit diesem Syndrom der Schweigsamkeit.[4] Nach Phillips' Überzeugung liegt der Schweigsamkeit *nicht* einfach ein spezifisches Bestreben zugrunde, öffentliche Auftritte zu meiden; er sieht darin ein allgemeineres, tieferes Problem. Selbst wenn man schweigsamen Studenten spezifische Techniken des öffentlichen Sprechens beibringt, sind einige immer noch generell unfähig, sich mitzuteilen. Er berichtet sogar, daß etwa ein Drittel der Studenten *noch* ängstlicher wurden, nachdem sie einige Sprechtechniken erlernt hatten! Vielleicht fehlte ihnen nun einfach eine gute Entschuldigung für ihr ungeselliges Verhalten, während es ihnen nach wie vor unbehaglich war, auf einer persönlichen Ebene mit anderen zu kommunizieren. Das „Wie" der Kommunikation hatten sie nun zwar gelernt, aber mit dem „Was" und „Warum" kamen sie noch nicht klar.

Das Problem der Schweigsamkeit beruht nicht einfach auf einer mangelnden Fähigkeit zur Kommunikation; grundlegender ist dabei eine verzerrte Wahrnehmung des eigentlichen Wesens menschlicher Beziehungen. Der Schweigsame handelt wie ein sehr konservativer Kapitalanleger in einer riskanten, sprunghaften Marktlage. Die Hoffnung auf einen möglichen Gewinn wird übertrumpft durch die Angst vor einem Verlust. Warum sich also erst auf etwas einlassen?

Erröten und flaue Gefühle

Im physiologischen Bereich berichten Schüchterne von folgenden Symptomen: ihr Puls fängt an zu rasen, sie bekommen Herzklopfen, sie geraten sichtbar ins Schwitzen, und sie haben ein flaues Gefühl im Magen. Interessanterweise widerfahren uns allen diese körperlichen Reaktionen bei *jedem* starken Gefühl, ganz gleich, ob wir sexuell erregt sind, Angst haben, euphorisch gestimmt oder wütend sind. Unser Körper gibt uns kaum einen hilfreichen Hinweis zur Unterscheidung dieser qualitativ unterschiedlichen Gefühle. Wären wir ausschließlich auf körperliche Hinweise angewiesen, würden wir nie wissen, ob nun ein „Ich liebe dich" oder „Geh zum Teufel" angebracht ist, ob wir uns auf Liebe oder Krieg einzustellen haben.

Es gibt jedoch ein körperliches Symptom, das *nicht* Teil der allgemeinen Erregung ist. Es ist das Symptom, das Schüchterne nicht verbergen können – das Erröten. Ein Handelsvertreter in mittleren Jahren erklärt, welche Auswirkungen das auf sein Leben hat:

> Es wird bei mir immer mehr zur Gewohnheit, daß ich in bestimmten Situationen rot im Gesicht werde. Das ist *höchst* unangenehm für mich, da es mich in vielen Tätigkeiten behindert, die meine Arbeit mit sich bringt. Öffentliche Reden sind völlig unmöglich, kleine Gruppendiskussionen gelingen kaum einmal richtig, und zuweilen gelingt mir nicht einmal eine Kommunikation unter vier Augen, ohne daß ich in Verlegenheit gerate. Und der Zustand wird zunehmend schlimmer.

Die meisten von uns erröten gelegentlich, haben starkes Herzklopfen oder ein flaues Gefühl im Magen. Der Nicht-Schüchterne akzeptiert diese Reaktion als mildes Unbehagen und denkt an die positiven Aspekte dessen, was da kommen mag – ob er nun mit dem Pfarrer auf einer Party ein gutes Gespräch führt, sich von einem französischen Polizisten den Weg zeigen läßt oder den neuesten Tanzschritt lernt. Der Schüchterne neigt jedoch dazu, sich auf diese körperlichen Symptome zu *konzentrieren.* Manchmal wartet er nicht mal ab, bis er in eine Situation gerät, in der er sich schüchtern fühlen könnte. Er spürt die Symptome schon im voraus, sieht nur noch unheilvolle Ereignisse auf sich zukommen und beschließt, sich die Party oder die Reise nach Paris oder den Tanzabend zu schenken.

Der Dramatiker Tennessee Williams erzählt, wie sich diese von selbst in Erfüllung gehenden Voraussagen in seinem Leben auswirkten:

> Ich kann mich an die Gelegenheit erinnern, bei der dieses ständige Erröten seinen Anfang nahm. Ich glaube, es war in einer Geometriestunde. Ich schaute zufällig über den Gang hinüber, und ein dunkles und attraktives Mädchen sah mir direkt in die Augen, und ich spürte, wie mir die Haut im Gesicht brannte. Ich drehte meinen Kopf weg, doch das Brennen wurde immer schlimmer. Mein Gott, dachte ich, ich habe

ein rotes Gesicht, weil sie mir in die Augen sah, oder ich in ihre. Wenn das nun jedesmal passiert, sobald ich jemandem in die Augen sehe?
Kaum hatte ich mir diesen Alptraum ausgemalt, da wurde er auch schon Wirklichkeit.
Die nächsten vier oder fünf Jahre wurde ich ohne eine einzige Ausnahme jedesmal rot, wenn sich mein Blick mit dem eines anderen Menschen - ob Mann oder Frau - kreuzte.[5]

Verlegenheit

Das Erröten wird oft von Gefühlen der Verlegenheit begleitet, von einem kurzlebigen akuten Verlust der Selbstachtung, wie wir ihn von Zeit zu Zeit alle einmal erleben. Wir geraten in Verlegenheit, wenn ein privates Ereignis plötzlich ans Licht der Öffentlichkeit gezerrt wird. Manchmal geschieht das, wenn einer irgend etwas über uns in Gegenwart anderer ausplaudert. „John hat gerade wegen seiner Unfähigkeit seinen Job verloren" oder „Alice hat sich gerade eine Stunde lang fein gemacht – ihr solltet sie mal ohne Make-up sehen!" – solche Aussagen würden uns wohl alle in Verlegenheit bringen. Andererseits macht unerwartetes Lob oft diejenigen von uns verlegen, die zu den Bescheidenen gehören. Manchmal geraten wir auch in Verlegenheit, wenn wir bei einer ganz persönlichen Tätigkeit ertappt werden – wenn wir in einem Auto schmusen, in der Nase bohren, unsere Strumpfhose zurechtzupfen.

Wir werden auch verlegen, wenn wir den Eindruck haben, andere könnten unsere Ungeschicklichkeit bemerken und mißbilligen. Cornell MacNeil, Star-Bariton an der Oper von San Franzisko, erzählt:

> Ich kann mich erinnern, daß ich als Junge, der eben erst aus Minnesota nach Kalifornien gekommen war, auf Partys immer schüchtern war. So wurde zum Beispiel 1966 im Anschluß an die Eröffnung der Oper ein Essen gegeben. Man weiß ja, wie elegant es in San Franzisko mit all seinen „beautiful people" zugeht. Bei dem Essen wurden Zwerghühnchen serviert. Da sie zu lange warmgehalten worden waren, waren sie schlüpfrig. Ich hatte Angst, beim Essen könnte mir das Hühnchen vom Teller und einer der gegenübersitzenden Damen in den Ausschnitt hüpfen. Und so aß ich nur den Reis.[6]

Dieser Begriff der „Verlegenheit über die eigene Ungeschicklichkeit" wurde in einem interessanten Experiment von Andre Modigliani untersucht.[7] Dr. Modigliani ließ ein „Team" in einer Wettbewerbssituation antreten und machte vorher mit einigen Versuchspersonen aus, sie sollten sich so ungeschickt anstellen, daß auf Grund ihrer schwachen Leistung das ganze Team scheitern mußte. Diejenigen, denen dieses Scheitern in der Öffentlichkeit widerfuhr, berichteten, es habe sie ziemlich verlegen gemacht, mehr jedenfalls als andere, die hinter verschlossenen Türen an der Aufgabe scheitern durften. Auch die letzteren wurden etwas verlegen, wenn sie sich vorstellten, ihre Ungeschicklichkeit könnte bald in der Öffentlichkeit bekannt werden.

Diejenigen, deren Verlegenheit am größten war, machten auch die größten Anstrengungen, den erlittenen Prestigeverlust wieder „auszugleichen". Dazu gehören Versuche, in Gesellschaft eine gewisse Selbstsicherheit, Kompetenz und Identität zu behaupten. Bei diesem Forschungsprojekt wurden sechs verschiedene Ausgleichsmanöver identifiziert:

- Der in die Defensive Gedrängte wechselt das Thema: „Wie lange soll das noch gehen? Ich habe einen Termin".
- Er entschuldigt seine schwache Leistung: „Leuchtstofflampen stören mich in der Konzentration".
- Er kehrt andere Qualitäten hervor: „Tennis ist nicht so mein Fall; ich spiele zur Zeit viel Schach."
- Er setzt die nicht bewältigte Aufgabe herab: „Mit Stäbchen zu essen ist Zeitverschwendung, wenn man Gabeln zur Verfügung hat".
- Er bestreitet das eigene Versagen: „Die anderen konnten sie auch nicht zufriedenstellen".
- Er sucht nach einer Bestätigung: „Ich hoffe, ich hab euch anderen die Tour nicht allzusehr vermasselt, oder?"

Da die meisten Schüchternen nicht allzuviel Selbstachtung aufbringen, versuchen sie es oft gar nicht erst mit diesen Ausgleichsmanövern. Vielmehr lernen sie jede Situation zu meiden, die sie möglicherweise in Verlegenheit bringen könnte, und so sondern sie sich noch stärker von den anderen ab, anstatt sich auf die eigenen Schwächen zu konzentrieren.

Manche fühlen sich sogar schüchtern, wenn sie allein sind. Sie erröten und geraten in Verlegenheit, wenn sie sich einen vorausgegangenen Fauxpas noch einmal in Erinnerung rufen. Oder sie denken voller Beklemmung an eine bevorstehende gesellschaftliche Begegnung. Mit diesen Attacken aus der Vergangenheit und aus der Zukunft drängt sich die Schüchternheit selbst in unsere einsamen Augenblicke.

Befangenheit aufgrund von Selbstzweifeln

Da es offensichtlich ein allgemeines Funktionsprinzip der Schüchternheit ist, nicht aufzufallen, unterdrückt der Schüchterne ein Vielzahl an Gedanken, Gefühlen und Handlungen, die ständig durchzubrechen drohen. Es ist diese innere Bewußtseinswelt, in der Schüchterne ihr eigentliches Leben fristen. Während sie nach außen hin ruhig vor sich hin leben, haben sie in ihrem Innern ein Labyrinth aus Gedankenstraßen, übersät mit Frontalzusammenstößen von Sensationen und lärmenden Verkehrsstockungen aus frustrierten Wünschen.

Der charakteristischste Zug in der Natur des Schüchternen ist eine extreme Befangenheit aufgrund von Selbstzweifeln. Die „Selbst-Bewußtheit", die „Kontaktaufnahme mit dem eigenen Selbst" und die Selbsterkenntnis sind zentrale Anliegen vieler Theorien über die gesunde Persönlichkeit, und sie stehen derzeit im Mittelpunkt der verschiedensten therapeutischen Methoden. Und doch ist es eben diese Tendenz zur Selbstanalyse und Einstufung der eigenen Gedanken und Gefühle, die, wenn sie zwanghaft wird, auf eine psychologische Störung schließen läßt. Schüchterne Menschen überschreiten diese Grenzen oft genug.

Über 85 Prozent derjenigen, die sich für schüchtern halten, gaben an, daß sie in übertiebenem Maße mit sich selbst beschäftigt sind. Diese Selbstzweifel haben eine öffentliche und eine private Dimension (wie die Forschungsergebnisse zeigen, die Arnold Buss und seine Mitarbeiter erarbeitet haben).[8]

Die Selbstzweifel in der Öffentlichkeit zeigen sich, wenn einer besorgt fragt, wie er wohl auf andere wirkt: „Was werden sie wohl von mir denken?" „Ob sie mich mögen?" „Wie kann ich sicherstellen, daß sie mich mögen?" Wenn Sie der Typ sind, den in der Öffentlichkeit Selbstzweifel plagen, werden Sie die folgenden Aussagen uneingeschränkt bestätigen:

- Ich mache mir Sorgen wegen des Stils, in dem ich die Dinge anpacke.
- Ich mache mir Sorgen wegen der Art und Weise, in der ich mich präsentiere.
- Ich bin unsicher wegen meines Aussehens.
- Es liegt mir gewöhnlich viel daran, einen guten Eindruck zu machen.
- Zu den letzten Dingen, die ich tue, bevor ich aus dem Haus gehe, gehört ein Blick in den Spiegel.
- Mir liegt viel daran, was andere Leute von mir denken.
- Ich bin mir im allgemeinen meiner äußeren Erscheinung bewußt.

Sind die *Selbstzweifel aufs Private beschränkt,* beschäftigt sich das Bewußtsein mit sich selber. Dabei wird nicht nur die Aufmerksamkeit nach innen gekehrt, entscheidend ist der negative Inhalt dieser egozentrischen Betrachtung: „Ich bin unfähig." „Ich bin wertlos." „Ich bin dumm." „Ich bin häßlich." „Ich bin minderwertig." Jeder Gedanke ist ein Kandidat für die Untersuchung unter einem starken analytischen Mikroskop.

Diese Psyche-Analyse läßt sich mit der vergleichen, die der größte Egoist der Welt, Sigmund Freud, praktiziert hat – mit einer Ausnahme: bei Freud geschah das zu dem Zweck, die Herkunft dieser Gedanken und Wünsche zu verstehen und den Wirrwarr aufzuschlüsseln, um auf die Bedeutung zu kommen. Das Ziel dieser Selbsterforschung bestand darin, den Menschen von unvernünftigen Barrieren, die sein Handeln beeinträchtigten, zu befreien und ihm zu helfen, mit zärtlichen und erschreckenden Impulsen besser in Einklang zu kommen. Im Gegensatz dazu wird die zwanghafte Analyse beim Schüchternen zum Selbstzweck und lähmt seine Tatkraft, da sie die fürs Handeln erforderliche Energie für das Denken einsetzt.

Wenn sich Ihre Selbstzweifel aufs Private erstrecken, werden Sie sich zu allen oder doch fast allen der folgenden Aussagen bekennen:

- Ich versuche immer, mich selbst zu begreifen.
- Im allgemeinen bin ich mir meiner selbst sehr bewußt.
- Ich denke viel über mich selbst nach.
- Ich stehe oft im Mittelpunkt meiner eigenen Fantasien.
- Ich unterziehe mich ständig einer Selbstprüfung.

- Im allgemeinen horche ich genau auf meine inneren Gefühle.
- Ich stelle dauernd meine Motive in Frage.
- Ich habe manchmal das Gefühl, daß ich mich selbst von außen betrachte.
- Ich bin auf der Hut vor meinen Stimmungsschwankungen.
- Ich bin mir der Arbeitsweise meines Verstandes bewußt, wenn ich ein Problem zu lösen versuche.

Die Unterscheidung zwischen den zwei Arten des Selbstzweifels läßt sich erweitern und auf die Schüchternheit anwenden. Die Forschungen von Paul Pilkonis ergeben, daß es zwei Grundtypen des Schüchternen zu unterscheiden gilt: der eine ist in der Öffentlichkeit schüchtern, der andere im Privaten.[9] Der eine hat die Sorge, er könne sich schlecht *benehmen*, der andere, er könne sich schlecht *fühlen*.

Die öffentlich Schüchternen sind mehr über ihr ungeschicktes Verhalten besorgt; der Gedanke macht ihnen Kummer, sie könnten sich in Gesellschaft unangemessen aufführen. Das spiegelt sich in ihrer hohen Punktzahl auf der Skala, die die öffentlichen Selbstzweifel mißt. Für die privat Schüchternen zählt das, was sie *tun*, erst in zweiter Linie; für sie zählen die subjektiven *Gefühle* des Unbehagens und der Angst, sie könnten unzulänglich erscheinen. Wie zu erwarten, erzielten sie sowohl auf der Skala der allgemeinen als auch der privaten Selbstzweifel höhere Punktzahlen.

Der „öffentlich" Schüchterne

Welcher dieser beiden Typen empfindet seine Schüchternheit wohl als ein größeres „Problem"? Die Bürde der Schüchternheit wiegt für den öffentlich Schüchternen schwerer als für den privat Schüchternen. Seine Gefühle wirken sich auf sein Handeln aus, sein Handeln wirkt sich auf seine Einschätzung durch andere aus, und die Einschätzung durch andere wirkt sich auf die Art und Weise aus, wie er sich selbst sieht. Negative Gefühle, ungenügende Leistung, schlechte Bewertung, geringe Selbstachtung. Das nächstemal duckst du dich, hältst den Mund, rührst dich nicht, und wenn sie schon nicht verschwinden, so bleibst du doch wenigstens unbemerkt.

Der ehemalige Football-Star Roosevelt Grier, ein Koloß von

einem Mann, wählte als Kind diesen Weg, um seine Minderwertigkeitsgefühle zu verbergen.

> Ich war noch ein Schuljunge, als meine Familie Georgia verließ und nach New Jersey in den Norden zog. So kam ich plötzlich in eine Gegend, in der die Leute mit einem anderen Akzent, mit einem anderen Tonfall und mit anderen Redewendungen sprachen und wo – das war das schlimmste – ich anders redete als all die übrigen Menschen. Deshalb wurde ich vom ersten Augenblick an zur Zielscheibe, vor allem in der Schule. Trotz meiner Größe wurde ich nachgeäfft und ausgelacht. Und dieser Spott traf mich so schwer, daß ich, anstatt einfach zurückzulachen, praktisch stumm wurde. Ich redete nur noch, wenn ich dazu gezwungen wurde.[10]

Die öffentlich Schüchternen können ihre Ängste, Unsicherheiten, guten Eigenschaften und Wünsche nicht ohne weiteres den geeigneten Mitmenschen mitteilen. Sie ziehen sich so in sich selbst zurück, daß sie von niemandem die Hilfe, Aufmunterung, Anerkennung und Liebe bekommen, die jeder von Zeit zu Zeit braucht.

Ich habe schüchterne Studenten gekannt, die sich nie für ein Seminar einschrieben und nie die Gelegenheit wahrnahmen, eng mit einem Professor zusammenzuarbeiten. Stattdessen versteckten sie sich in den hinteren Reihen großer Hörsäle. Wenn dann die Schlußprüfung naht, sind viele von ihnen bereit weiterzumachen, um Arzt, Rechtsanwalt, Ingenieur oder sonst was zu werden. Aber selbst wenn sie einen hohen Notendurchschnitt haben, so brauchen sie doch hieb- und stichfeste Empfehlungsschreiben, um in ihrer Ausbildung die nächste Sprosse erklimmen zu können. Und niemand weiß, wer sie sind, da es ihnen vier Jahre lang so perfekt gelungen ist, sich zu verstecken. Sie hätten es fast geschafft, „dem System ein Schnippchen zu schlagen".

Wenn einer unfähig ist, sich in persönlichen Problemen helfen zu lassen, dann heißt das, daß er sich auch die Erfahrung, Weisheit und Geschicklichkeit anderer nicht zunutze machen kann. Im Rahmen einer Untersuchung im Ausbildungszentrum der Marine in San Diego, bei der wir fast 500 Marine-Angehörige erfaßten, berichteten uns schüchterne Matrosen, sie seien weniger bereit, in persönlichen Problemen (z. B. Alkoholismus) ihren Vorgesetzten um Rat zu fragen, als ihre nicht-schüchternen Kameraden.

Man kann auch mit gutem Grund annehmen, daß die durch Schüchternheit bedingte Unzulänglichkeit oder gar Unfähigkeit dem beruflichen Weiterkommen im Wege steht. Wenn ein ansonsten fähiger Mann in der Öffentlichkeit schüchtern ist, bremst ihn das immer wieder.

Schließlich können wir die Vermutung riskieren, daß öffentlich schüchterne Menschen einfach nicht zu Führerpersönlichkeiten werden. In den meisten Gruppen kommen die gewählten Führer aus den Reihen der großen Redner. Sie brauchen nicht unbedingt die meisten oder die besten Ideen zu haben, aber man nimmt ihnen einfach ab, daß sie die Situation besser unter Kontrolle haben, einfach weil sie sich stärker bemerkbar machen. Untersuchungen haben ergeben, daß ein ansonsten ruhiger Mensch in der Gruppe öfter zum Reden gebracht werden muß, etwa durch ein verborgenes Lichtzeichen, und schon reagieren die anderen Mitglieder der Gruppe positiver auf ihn, und die Position des Führers ist ihm sicher.[11] Es genügt jedoch nicht, mit dem öffentlich Schüchternen einfach in den entsprechenden Situationen zu üben. Auch sein Selbstvertrauen und sein Selbstwertgefühl müssen gesteigert werden.

Der „privat" Schüchterne

Verglichen mit dem öffentlich schüchternen Introvertierten ist der schüchterne Extrovertierte offensichtlich besser dran. Wenn er weiß, was zu tun ist, um andere zufriedenzustellen, um akzeptiert zu werden und voranzukommen, kann der privat Schüchterne durchaus Erfolg haben.

Solche Leute können, wenn sie begabt sind, in dem gewählten Beruf rasch aufsteigen und vielleicht sogar berühmt werden. Aber niemand kann ermessen, was zu dieser Hochstapelei erforderlich ist. Zuviel Nervenkraft wird in Erwartung der Ereignisse verbraucht und auf unwichtige Details der Durchführung verschwendet. Auf andere wirken diese Menschen oft anmaßend, wie Sklaventreiber, völlig ichbesessen. Betrüblicherweise bringt selbst der Erfolg nicht immer Befriedigung. Der schüchterne Extrovertierte, dem der gewaltige Gefühlsaufwand nur allzu bewußt ist, erwartet Perfektion als natürliche Folge, und er gibt sich mit nichts anderem zufrieden.

Schüchterne Extrovertierte ernten von ihren Freunden oder der Öffentlichkeit meistens ein Staunen, wenn sie mit ihrem Geheimnis herausrücken: „Ich bin schüchtern." „Aber nein, du doch nicht! Ich meine, du hast doch Erfolg. Du trittst in der Öffentlichkeit auf. Du hast Freunde. Du erzählst Witze und singst und tanzst und hast Verabredungen." Privat schüchterne Darsteller bleiben oft unerkannt. Sie behalten ihre Angst für sich und verbergen sie hinter erlernten sozialen Fertigkeiten, ertränken sie im Alkohol oder meiden einfach Situationen, in denen sie vielleicht die Kontrolle verlieren würden. Der wortgewaltige Redner wird vielleicht ins Stottern kommen, wenn man ihn auf einer Party zum Singen auffordert. Die bezaubernde Schauspielerin kann nicht glauben, daß jemand ihr „wirkliches" Ich lieben würde. Der fixe Gastgeber einer Talkshow wird vielleicht völlig verkrampfen, wenn ihn jemand zum Tanzen auffordert.

Johnny Mathis redet von der Beziehung zwischen der Schüchternheit und dem öffentlichen Auftreten:

> Ich war zu Beginn meiner Karriere wirklich schüchtern. Ich brachte die Hälfte meiner Karriere damit zu, zu lernen, wie man in der Öffentlichkeit auftritt. Eine Zeit lang glaubte ich, es gäbe für mich keine Möglichkeit, meine Schwierigkeiten zu überwinden und auf der Bühne entpannt zu sein und so auszusehen, als gehörte ich wirklich dort hin. Manchmal war es die reine Hölle. Ich war immer wie versteinert. Ich weiß heute noch nicht recht, was ich zu tun habe und wie ich mich zwischen den einzelnen Songs verhalten soll. Ich fühle mich zwar nicht mehr so befangen wie früher, aber die Schüchternheit auf der Bühne ist für mich immer noch ein Problem.[12]

Die Komikerin Nancy Walker sagt von sich, sie sei „wahrscheinlich eine der schüchternsten, am stärksten introvertierten Damen, die man je gesehen hat. Doch der Teil von mir, der funktioniert, ist wie die Frauen, die ich darstelle!"[13]

Daß Berühmtheit und Erfolg selbst bei einem Superstar nicht ausreichen, um Selbstzweifel und Schüchternheit zu vertreiben, geht aus einem Zeitungsinterview hervor, in dem Elizabeth Taylor von sich sagt: „Ich bin unberechenbar, ich bin unpünktlich. Ich bin im Grunde genommen schüchtern. Ich kann ziemlich unbeherrscht sein. Wenn ich in den Spiegel blicke, sehe ich nur ein geschminktes oder ein ungeschminktes Gesicht."[14]

Die Nachrichtensprecherin Barbara Walters, die selbst so oft Schlagzeilen macht, wie sie sie verkündet, wurde zumindest von einem Ihrer Mitarbeiter in der *Today Show* als „grob", „unfreundlich", „reserviert, sehr kalt, sehr aggressiv" bezeichnet. Stimmt das mit Ihrer Einschätzung dieser selbstsicheren, immer beherrschten Frau überein?

Neuerdings fügt Mrs. Walters in Interviews ihrem öffentlichen Image eine ganz neue private Seite hinzu:

> Ich habe immer noch einen leichten Minderwertigkeitskomplex. Wenn ich einen Raum betrete, muß ich mich immer noch dazu überreden, zu Leuten hinzugehen . . . Ich kann nicht allein Ferien machen, allein in einem Restaurant essen, allein einen Cocktail trinken . . . Es verletzt mich immer wieder, wenn jemand sagt: „Sie ist aggressiv."[15]

Ihre Schüchternheit schuf Hemmungen, die sie in ihren sechzehn Jahren bei der *Today Show* manche Gelegenheit verpassen ließen:

> In meinem Beruf boten sich mir früher viele Gelegenheiten. Sie gingen vorbei, weil ich mich erst gar nicht darum bemühte. Ich hatte nie eine eigene Sondersendung gemacht. Ich war immer nur mitverantwortlich, nie der alleinige Chef. Aber ich hatte ständig Angst, man würde mich für zu aggressiv halten, wenn ich meine Ansprüche anmeldete.

Sie warnt vor falschen Schlüssen in bezug auf das Selbstvertrauen Prominenter, die im Rampenlicht kompetent erscheinen:

> Aber ich frage mich noch immer gelegentlich: „Bin das ich?" Wenn *ich* der Inbegriff einer selbstsicheren und stets beherrschten Frau bin, dann sollten Sie das nie wieder von einem Menschen glauben.[16]

Die international berühmte Opernsängerin Joan Sutherland, gewiß eine eindrucksvolle Erscheinung auf der Bühne, bemerkte:

> Ich hatte solche Angst, daß ich nicht auf die Bühne gehen wollte. Dabei war mir immer bewußt, daß es unmöglich war, wegzulaufen. Es heißt einfach: schwimm oder geh unter. Da kann dir keiner helfen. Wenn dein Auftritt kommt, mußt du einfach da raus.[17]

Die dynamische Entertainerin Carol Burnett schließlich bringt einen interessanten Gesichtspunkt zur Sprache, der die komplexen Motive des schüchternen Darstellers betrifft:

> Ich habe schon vor langem herausgefunden, daß die Schüchternheit oft mit einer ganz besonderen Art von Egoismus verflochten ist. Es ist schwer zu erklären, doch während du einerseits ehrlich Angst davor hast, den Leuten gegenüberzutreten, verlangst du andererseits, daß sie dich

anerkennen. Du sagst (voller Angst, jawohl!): „Seht *mich* an! Akzeptiert *mich*!"[18]

Wir werden uns im 4. Kapitel ausführlicher mit Carol Burnetts faszinierender und scharfsinniger Analyse der Ursachen ihrer Schüchternheit beschäftigen. In einem telefonischen Interview schilderte sie für uns, wie die Maske des schüchternen Darstellers aussieht und was sie ihren drei Töchtern erzählt, um ihnen zu helfen, Gefühle der Schüchternheit zu überwinden.

Wie man der Schüchternheit auf die Spur kommt

Verlassen wir nun die Welt der Prominenten und sehen uns die Menschen näher an, denen wir jeden Tag begegnen – bei der Arbeit, im Haus, in der Schule oder in unserem Bekanntenkreis.

Beurteilen Sie zuerst einmal die Schüchternheit aller Mitglieder Ihrer Familie. Danach stellen Sie ihnen diese Frage: „Hältst du dich für einen schüchternen Menschen?" Sie können sie außerdem raten lassen, welche Antwort Sie selbst geben würden. Verfahren Sie nun genauso mit anderen Menschen, die Sie einigermaßen gut kennen. Es ist vielleicht nützlich, vorher Ihre Voraussagen kurz aufzuschreiben.

Stellen Sie fest, wie gut Sie geurteilt haben, und bewerten Sie Ihr eigenes Gespür für Schüchternheit bei verschieden gearteten Menschen und Umgebungen. Sie werden vielleicht feststellen, daß es sich lohnt, diese Übung auch im Kreis der Familie und im Freundeskreis durchzuführen. Es könnte zu einer lebhaften Diskussion kommen, bei der die Schüchternen etwas unbefangener werden und Auskunft über ihre Gefühle geben.

Die Schüchternen, mit denen wir in unserer Umfrage zu tun hatten, überschätzten gewöhnlich die Verbreitung der Schüchternheit in der allgemeinen Bevölkerung. Vielleicht schließen sie von sich auf andere, wenn sie mehr Schüchterne in der Welt vermuten als das die Nicht-Schüchternen tun. Dazu kommt, daß von denen, die sich für derzeit schüchtern halten, etwa die Hälfte annimmt, ihre Freunde und Bekannten hielten sie nicht für schüchtern.

Es ist für einen Beobachter leichter, herauszufinden, wer *nicht schüchtern* ist, als festzustellen, wer in einer Gruppe schüchtern ist.

Die privat Schüchternen werden natürlich immer wieder „passen", und diejenigen, deren Schüchternheit sich auf bestimte Situationen – etwa auf das öffentliche Sprechen – beschränkt, sind in anderen Situationen nicht als schüchtern zu erkennen.

Eine Gruppe von achtundvierzig Studenten, die alle in demselben Wohnheim lebten, wurde aufgefordert, zu beurteilen, welcher von den anderen schüchtern war und welcher nicht. Diejenigen, die sich selbst für schüchtern hielten, wurden nur von 45 Prozent ihrer Kameraden als schüchtern eingestuft. Ein Drittel der anderen Studenten bezeichneten sie dagegen als nicht schüchtern. (20 Prozent kannten sie nicht oder waren unentschieden.) Die nicht-schüchternen Studenten wurden wurden von fast drei Viertel der anderen richtig eingestuft. Immerhin kamen sie noch 16 Prozent der anderen schüchtern vor. (11 Prozent waren unentschieden.) Es gab einige schüchterne Studenten, die von 85 Prozent derer, die sie kannten, als nicht-schüchtern eingestuft wurden, und es gab andererseits einige, die von über der Hälfte ihrer Freunde als schüchtern bezeichnet wurden, während sie selbst sich nicht dafür hielten.

Wie kommt es, daß andere einen nicht so sehen, wie man sich selber sieht? Der Eindruck, den man auf andere macht, enthält natürlich nicht nur Fingerzeige, die auf Schüchternheit oder Nicht-Schüchternheit schließen lassen. Wenn uns jedoch andere in bezug auf unsere Schüchternheit falsch einstufen, dann können wir daraus viel über uns selbst lernen.

Bei der Untersuchung in dem Studentenwohnheim sahen einige der Kriterien für die Schüchternen so aus: der Betreffende redet leise, fängt von sich aus keine Gespräche an und hält sie auch nicht in Gang, drückt sich um eine klare Aussage oder auch um ein Nein, ist dem anderen Geschlecht gegenüber unsicher, sieht einem nicht in die Augen und hat nur mit einer kleinen Gruppe von Freunden Umgang, die meist ebenfalls ruhig sind.

Von den als nicht-schüchtern Eingestuften hieß es: sie redeten viel und laut, waren voller Begeisterung, scherzten und lachten, drückten Ideen aus, zogen die Aufmerksamkeit auf sich, stellten eine Blickverbindung her und waren „natürliche Führerpersönlichkeiten".

Nicht-Schüchterne werden häufig fälschlicherweise für schüchtern gehalten, wenn man ihnen unterstellt, sie fühlten sich dem anderen Geschlecht gegenüber unbehaglich. Doch eine solche Beurteilung verdeckt oft die Möglichkeit, daß es in Wirklichkeit die Mitglieder des anderen Geschlechts sind, die sich in Gegenwart dieser Nicht-Schüchternen unbehaglich fühlen.

Schüchterne, die ungewöhnlich attraktiv sind, leiden darunter, daß andere Menschen sie oft für „zurückhaltend", „herablassend" oder „abweisend" halten. Wer gut aussieht, so wird angenommen, sollte immer Herr der Lage, immer im Rampenlicht sein. Ist er es nicht, dann – so wird ihm das ausgelegt – *will er nicht*, weil er „sich langweilt", „über der Sache steht" oder weil er sich „zu schade dafür" ist. Vielleicht meinte Tennyson eine solche schöne Frau, als er sagte: „Schüchtern war sie, und ich hielt sie für kalt."

Wir sprachen oben davon, wie verschwommen der Begriff der Schüchternheit ist. Diese Verschwommenheit geht zum großen Teil darauf zurück, daß die Leute nicht immer konsequent sind und auf verschiedene Leute nicht immer gleich reagieren. Außerdem gibt es unter den „Beurteilern" individuelle Unterschiede hinsichtlich ihres Gespürs für Schüchternheit und ihrerBereitschaft, jemand das Etikett „schüchtern" umzuhängen. Es gibt Lehrer, die mir erzählt haben, in ihrer Klasse sei niemand schüchtern, während andere Lehrer, die mit denselben Kindern zu tun hatten, jedes dritte als schüchtern bezeichneten. In dem erwähnten Studentenwohnheim gab es große Unterschiede zwischen den Urteilenden: während der eine 65 Prozent aller anderen Studenten als schüchtern einstufte, waren für einen anderen über 80 Prozent derselben Leute nicht schüchtern.

Was macht uns schüchtern?

Nachdem wir nun eine Vorstellung davon haben, was die Schüchternheit für den Schüchternen bedeutet, gilt es zu untersuchen, wie es überhaupt erst zur Schüchternheit kommt. Eine Zusammenfassung der Menschentypen und Situationen, die bei uns das Gefühl der Schüchternheit auslösen, gibt die untenstehende Tabelle. Fremde (vor allem, wenn sie dem anderen Geschlecht angehören) und Autoritäten führen die Liste an. Aber oft genügen auch schon Verwandte. Merkwürdigerweise können auch Leute aus einer anderen Altersgruppe – Ältere und Jüngere – den Alarm auslösen. Überraschend ist auch, daß oft die Eltern oder irgendwelche Freunde Schüchternheit auslösen.

Was macht Sie schüchtern?

Andere Leute	*Schüchterne Studenten (in %)*
Fremde	70 %
Das andere Geschlecht	64 %
Autoritäten (aufgrund ihres Wissens)	55 %
Autoritäten (aufgrund ihrer Position)	40 %
Verwandte	21 %
Ältere Menschen	12 %
Freunde	11 %
Kinder	10 %
Eltern	8 %
Situationen	
Wenn ich im Mittelpunkt stehe – große Gruppe (z. B. wenn ich eine Rede halte)	73 %
Große Gruppen	68 %
Von geringerem Status	56 %
Soziale Situationen ganz allgemein	55 %
Neue Situationen ganz allgemein	55 %
Wenn selbstbewußtes Auftreten erforderlich ist	54 %
Wenn ich taxiert werde	53 %
Wenn ich im Mittelpunkt stehe – kleine Gruppe	52 %
Kleine soziale Gruppen	48 %
Auseinandersetzung mit einem Vertreter des anderen Geschlechts	48 %
Wenn ich verwundbar bin (Hilfe brauche)	48 %
Kleine Gruppen mit gemeinsamer Aufgabe	28 %
Auseinandersetzung mit einem Vertreter des gleichen Geschlechts	14 %

Die Liste der Situationen, bei denen man rot werden oder Herzklopfen bekommen kann, ist ziemlich lang. In der schlimmsten Situation wäre nach dieser Zusammenstellung einer, der vor einer großen Gruppe höher gestellter Leute, die ihn taxieren, eine Ansprache halten muß, die Selbstbewußtsein ausstrahlen soll.

Es ist an dieser Stelle wichtig zu betonen, daß sich für viele Schüchterne die Schüchternheit auf ganz bestimmte Situationen und bestimmte Menschentypen beschränkt. Der Künstler Robert Motherwell behauptet: „Eine Gruppe von Geschäftsleuten oder kleinen Kindern kann mich immer noch schüchtern machen, während ich mich mit Studenten und jungen Künstlern leicht identifizieren kann."

Eine Journalistin spricht von den spezifischen Situationen, in denen sie sich schüchtern fühlt:

> Im Journalismus fühle ich mich zuhause, und es macht mich überhaupt nicht verlegen, einzelne Leute oder auch ganze Gruppen zu interviewen. Doch in den zehn Jahren, die ich bei einer Lokalzeitung verbrachte, wurde ich öfters gebeten, vor einem fachmännischen Publikum über mein Spezialgebiet zu sprechen, und ich mußte jedesmal absagen. Bei der monatlichen Redaktionskonferenz fühlte ich mich immer äußerst unwohl, und ich hoffte dauernd, daß mich niemand aufforderte, vor der ganzen Gruppe etwas zu sagen.

Je enger sich die Schüchternheit eingrenzen läßt, desto spezifischer können unsere Vorschläge zur Überwindung dieser Schüchternheit sein und desto schneller lassen sie sich ausprobieren. Wenn einen dagegen bei jeder beliebigen Gelegenheit die Schüchternheit überfällt, ist vielleicht eine gründlichere Überprüfung angebracht.

Die Antworten auf die Frage „Was macht uns schüchtern?" fallen für Schüchterne und Nicht-Schüchterne im wesentlichen gleich aus. Es ist ein quantitiver, kein qualitativer Unterschied. In aller Regel berichtet der Schüchterne, er habe *mehr* von allem erlebt, nicht aber verschiedene *Arten* von Dingen. Die Vielfalt der Situationen und Menschen, die Schüchternheit auslösen können, ist größer, und es gibt unter denen, die sich selbst als schüchtern bezeichnen, mehr Symptome der Schüchternheit.

Auch wenn wir einiges über das „Was", „Wann" und „Wie" der Schüchternheit wissen, bleibt die Frage nach dem „Warum" immer noch unbeantwortet. „Aber *warum* bin ich schüchtern, Herr Doktor?"

Diese Frage führt uns über Umfrageergebnisse und Statistiken hinaus zur Theorie.

Im nächsten Kapitel wollen wir analysieren, welchen Platz die Schüchternheit in der gesamten psychologischen Verfassung eines Menschen einnimmt. Wir wollen auch einige Theorien zur eigentlichen Dynamik der Schüchternheit untersuchen und uns fragen, ob die Schüchternheit zunächst vielleicht nicht mehr ist als ein Etikett auf der Suche nach Symptomen.

3.
Warum schüchtern?

Zahlreiche Psychologen, Psychiater, Soziologen und andere Wissenschaftler haben versucht, Licht in die komplexe Erfahrung der Schüchternheit zu bringen. Ihre sehr unterschiedlichen Antworten auf die Frage „Warum schüchtern?" bieten eine breite Palette an Möglichkeiten:

Charakterologen sind überzeugt, daß die Schüchternheit ein ererbter Charakterzug ist, nicht anders als die Intelligenz oder die Körpergröße.

Behavioristen glauben, der Schüchterne habe es einfach versäumt, jene sozialen Fertigkeiten zu erlernen, die für zwischenmenschliche Beziehungen erforderlich sind.

Psychoanalytiker sehen in der Schüchternheit lediglich ein Symptom, eine bewußte Manifestation unbewußter Konflikte, die tief in der Psyche toben.

Soziologen und einige Kinderpsychologen sind der Meinung, man müsse die Schüchternheit im Rahmen der sozialen Programmierung sehen – es seien die Bedingungen in unserer Gesellschaft, die viele von uns schüchtern werden ließen.

Die Sozialpsychologen meinen, die Schüchternheit beginne mit nicht mehr als einem bescheidenen Etikett „schüchtern". „Ich bin schüchtern, weil ich mich als 'schüchtern' bezeichne, oder weil mich andere Leute dazu stempeln."

Mit diesen fünf Perspektiven sind natürlich nicht alle Möglichkeiten erschöpft – so vertritt zum Beispiel ein Autor die ungewöhnliche Theorie, Leute seien wegen ihres grenzenlosen Strebens nach Wohlstand schüchtern. Doch all diese Erklärungen können zu unserem Verständnis der Schüchternheit einen erheblichen Beitrag leisten. So wie es nicht nur eine einzige Definition der Schüchternheit gibt, gibt es, wie der Leser rasch erkennen wird, auch nicht nur eine einzige Antwort auf die Frage: „Warum schüchtern?"

Angeborene Schüchternheit

> Alle krankhaft schüchternen Menschen sind ihrem Temperament nach nervös. Sie stammen aus Familien, in denen Wahnsinn, Epilepsie, Migräne, Angina, Hypochondrie und Überspanntheit nicht ungewöhnlich sind. Wenn wir nach den Ursachen suchen, können wir häufig den direkten Einfluß der Erbmasse verfolgen: *Keine Tatsache ist gewisser, als daß die Schüchternheit immer in der Familie liegt.* (Meine Hervorhebung.)[1]

Diese überzeugt pessimistische Aussage eines Londoner Arztes um die Jahrhundertwende sucht die „Schuld" bei den Genen, die schüchterne Eltern an ihre ahnungslosen Kinder weitergeben.

Eine moderne Version von der angeborenen Schüchternheit präsentiert der Psychologe Raymond Cattell.[2] Er glaubt, daß sich die Persönlichkeit eines Individuums aus einer Sammlung grundlegender Charakterzüge zusammensetzt, die sich nachweisen lassen, wenn man dem Betreffenden einen Fragebogen vorlegt und die Antworten dann mathematisch analysiert. Die Leute bekommen Punkte für jeden Charakterzug, den der Fragebogen ermittelt. Die Punkte werden aufeinander abgestimmt, so daß ganze Muster oder „Syndrome" von Charakterzügen entstehen. Danach werden die Ergebnisse mit denen der Kinder verglichen, damit sich zeigt, ob der Charakterzug „ererbt" ist. Cattell ermittelt also die Charakterzüge nicht durch Beobachtung sondern durch einen Test mit Papier und Bleistift:

- Brauchen Sie an einem neuen Wohnort übertrieben lange, um neue Freundschaften zu schließen? *Ja* oder *Nein*
- Sind Sie ein gesprächiger Mensch, dem es stets Freude macht, sich mündlich mitzuteilen? *Ja* oder *Nein*

Leute, die auf die erste Frage mit „Nein" und auf die zweite mit „Ja" antworten (und auf vergleichbare andere Fragen ähnlich reagieren), erhalten einen hohen H-Faktor. Der H-Faktor setzt sich aus zwei Zügen zusammen: H^+ (Unerschrockenheit) gegen H^-(Empfindlichkeit gegen Bedrohungen). Die H^+-Typen reagieren dickfellig, robust und unerschrocken auf die Schocks, die das Leben zu bieten hat. Teddy Roosevelt und Winston Churchill werden als Musterbeispiele für diesen H^+-Typ angeführt.

Im Gegensatz dazu zeigen die H^--Typen eine hohe Empfindlichkeit gegen Bedrohungen. Die Bezeichnung für den Charakterzug H^- ist daher *threctia* – uns als Schüchternheit geläufig. Die psychischen und sozialen Schocks, die ein H^+ aushalten oder gar ignorieren kann, „führen bei dem 'threktischen' Menschen zur Erschöpfung und Lähmung". Emily Dickinson und der Erfinder Henry Cavendish verkörpern diesen Typ, wie auch, nach Cattell, „Pfarrer und Priester, Redakteure, Farmer und Leute, die sich um eine berufliche Wiedereingliederung bemühen".

Interessant ist für uns die Theorie, die hinter diesen Typen steht. Der schüchterne H^--Typ wird mit einem empfindlicheren, leichter erregbaren Nervensystem geboren als der furchtlose H^+-Typ – besagt die Theorie. Diese hohe Empfindlichkeit führt zur Schüchternheit und zum Rückzug vor Konflikten und bedrohlichen Ereignissen. Da für Cattell dieser H-Charakterzug weitgehend ererbt ist, verändert er sich nach seiner Überzeugung auch nicht durch irgendwelche Vorfälle im Laufe eines Menschenlebens. Er stellt allerdings fest, daß eine „Schüchternheit von extremen Ausmaßen eine natürliche Tendenz zeigt, sich selbst zu heilen". Wie oder warum das geschieht, erfahren wir nicht; Cattell sagt nur, es geschehe *nicht* durch „Erziehungsmaßnahmen, die sich um eine direkte Beseitigung der Schüchternheit bemühen". Jeder Versuch, die Schüchternheit zu behandeln, ist also nach dieser pessimistischen Ansicht sinnlos.

Natürlich gibt es eine Menge individueller Unterschiede in der Veranlagung und im Verhalten Neugeborener. Es gibt Unterschiede in ihrer Empfindlichkeit gegen Geräusche, Licht, Schmerz, Temperaturen; die einen weinen viel, während die anderen fast die ganze Zeit schlafen. Aber niemand, auch nicht Cattell, hat je nachgewiesen, daß diese Unterschiede bereits festlegen, welches Baby zum Mauerblümchen und welches zum Dickhäuter wird.

Charakterologen können nur *annehmen*, daß die psychologischen Unterschiede zwischen H^+ und H^- klar ersichtlich wären, wenn sie sich bei Neugeborenen testen ließen. Aufgrund dieser Annahme erklären sie, daß ein empfindlich-schüchternes Nervensystem erblich ist. Diese Art der Argumentation ist nicht nur rückständig, sondern sie hat auch viele Schüchterne davon abgehalten, es mit einer systematischen Behandlung zu versuchen. Mit ihrer „angeborenen Schüchternheit" sind diese überempfindlichen Leute dazu verdammt, ein ganzes Leben lang darauf zu warten, daß ihre übertriebene Schüchternheit „sich von selbst heilt". Ebensogut könnten sie auf Godot warten, oder auf den Tag, an dem die Long-Island-Eisenbahn pünktlich sein wird.

Erlernte Schüchternheit

Die Ansicht der Charakterologen, nach der die Schüchternheit eine unvermeidliche Folge einer ererbten weichlich-empfindsamen Veranlagung ist, läuft der Grundhaltung der Behavioristen genau zuwider. Die Behavioristen glauben, daß wir – auf Gedeih und Verderb – das sind, was wir gelernt haben. Wir erlernen Verhaltensweisen, die positiv belohnt werden, und wir unterlassen oder unterdrücken Handlungen, die negative Folgen für uns haben. Der Behaviorist behauptet, in einer Welt, in der nur das „erwünschte" Verhalten belohnt wird, könne er aus einem Straßenmädchen eine feine Dame machen oder gar einen schüchternen H^--Typ in einen unerschrockenen H^+-Typ verwandeln.

John B. Watson, der den Behaviorismus in Amerika populär gemacht hat, verkündete die grenzenlose Macht der positiven Wiederverstärkung zur Abänderung von Persönlichkeit und Temperament, als er sich unbescheiden rühmte:

> Wenn ihr mir zwölf gesunde und wohlgeformte Kleinkinder gebt und dazu meine eigene spezielle Welt, in der ich sie großziehen kann, dann garantiere ich euch, daß ich jedes beliebige dieser Kinder nehmen und so ausbilden kann, daß es auf jedem gewünschten Gebiet Spezialist wird – Arzt, Rechtsanwalt, Künstler, diebischer Kaufmann, ja sogar diebischer Bettler –, ungeachtet seiner Begabungen, Veranlagungen, Neigungen und Eignungen, und ungeachtet der Herkunft seiner Familie.[3]

Nach Ansicht moderner Behavioristen ist die Schüchternheit eine erlernte Angstreaktion auf soziale Vorgänge. Der Schüchterne kann verschiedene Anlässe für das Erlernen dieser Reaktion haben:

- Er hat bereits in der Vergangenheit in bestimmten Situationen schlechte Erfahrungen mit Menschen gemacht, entweder am eigenen Leib oder als Zeuge in Situationen, in denen andere reinfielen.
- Er hat nicht die „richtigen" sozialen Fertigkeiten erlernt.
- Er erwartet von sich selbst eine unzulängliche Leistung und macht sich deshalb ständig Sorgen um die eigene Leistungsfähigkeit.
- Er erlernt es, sich wegen seiner eigenen „Unzulänglichkeit" herabzusetzen – „Ich bin schüchtern", „Ich bin unwürdig", „Ich kann das nicht", „Ich brauche meine Mammi!"

Nach Meinung der Behavioristen kann ein Kind lernen, schüchtern zu werden, indem es versucht, in einer von Erwachsenen dominierten Welt Erfolg zu haben. Eine neunundvierzigjährige Lehrerin erzählt ihre Geschichte:

> Als ich vier Jahre alt war, hatte ich ein – für mich – sehr traumatisches Erlebnis in der Kunst der Kommunikation. Ich kann mich noch erinnern, was für ein Tag es war, ich erinnere mich an die Vorbereitungen zum Ausgehen mit meiner Mutter, an das Licht im Zimmer, muß allerdings gestehen, daß ich nicht mehr genau weiß, *was* ich mitzuteilen versuchte, und meine Mutter hat natürlich die ganze Situation vergessen. Was immer es war – damals war es für mich wichtig. Ich versuchte verzweifelt, meiner Mutter etwas zu sagen – nichts Konkretes, es war irgend etwas Abstraktes, und mir fehlten die Worte, um es meiner Mutter verständlich zu machen. Sie bemühte sich, mich zu verstehen, als ich es erst auf die eine, dann auf die andere Weise versuchte. Nach fünfminütiger Frustration auf beiden Seiten brach sie schließlich in Gelächter aus. Ich heulte und war nicht zu trösten. Meine Gedanken waren für immer verloren, aber meine Gefühle über sie, über die Erwachsenen und über mich selbst waren in diesem Augenblick auf Jahre hinaus eingefroren.
>
> Ich fühlte mich als Versager. Ich war lächerlich, inkompetent und dumm. Dies wurde noch durch die allgemeine Einstellung der meisten Erwachsenen, unter denen ich aufwuchs, verstärkt, die Dinge zu sagen pflegten wie: „Kinder soll man sehen können, nicht hören", und: „Dinge sind wichtiger als Leute." Die Botschaft war überdeutlich: Ich konnte nichts recht machen. So lernte ich schon früh, anderen mit Angst und Mißtrauen zu begegnen.

Man kann auch lernen, inkompetent zu sein – wenn einem Inkompetenz die gewünschte Aufmerksamkeit der anderen einbringt. Denken wir nur an den Klassenclown, der mit dem Lehrer Ärger bekommt, weil er dauernd den Unterricht stört. Er wird vielleicht von seinen Klassenkameraden ausgelacht, von seinen Eltern geschimpft und vom Lehrer bestraft, aber er wird von allen *bemerkt.* Die soziale Anerkennung gehört zu den stärksten menschlichen Wiederverstärkern, und mancher unternimmt große Anstrengungen, um ein klein wenig davon zu bekommen. Manche gewöhnen es sich an, laut zu reden, andere lernen zu quengeln; manche erregen dadurch Aufmerksamkeit, daß sie auf dem Fußballplatz in die falsche Richtung laufen, daß sie „krank" werden und verarztet werden müssen, oder dadurch, daß sie stolpern, während sie aus dem Flugzeug des Präsidenten steigen.

Die jüdische Tradition ist reich an komischem Spott über derlei Inkompetenz. Der *Schlemihl* erregt Aufmerksamkeit, weil er seine Suppe verschüttet, ins falsche Flugzeug steigt, die Autoschlüssel im Kofferraum einschließt. Der *Schlemassel* ist das unglückliche Opfer dieser tapsigen Inkompetenz – er bekommt die Suppe in den Schoß, wird aus dem Flugzeug gewiesen, muß um zwei Uhr morgens den Ersatzschlüssel zum Auto bringen.

Seltsamerweise kann die Passivität des Schüchternen ein erlerntes Verhaltensmuster als Reaktion auf die Fernsehwelt sein. Da man zu den elektronischen Bildern keine andere Beziehung herstellen kann, als gelegentlich den Sender zu wechseln, oder während der Werbespots umzuschalten, lernen unsere mit dem Fernsehen groß gewordenen Kinder, Kojak für sich stark sein zu lassen, Rhoda für sich reden zu lassen und Mary Hartmann für sich Schwierigkeiten durchstehen zu lassen. Ein junger Mann erzählt von seinen Erfahrungen mit dem Fernsehen:

> Der vielleicht herausragende Faktor in meinem Leben war das Fernsehen. Von meiner Mutter – von meinem Vater kaum – lernte ich Manieren, aber sonst lernte ich fast alles vom Fernsehen. Ich würde sagen, im Schnitt waren es drei Stunden Fernsehen am Tag, mein ganzes Leben. Die wichtige Rolle, die das Fernsehen in meinem Leben spielte, erklärt sich aus der Tatsache, daß keine Reaktion erforderlich ist. Beim Fernsehen ist man *passiv.* Im Zuhören und Lernen war ich schon immer gut, aber es fiel mir schwer, mit anderen zu reden. In der Schule lernte ich, aber ich beteiligte mich nicht aktiv am Unterricht. An der Uni hatte ich meinen Platz immer hinten im Hörsaal. Da die mündliche Beteiligung am Unterricht gewöhnlich 10 Prozent der Gesamtnote ausmachte, drückte meine Schüchternheit meine Noten.

Wenn die Schüchternheit dadurch entsteht, daß man auf die Gegenwart von Menschen „falsch" reagieren lernt, dann sollte sie zurückgehen, sobald man für die „richtigen" Reaktionen belohnt wird. So gesehen, ist es das Verhalten des Schüchternen selbst, das die Erfahrung der Schüchternheit auslöst. Da es ein erlerntes Verhalten ist, läßt es sich rückgängig machen, so wie jede schlechte Angewohnheit oder spezifische Phobie, etwa die Angst vor Schlangen. Wenn wir im zweiten Teil dieses Buches soziale Fertigkeiten beschreiben – Schulung des Selbstbewußtseins –, so stützen wir uns dabei auf diese behavioristische Betrachtungsweise.

Der Optimismus der Behavioristen ist eine willkommene Abwechslung nach dem Fatalismus der Charakterologen mit iher Auffassung vom „geborenen Verlierer". Denken wir aber daran, daß es, wie wir bereits gesehen haben, verschiedene Typen der Schüchternheit gibt. Manche Schüchterne besitzen schon die angemessenen sozialen Fertigkeiten, doch ein Mangel an Selbstvertrauen verhindert, daß sie mit sozialen Situationen zurechtkommen. Wenn man den in Kapitel 2 beschriebenen schweigsamen Menschen die richtigen Sprechgewohnheiten beibringt, so ist damit nicht automatisch ihre Schweigsamkeit „geheilt". Manchmal gelang es uns, aber manchmal verschlimmerte es auch ihre Schüchternheit. Zum überwachten, erfolgreichen Üben sozialer Fertigkeiten gehört eine Schulung zur Verringerung sozialer Ängste, gehören Übungen zur Steigerung der Selbstachtung und eine bessere Einsicht in einige der irrationalen Grundlagen der eigenen Schüchternheit.

Für einige der extrem Schüchternen könnten bestimmte Ereignisse eher auf eine *symbolische* als auf eine ganz konkrete Weise bedrohlich sein. Ihre Schüchternheit knüpft sich nicht an eine unangenehme persönliche Erfahrung mit bestimmten Leuten oder Situationen. Vielmehr fühlen sie sich beklommen, weil diese Leute und Situationen ungelöste, unterdrückte Konflikte repräsentieren, die schon früh in ihrem Leben einsetzten. Zweifellos haben Sie bereits bemerkt, daß diesem Rezept für die Schüchternheit etwas Freudsches anhaftet; lassen wir also die Behavioristen in den Hintergrund treten.

Vom Über-Ich zur Schüchternheit

Analysiert man die Schüchternheit mit psychoanalytischen Methoden, läßt sich alles wunderbar erklären – aber nichts beweisen. Da gibt es dann Schlachtfelder, auf denen sich innere Kräfte austoben, es gibt aufgebaute Abwehrmechanismen, Angriffe, Auflösungserscheinungen, Neugruppierungen, Guerillakriege, Doppelagenten und verschlüsselte Symptome, die auf ihre Dechiffrierung warten. Weil aber der größte Teil der Theorie in allgemeinen Begriffen ausgedrückt und voller abstrakter und vager Ideen steckt, kann sie nicht wissenschaftlich widerlegt werden. Sie ist „richtig", weil sie sich nicht als „falsch" enthüllen läßt.

Freud, der Begründer der Psychoanalyse, entwickelte diese Theorie aus seinen Erfahrungen und Erkenntnissen als Therapeut, der neurotische viktorianische Patienten behandelte. In einer psychologischen Störung sah Freud die Folge einer Disharmonie zwischem dem Es, dem Ich und dem Über-Ich, den drei Grundaspekten der Persönlichkeit. Das Es bezieht sich auf die instinktive, leidenschaftliche Seite der menschlichen Natur. Das Ich ist der Teil des Selbst, der die Wirklichkeit wahrnimmt, der lernt, was möglich ist, und kontrolliert, was sich in der Praxis ausführen läßt. Das Über-Ich ist die Stimme eines strengen Gewissens, der Hüter der Moral, Ideale und soziale Tabus.

Das Ich hat die Aufgabe, zwischen der Lust des Es und den Gesetzen des Über-Ich zu vermitteln. Wenn das Ich gut funktioniert, sorgt es dafür, daß Handlungsweisen für das Selbst gewählt werden, die die Bedürfnisse des Es befriedigen, ohne moralische Sanktionen oder soziale Codes des Über-Ich zu verletzen. Doch diese Auseinandersetzung ist – wie fast jedes Schlichtungsverfahren – weder leicht noch jemals völlig abgeschlossen. Die instinktiven Triebe des Es drängen auf Befriedigung im Jetzt und Hier. Besonders stark unter diesen Bedürfnissen sind Sexualität und Aggression – und das Über-Ich ist auf keinen Fall bereit, diese Unruhestifter aus dem Es gewähren zu lassen. Daher tobt ständig ein elementarer Konflikt zwischen Verlangen und Entsagung.

In diesem Sinne ist die Schüchternheit ein Symptom. Sie stellt eine Reaktion auf die unerfüllten Urwünsche des Es dar. Zu diesen Wünschen gehört das ödipale Verlangen des Kindes nach einer totalen Zuneigung der Mutter, die alle anderen – selbst den Vater – ausschließt.

Verschiedene psychoanalytische Arbeiten führen die Schüchternheit auf verschiedene Störungen in der normalen Entwicklung der Persönlichkeit zurück, wo das Es, das Ich und das Über-Ich in integrierter Harmonie zusammenleben. Eine Auswahl dieser Ansichten vermittelt uns eine Vorstellung von den psychoanalytisch hergeleiteten Ursprüngen der Schüchternheit.

John, ein schüchterner junger Mann, der zum Exhibitionisten wurde, läßt sich besser verstehen, wenn wir die folgende psychoanalytische Erklärung seines Exhibitionismus lesen:

> Seine unerfüllte Sehnsucht nach der Zuneigung seiner Mutter und sein ödipales Verlangen führten zu einer Kastrationsangst, verschlimmert noch durch die Tatsache, daß sein Vater tatsächlich eine bedrohliche

Gestalt war. Durch die Belebung des Sexualtriebs in der Pubertät erhielten Johns Wünsche ganz offen inzestuösen Charakter. Die Folge davon war, daß alle sexuellen Interessen tabu wurden, und als Ergebnis dieser Verdrängung entstand Schüchternheit. Johns exhibitionistische Akte waren nichts anderes als eine „Rückkehr des Verdrängten". Seine perverse Sexualität richtete sich gegen eine Ersatzfigur (eine nichtinzestuöse fremde Frau), es war eine Abwehr gegen die noch strikter verbotenen Sexualtriebe [zur Mutter hin].[4]

Der New Yorker Psychoanalytiker Donald Kaplan sieht den Ursprung der Schüchternheit zum Teil in der Beschäftigung des Ichs mit dem eigenen Selbst – im Narzißmus also. Paradoxerweise sind seine schüchternen, zurückhaltenden, bescheidenen Patienten offenbar voller grandioser Fantasien und voller Feindseligkeit. Diese Affekte werden verzerrt und verdrängt, da sie nicht direkt ausgedrückt werden dürfen.

> ... Bei der Schüchternheit *beginnt* die traumatische Kraft des sozialen Vorgangs mit einer Verschiebung eines „gefährlichen Überschwangs" aus einem anderen Bereich im Leben des Patienten, wo er sich in seiner subjektiv günstigeren Weise auswirkt. Der quälende Schmerz, der sich im Symptom der Schüchternheit ausdrückt – die Angst, übersehen, ignoriert, zurückgewiesen zu werden –, entspringt auch einer Verschiebung auf die soziale Situation; ursprünglich sind es subjektiv wohltuendere Äußerungen der Erniedrigung und Herabsetzung aus einem anderen Bereich im Leben des Patienten ...
> Ich fand es auch aus klinischer Sicht bemerkenswert, daß krankhaft schüchterne Menschen in ihrer Einsamkeit übermäßig stark mit grandiosen Fantasien befaßt sind, die ein ungeheures Vergnügen bereiten. Diese ausgedehnten, lebhaften Tagträume sind in der Tat ein wichtiges Merkmal im Dasein krankhaft schüchterner Patienten ... [5]

Andere, die sich zu diesem Thema äußern, heben den Prozeß hervor, mit dem sich das Kind psychologisch von der Mutter löst und das Gefühl für die eigene Individualität entwickelt. Kommt diese Lölösung zu früh, kann die Mutter ihre Beschützerrolle nicht ausfüllen, und es entsteht ein Trauma. Es ist so, als werde das Ich in einem Papierschiffchen ausgesetzt, während ihm voll bewußt ist, daß sich am Horizont ein Unwetter zusammenbraut. Psychoanalytiker sagen, in diesem ausgesetzten Ich entwickle sich später die Angst, die Unsicherheiten des Lebens nicht bewältigen zu können. Diese Angst kennzeichnet den extrem Schüchternen.[6]

Wir dürfen nicht vergessen, daß viele psychoanalytische Erklärungen der Schüchternheit von den extremeren Fällen ausgehen, den „klinisch" oder „krankhaft" Schüchternen. Deshalb stützen sich solche Theorien auf die Fallgeschichten von Patienten, deren Schüchternheit eine ernsthafte Störung oder Behinderung darstellt. Es wird von Fällen berichtet, in denen die Schüchternheit so groß ist, daß sie die Patienten daran hindert, jemals das Haus zu verlassen. Bei einigen dieser Patienten mag die Schüchternheit in der Tat ein Symptom für tiefer liegende seelische Probleme sein, eine Art Tarnung, hinter der sich ein psychopathologischer Zustand verbirgt. Diese Schüchternen bedürfen offensichtlich ärztlicher Hilfe. Die im zweiten Teil dieses Buches gegebenen Empfehlungen können ihr Problem wohl nur an der Oberfläche ritzen.

Die psychoanalytische Orientierung ist jedoch insofern von Wert, als sie uns auf einige irrationale Merkmale in der Verfassung normaler Schüchterner aufmerksam macht. Sie verweist auf einen provokativen Zusammenhang mit Bedürfnissen nach Macht, Überlegenheit, Feindseligkeit und Sex. Und sie lädt uns ein, hinter den düsteren Schleier in die Fantasiewelt einiger Schüchterner zu spähen.

Der Schauspieler Michael York schildert eine treibende Kraft in seinem schüchternen Leben:

> Ich war schüchtern und dabei doch entsetzlich ehrgeizig. Ich kann mich erinnern, daß in der Kleinkinderschule – so heißt das bei uns – das „Rotkäppchen" aufgeführt wurde. Ich arbeitete nur hinter den Kulissen, und ich stand dann immer da und starrte auf das Kind, das den Wolf spielen durfte. Ich war so neidisch, daß ich dieses Kind haßte. Ich stand nur da und starrte unentwegt. Und wissen Sie was? Der Junge wurde krank, und ich bekam die Rolle.[7]

Ein sechsundzwanzigjähriger Mann, der aus dem Mittelstand kommt, fängt an, mit nachlassender Schüchternheit seine Ängste und seine Feindseligkeiten zu entdecken:

> Je mehr ich meinen eigenen Selbstwert entdecke, desto mehr verliere ich die Achtung vor anderen. Anstatt vor anderen Angst zu haben, erachte ich heute die meisten Menschen für irrational. Es gibt da eine Reihe von Leuten, mit denen ich von der Schulzeit her eng befreundet bin, und nun stelle ich fest, daß mich mit ihnen und ihren Zielen nichts mehr verbindet. Sie arbeiten, wo sie am meisten verdienen können, und verbringen ihre Freizeit in Bars, in der Hoffnung, für den Abend ein

Mädchen auflesen zu können. Ihnen geht es nur um Rauschgift, Sex und billige Vergnügungen.

Dieses egozentrische Dilemma der Schüchternheit äußert sich auch bei einer Frau, mit der ich zu tun hatte: sie schreckt vor dem Scheinwerferlicht zurück und möchte doch am liebsten, daß es sie ständig anstrahlt:

> Ich bin beim Tanzen sehr schüchtern. Aber es gibt da eine richtige Schwelle der Befangenheit, und diese Hürde kann ich überwinden, wenn ich high bin und drauflos tanze, und dann hab ich meistens einen Riesenspaß. Während ich mich zuerst richtig steif fühle und mit der Musik und meinem Körper überhaupt nichts anzufangen weiß und den anderen Gelegenheit gebe, sich über mich lustig zu machen, habe ich nachher, wenn ich mal richtig drin bin, den Eindruck, daß ich von allen am besten tanze und daß mich jetzt zurecht alle bewundern und über mich staunen. Mein Psychiater sagt mir, daß ich mich nicht, wie ich immer glaubte, allen anderen hoffnungslos unterlegen fühle, sondern daß ich den Wunsch habe, alle anderen zu übertreffen.

Soziale Programmierung

Vor kurzem sagte mir der Direktor des studentischen Gesundheitsdienstes an einem größeren College, daß jährlich etwa 500 Studenten (5 Prozent der Studentenschaft) in die Sprechstunde kommen und erzählen, sie hätten ein besonderes Problem. Sie sind einsam. Jeder Student erhält eine auf seine Person bezogene Behandlung, die auf das abzielt, was sich in dieser Vereinsamung nach Meinung des Therapeuten widerspiegelt. Nach Auffassung des Direktors würde kaum einer dieser Fälle von der herkömmlichen Freudschen Analyse profitieren. Vielmehr stehen sie für bewußtere fortlaufende Probleme, mit denen das Ich in seinem alltäglichen Dasein fertigwerden muß.

„Angenommen, alle 500 kämen gleichzeitig in die Klinik und klagten über Einsamkeit", sagte ich. „Wie wäre dann die Diagnose, und wo würde der Therapeut nach den Ursachen suchen?"

„Wir würden uns mit dem Vertrauensmann der Studenten oder dem Leiter des Wohnheims unterhalten und fragen, was auf diesem Campus eigentlich los ist, daß es zu einer solchen Massenreaktion kommen kann", antwortete er.

„Wenn sie aber nacheinander zu Ihnen kommen, dann fragen Sie jeden einzelnen, was ihm fehlt, und nicht, was *da draußen* eigentlich los ist?"

„Im allgemeinen, ja."

Diese Unterhaltung macht deutlich, daß wir nach den Wurzeln der Schüchternheit auch in der Ökologie des sozialen Selbst suchen müssen. Die einseitige Haltung des Direktors ist so ähnlich wie die der Psychologen, Psychiater, Mediziner und jener Leute in der Strafverfolgung, die analysieren, untersuchen, behandeln, heilen, urteilen und über das *Individuum* ihren Urteilsspruch fällen, während sie den Einfluß der *Situationen* übersehen und bagatellisieren. In diesem Abschnitt wollen wir einige situationsbedingte Einflüsse untersuchen, die der Kontrolle des Individuums entzogen sind und die vielleicht dazu beitragen können, für die Beziehungen des Schüchternen zu seinen Mitmenschen ein Muster zu entwickeln.

Mobilität und Einsamkeit

Vance Packards *A Nation of Strangers* belegt die geographische Mobilität, die für die amerikanische Familie zu einer alltäglichen Erfahrung geworden ist. „Der Durchschnittsamerikaner zieht im Laufe seines Lebens etwa 14 mal um", schreibt Packard. „Bei ungefähr 40 Millionen Amerikanern ändert sich mindestens einmal pro Jahr die Anschrift." Über die Hälfte der 32 Millionen, die noch 1940 auf Farmen lebten, sind innerhalb von nur zwei Jahrzehnten in die Stadt gezogen. An vielen Orten und für viele Berufe ist das Nomadenleben ein Dauerzustand. Universitätsstädte, Werkssiedlungen, Handlungsreisende, Piloten, Stewardessen, Saisonarbeiter in der Landwirtschaft – sie alle verkörpern dieses Prinzip in der Praxis.

Die Folge dieser neuen Rastlosigkeit ist laut Packard „ein stark gwachsener Anteil der Bevölkerung, der sein Gemeinwesen, seine Kontinuität und seine Identität verloren hat. Diese Verluste tragen alle zu einer Verschlechterung des allgemeinen Wohlergehens bei, sowohl für Individuen als auch für die Gesellschaft."[8] Und was ist mit den Kindern? Wie wirkt sich das alles auf die Millionen von Kindern und Jugendlichen aus, die jeden Umzug mitmachen müssen, ohne um ihre Meinung gefragt zu werden? Welchen emotionalen Preis zahlen sie für kaputte Freundschaften und für den Austausch der vertrauten Umgebung und Gesichter gegen die Ungewißheit des Neuen? Und wer wird Omas Stelle übernehmen?

Die von ihrer Schüchternheit gequälte Oberschülerin, die das erste Kapitel einleitete, das Mädchen also, das sich überall versteckte, um den Leuten aus dem Weg zu gehen, ist ein Opfer dieses Faktors der Mobilität.

> ... Als ich älter wurde, verschlimmerte sich alles. Jedes Jahr kam ich auf eine andere Schule. Wir waren arm, und das blieb an mir hängen, und meine Mitschüler akzeptierten mich nicht, es sei denn, sie brauchten mich; und wenn sie mich ausgenutzt hatten, wartete ich einfach, bis sie mich wieder brauchten. Ich kam mir vor wie ein Fußball in der Basketball-Saison. Ich kroch in ein Schneckenhaus, und jede neue Schule zog den Deckel weiter über die Öffnung, bis dann schließlich in der neunten Klasse der Deckel ganz zuging.

Robert Ziller hat die psychologischen Auswirkungen der geographischen Mobilität wissenschaftlich untersucht und kam zu dramatischen Ergebnissen.[9] Er verglich drei Gruppen von Kindern im achten Schuljahr, die alle im Staat Delaware lebten. Die Gruppe mit der höchsten Mobilität bestand aus dreiundachtzig Kindern von Angehörigen der amerikanischen Luftwaffe, die in ihrem jungen Leben schon in etwa sieben verschiedenen Gemeinden gelebt hatten. Eine zweite Gruppe von sechzig Kindern (von Zivilisten) hatte bisher in drei oder mehr Gemeinden gelebt. Und die dritte Gruppe aus fünfundsiebzig Schülern hatte bisher nur in einer Gemeinde gelebt.

Verschiedene Tests wurden durchgeführt, um bei jedem Kind das Gefühl der Identifizierung mit Kindern und Erwachsenen, die soziale Isolierung und die Selbstachtung zu messen. Wie Sie wahrscheinlich erraten haben, waren die Kinder, die viel herumgekommen waren, stärker isoliert. Die Kinder der Luftwaffenangehörigen zeigten die extremsten Ergebnisse. Als hauptsächlicher Bezugspunkt erwies sich bei ihnen das eigene Selbst und nicht andere Menschen. Wenn auch diese ichbezogene Orientierung als Reaktion auf eine ständig wechselnde Umgebung verständlich ist, so fördert sie doch in dem mobilen Kind ein Gefühl der Entfremdung. Diese Kinder neigten im allgemeinen dazu, sich selbst als „anders", „ungewöhnlich", „eigenartig" und „einsam" zu bezeichnen. Außerdem identifizierten sie sich mehr mit Erwachsenen als mit anderen Kindern.

Die Einsamkeit – so wie sie das Kind, der Erwachsene und die ältere Person erfahren – kommt immer häufiger vor, da immer mehr Menschen allein oder in stets kleiner werdenden Familien leben. Amerikaner heiraten später, haben weniger Kinder, lassen sich öfter scheiden und ziehen immer weiter von „Zuhause" fort.

Heute gehören im Durchschnitt weniger als 3 Personen zu einem Haushalt. Wir werden nicht nur rasch zu einer Nation von Fremden, sondern auch zu einer Nation von einsamen Fremden.

Das diesen sozialen Zwängen ausgesetzte Individuum wird vielleicht allein deshalb schüchtern, weil der direkte Zugang zu anderen Menschen so schwierig ist. Es gibt nur noch wenige Gelegenheiten, bei denen man ein herzliches offenes, aufgeschlossenes Verhältnis unter Familienmitgliedern oder nachbarlichen Freunden beobachten kann. Ähnlich hat der isolierte Einzelne nur noch selten Gelegenheit, sich im Gespräch zu üben, sich auf die Reaktionen anderer einzustellen, irgend etwas auszuhandeln und Komplimente anzunehmen und auszuteilen.

Zu den traurigsten Anblicken, die mir untergekommen sind, gehören die Scharen einsamer Kinder, die man samstags in Einkaufszentren beobachten kann. Während die Mütter ihren wöchentlichen Einkauf tätigen, sitzen die Kinder gelangweilt und ausdruckslos in einer zentralen Snackbar herum und verdrücken eine Pizza oder einen großen Hamburger, angeödet von der allgegenwärtigen sterilen Musik. Und dann geht's wieder nach Hause in die Abgeschiedenheit am Stadtrand, die der Wohlstand ermöglicht hat – eine Abgeschiedenheit, die jeden Grundbesitzer von seinem Nachbarn isoliert.

In der Stadt, aus der sie geflohen sind, hat inzwischen die Angst vor dem Verbrechen aus den in Mietshäusern Wohnenden verängstigte Opfer im Belagerungszustand gemacht. Aus dem trauten Heim wird ein Gefängnis, wenn es durch Eisengitter vor den Fenstern und dreifach verschlossene und verriegelte Türen abgesichert ist. Ältere Frauen wagen sich oft erst aus dem Haus, wenn ihr Mann von der Arbeit kommt und mit ihnen zum Supermarkt geht. Und für die alleinstehenden Älteren werden die realen Alpträume des Stadtlebens laufend schlimmer.

Daneben sind weniger augenscheinliche soziale Zwänge am Werk und sorgen dafür, daß unsere Gesellschaft immer mehr Schüchterne produziert. Filialbetriebe verdrängen immer mehr die weniger leistungsfähigen und nicht so wirtschaftlichen Tante-Emma-Läden, und wir sind gezwungen, einen hohen Preis dafür zu bezahlen. Verschwunden sind die „Wir geben Kredit"-Schilder. Nicht nur bekommt man keinen Kredit mehr, man hat auch seine Identität verloren, wenn man sich nicht dreifach ausweisen kann, zur Bestätigung der eigenen Existenz. Das freundliche Geplauder mit Herrn Bauer oder dem Drogisten Goldberg gehört der Vergangenheit an. Ein kleiner Qualitätsverlust der sozialen Interaktion, ein Opfer für den „Fortschritt", doch für uns ein wesentlicher Verlust, denn wir wissen nicht mehr, was wir anderen bedeuten, und sie uns.

Als ich im New Yorker Stadtteil Bronx aufwuchs, hatten nur wenige Leute ein Telefon. Der Krämerladen an der Ecke war die Telefonzentrale für die ganze Straße. Wenn Onkel Norman seine Freundin Sylvia erreichen wollte, rief er zuerst in Charlies Krämerladen an. Charlie nahm den Anruf entgegen und fragte, wer von uns Kindern sich ein paar Pfennig verdienen wollte, indem er zu Sylvias Haus ging und ihr sagte, daß ein Anruf für sie da war. Sylvia freute sich über den Anruf und belohnte den Vermittler mit zwei oder drei Pfennig, und der Vermittler gab anschließend das verdiente Geld für Bonbons oder ein Glas Limonade aus – in Charlies Krämerladen natürlich. So schloß sich die soziale Kette. Um den Kontakt zwischen zwei Leuten herzustellen, waren die koordinierten Anstrengungen von mindestens zwei weiteren Leuten erforderlich. Der Prozeß war fraglos langsam und nicht sehr effektiv, wenn man daran denkt, daß Norman heute einfach Sylvias Nummer zu wählen braucht – wenn er sie gerade im Kopf hat und sich nicht die Mühe machen muß, die Auskunft anzurufen.

Aber dabei ist etwas verlorengegangen. Man ist nicht mehr auf die Zuverlässigkeit oder die Vertrauenswürdigkeit anderer angewiesen, wenn man die Nummer des anderen selber wählen kann, man braucht niemand mehr um einen Gefallen zu bitten. Sylvia braucht nicht mehr mit den Kindern zu reden, und Norman nicht mehr mit Charlie, dem Mann aus dem Krämerladen. Das ginge auch gar nicht mehr, denn der Krämerladen ist verschwunden, und die Kinder sind im Smithtown-Einkaufszentrum – falls es gerade Samstag ist.

Das Syndrom des Erfolgszwangs

Amerikanische Werte – vor allem die Überbetonung des Wettbewerbs und der individuellen Leistung – mögen ebenfalls für die weite Verbreitung der Schüchternheit verantwortlich sein. In einer Gesellschaft, in der nach James Dobson die Schönheit die Goldmünze und die Intelligenz die Silbermünze der menschlichen Währung ist, steht vielleicht die Schüchternheit in der Sollspalte. Eine vierundachtzigjährige Urgroßmutter erinnert sich an den Ursprung einer lebenslangen Schüchternheit:

> Ein weiterer Grund für meinen Mangel an Selbstbewußtsein war, glaube ich, daß ich zwei wunderschöne Schwestern hatte, die eine eineinhalb Jahre älter als ich, mit reizvollen, verführerischen braunen Augen, und die andere drei Jahre jünger als ich, mit wunderschönen veilchenblauen Augen, goldblonden Haaren und einem rosigen und weißen Teint; und ich hatte ganz gewöhnliche Augen. Als ich älter wurde, kam ich mir vor wie ein häßliches kleines Entlein zwischen zwei Schwänen. Meine Schwestern waren nicht schüchtern.

Wenn es so viele nicht schaffen, ihren Idealen gerecht zu werden, dann liegt das oft an den Idealen und sagt nur bedingt etwas über die Befähigung oder den Wert der Person aus. Wie wollen Sie wissen, daß Sie Erfolg haben im Leben? Genügt es, in der äußeren Erscheinung, Intelligenz, Körpergröße, im Gewicht und im Einkommen „Durchschnitt" zu sein? Besser wäre es, überdurchschnittlich zu sein. Am besten aber ist es, der Beste zu sein! Im Geschäftsleben, im Bildungssystem, im Sport – überall wird die Notwendigkeit betont, etwas zu leisten, die Nummer Eins zu sein.

Als Nolan Ryan, der Starwerfer im Baseballteam der California Angels, ein Spiel hinlegte, in dem die Gegner keinen einzigen Ball trafen, sagte seine Mutter, als sie von Reportern nach ihrer Meinung gefragt wurde, sie sei nur halb zufrieden. Es sei schließlich kein „perfektes Spiel" gewesen (in dem keiner der Gegner das erste Mal erreicht). Wenn nur „der Beste" als erfolgreich gilt, müssen dann nicht alle anderen „Versager" sein?

Ob beim Autoverleih Hertz oder im Jugendsport, im Miss-America-Wettbewerb, im Footballteam der Staatsuniversität von Ohio oder bei den Meisterschaften im Keulenschwingen – stets zählt in

Amerika nur die individuelle Leistung, und das zwingt den Einzelnen, sich jedem zu stellen, der sich mit ihm messen will. Unsere Gesellschaft war schon immer geneigt, von den Leistungen der wenigen herausragenden Ausnahmeerscheinungen zu profitieren und den Mißerfolg der vielen Verlierer einfach abzuschreiben.

Daß den Bemühungen um Selbstdarstellung, um materiellen Erfolg, um Status und um meßbare Leistung soviel Bedeutung beigemessen wird, bekommen Kinder besonders deutlich zu spüren. Um geliebt, akzeptiert und geschätzt zu werden, müssen sie die erwünschten Antworten produzieren. Der Wert eines Menschen wird nach dem bemessen, was er produziert – und nicht nach dem, was er ist. Wenn unsere Beziehung zu unseren Mitmenschen allein vom Nützlichkeitsprinzip bestimmt wird, ist es nur natürlich, daß wir uns ängstlich fragen, ob das, was wir zu bieten haben, gut genug ist, oder ob man uns fortjagen wird, wenn wir den anderen keinen Nutzen mehr bringen.

Zuschreibungen und Etikette

Bisher haben wir über die Schüchternheit gesprochen, als untersuchten wir Zahnschmerzen. Sie ist als eine unangenehme Erfahrung dargestellt worden, verursacht durch die Fehlfunktion unserer Gene, unseres Bewußtseins, unseres Körpers oder unserer Gesellschaft. Nun wollen wir einmal die Analyse umkehren und behaupten, daß möglicherweise das *Etikett* der Schüchternheit eher da ist als die Schüchternheit selbst. Die Aussage einer siebenundfünfzigjährigen Frau bekräftigt diese Ansicht:

> Ich halte mich für schüchtern. Das kam aber erst im siebten Schuljahr, als eine Lehrerin zu mir sagte, ich sei „still". Von dem Zeitpunkt an glaubte ich, ich sei in Unterhaltungen weniger gewandt als der Durchschnitt. Heute habe ich Angst, zurückgewiesen zu werden.

Wir sind ständig dabei, anderen Menschen, unseren Gefühlen und uns selbst ein Etikett umzuhängen. Etikette sind bequeme, vereinfachte Abrisse komplexer Erfahrungen: „Er ist Norweger", „Sie macht alles mit", „Die sind langweilig", „Wir sind ehrlich", „Ich bin ein böser Junge". Etikette vermitteln jedoch häufig nicht nur eine objektive Information, sondern lassen auch die Werte dessen erkennen, der das Etikett austeilt. Wenn man in den fünfziger Jahren von Senator Joseph McCarthy als

„Kommunist" etikettiert wurde, dann war man als übles Werkzeug des totalitären russischen Machtanspruchs gebrandmarkt. Genau das Gegenteil gilt für „bürgerliche Kapitalisten" in Moskau.

Es ist wichtig, sich vor Augen zu halten, daß sich ein Etikett oft auf wenig oder gar keine konkrete Information stützt, sondern durch irgendein persönliches Vorurteil ausgelöst wird. Und die Information, die vielleicht da ist, wird zudem oft durch die gefärbte Brille des Etikettierenden gesehen.

„Geisteskrankheit" ist ein Etikett, das in psychiatrischen Lehrbüchern eingehend definiert wird. Was ist aber „Geisteskrankheit"? Ein Mensch *ist* geisteskrank, wenn das ein anderer mit mehr Macht und Autorität von ihm behauptet. Es gibt keine beweiskräftigen Bluttests, Röntgenstrahlen oder irgendwelche objektiven Maßnahmen, die nicht auf die subjektive Interpretation dessen angewiesen sind, der die Diagnose stellt.[10]

Um das zu verdeutlichen, ließ sich mein Kollege David Rosenhan in eine Reihe von Nervenheilanstalten in verschiedenen Teilen des Landes einweisen.[11] Eine Gruppe seiner Studenten tat es ihm nach. Sie meldeten sich jeweils bei der Aufnahme und klagten, sie hörten immer Stimmen und verdächtige Geräusche. Sonst nichts. Es reichte aus, um sie hinter verschlossene Türen zu bringen. Danach begann jeder dieser falschen Patienten, sich völlig normal zu benehmen. Untersucht werden sollte die Frage, wie lange es wohl dauern würde, ehe sie als „normal" entdeckt und entlassen würden. Die Antwort lautete: nie. Das ursprüngliche Etikett „psychotisch" wurde nie durch das Etikett „normal" ersetzt. Um sie herauszuholen, mußten Ehefrauen, Freunde oder Rechtsanwälte bemüht werden.

Es gibt noch andere Untersuchungen, die die Macht der Etikette belegen. Negative Reaktionen auf eine bestimmte Person sind stärker, wenn ihnen vorher gesagt wurde, der Betreffende sei früher in einer Nervenheilanstalt gewesen, und nicht, es sei ein Arbeitsloser auf der Suche nach einem Job. Wenn man Studenten sagt, ein Mitglied in ihrer Gruppe, das sie nicht sehen können, sei „alt", dann neigen sie dazu, den Betreffenden zu ignorieren, über seine Vorschläge hinwegzugehen und langsamer und lauter mit ihm zu sprechen – obwohl er gleich alt ist wie sie.[12]

Es ist also möglich, daß Leute ein Etikett akzeptieren, auch wenn sie keine konkreten Beweise für dessen Richtigkeit haben – und

dann an diesem Etikett festzuhalten, ganz gleich, was der Betreffende tut oder wirklich ist.

Schlimmer noch ist, daß wir nur allzu bereit sind, uns selbst ohne wirkliche Berechtigung ein Etikett anzuhängen. Eine typische Geschichte: Ich bemerke, daß ich bei einem Vortrag schwitze. Daraus schließe ich, daß ich nervös bin. Kommt das öfter vor, bezeichne ich mich vielleicht gar als einen „nervösen Menschen". Habe ich erst mal dieses Etikett, muß ich die nächste Frage beantworten: „Warum bin ich nervös?" Nun suche ich nach einer passenden Erklärung. Vielleicht sehe ich, daß einige Studenten den Raum verlassen oder unaufmerksam sind. Ich bin nervös, weil mein Vortrag nicht gut ist. Das macht mich noch nervöser. Woher weiß ich denn, daß er nicht gut ist? Weil ich meine Zuhörer langweile. Ich bin nervös, weil ich ein langweiliger Redner bin, wo ich doch ein guter Redner sein möchte. Ich komme mir unzulänglich vor. Vielleicht sollte ich lieber ein Feinkostgeschäft aufmachen. Just in dem Moment sagt einer der Studenten: „Es ist heiß hier drin, ich schwitze, da fällt es schwer, sich auf Ihren Vortrag zu konzentrieren." Augenblicklich höre ich auf, „nervös" oder „langweilig" zu sein. Wenn nun aber alle in der Klasse schüchtern wären und sich nichts zu sagen trauten? Was wäre ich dann noch immer?

Oft haben wir schon nach einer völlig nichtssagenden Beobachtung ein Etikett zur Hand. Einmal etikettiert ist doppelt bewiesen.

Wenn wir hinterher nach Erklärungen suchen, sind wir bereits *voreingenommen:* wir akzeptieren alles, was zu dem Etikett paßt, und ignorieren, was dagegen spricht.

Das Etikett kann von vornherein falsch sein, so wie in meinem Beispiel von dem überhitzten Redner. Es lenkt dann die Aufmerksamkeit von der tatsächlichen äußeren Ursache ab und führt hin zu einer übermäßigen Beschäftigung mit der eigenen Unzulänglichkeit. Auf diese Weise entstehende falsche Zuschreibungen drehen sich oft um das Etikett „schüchtern", wie der Schilderung der Schauspielerin Angie Dickinson zu entnehmen ist:

> Ich glaube, daß Leute, die einen „schüchtern" nennen, sich oft nicht klarmachen, daß Schüchternheit einfach ein anderes Wort für Empfindlichkeit sein kann. Und diese Empfindlichkeit verstehen sie nicht oder wollen sie nicht verstehen. Ich fand Vertrauen zu mir selbst, nachdem ich gelernt hatte, die Leute zu ignorieren, die mir gegenüber gefühllos und unempfindlich waren. Die Empfindlichkeit, wie sie an vielen Kindern und sogar Erwachsenen zu beobachten ist, kann eine schöne Eigenschaft sein. Ich lasse mich also nicht mehr von den Leuten in die Ecke drängen, die gerne Empfindlichkeit mit Schüchternheit verwechseln.[13]

Wenn wir uns die im zweiten Kapitel dargestellten persönlichen Reaktionen auf die Schüchternheit vor Augen halten, erkennen wir diesen Prozeß der Etikettierung. Zwischen den nach eigenen Angaben Schüchternen und den nach eigenen Angaben Nicht-Schüchternen gab es *keinen* Unterschied in bezug auf bestimmte Menschen und Situationen, die in ihnen *Gefühle* der Schüchternheit auslösten. Und auch die Reaktionen auf diese Gefühle unterscheiden sich nach ihren Angaben nicht. Die Ursachen und die Wirkungen sind vergleichbar, aber nur die eine Gruppe glaubte, Schüchternheit sei für sie ein Problem. Warum?

Objektiv sind die Situationen und Erfahrungen nicht zu unterscheiden; der Unterschied ist vielmehr, daß der eine das Etikett „schüchtern" verwendet und der andere nicht. Schüchterne geben sich selbst die Schuld, Nicht-Schüchterne der Situation. „Wer hält schon gern einen öffentlichen Vortrag oder verabredet sich mit einem Mädchen, das er nicht kennt? So was ist doch lästig", sagt der Nicht-Schüchterne, um sein Unbehagen in diesen Situationen zu rechtfertigen. Dagegen sagt der Schüchterne: „Ich reagiere negativ, weil ich schüchtern bin. So bin ich nun mal, und ich trage das mit mir herum, egal wohin ich gehe." Die Nicht-Schüchternen halten sich an äußere Ursachen, um Reaktionen plausibel zu machen, die den aus Schüchternheit geborenen Reaktionen ähnlich sind: „So was ist doch normal, oder?" Sie können sich dann bemühen, die Situation zu verändern – indem sie beispielsweise in einem überhitzten Raum die Heizung zudrehen.

Andere Auffassungen

Es gibt noch andere Auffassungen von der Natur des Menschen – in der Philosophie, Literatur und Psychologie –, die sich auf das Verständnis der Schüchternheit anwenden ließen.

Wir haben zum Beispiel noch nicht von dem Konflikt zwischen den Kräften der Individuation und der De-Individuation gesprochen, der der griechischen Tragödie zugrundeliegt. Der Mensch möchte einmalig, einzigartig sein; er möchte als eigentümlich (individuiert) gelten. Doch Sicherheit und Unsterblichkeit findet er nur in der Anonymität, als Teil des Kreislaufs der Natur, als Mitglied des Chors und nicht als herausragender tragischer Held.[14] Wir konnten diesen Konflikt auf psychologischer Ebene in der Person des Schüchternen sehen: Der Gedanke, man könnte Notiz von ihm nehmen, schreckt ihn, doch gleichzeitig hat er den Wunsch, aufzufallen. Oder man nimmt von ihm Notiz, eben weil er mit seinem schüchternen Benehmen auffällt.

Existentielle Ansichten, wie sie etwa der radikale Psychiater R. D. Laing vertritt, sagen einiges über das Gefühl der Unsicherheit aus, das den Schüchternen quält.[15] Wenn wir akzeptieren, daß unser Selbstverständnis davon abhängt, daß andere uns anerkennen, dann folgt daraus, daß sie unsere Existenz völlig auslöschen könnten – wenn sie wüßten, wer wir „wirklich" sind, oder wenn sie sich dafür entschieden, uns überhaupt nicht zur Kenntnis zu nehmen.

Theorien sind wie gewaltige Staubsauger, die alles schlucken, was ihnen in die Quere kommt. Jede der hier angedeuteten Theorien hat ihre energischen Vertreter, die glauben, mit dem besten Staubsauger hausieren zu gehen, der auf dem Markt ist. Wir werden großzügig bei ihnen allen Anleihen machen, wenn wir dazu kommen, Programme zur Überwindung der Schüchternheit zu entwerfen. Von der Idee der Zuschreibungen ausgehend, betonen wir, daß der Schüchterne die

Schüchternheit anders etikettieren, anders sehen und anders über sie denken muß. Von den Behavioristen übernehmen wir Ideen zur Veränderung unentschlossener, unwirksamer oder selbstzweiflerischer Verhaltensweien. Von der psychoanalytischen Theorie lernen wir, daß es notwendig ist, tiefer liegende Konflikte zu sehen, denn die Schüchternheit ist möglicherweise nur ein Symptom dieser Konflikte. Die Theorien der Charakterologen sind für uns nur von begrenztem Wert; sie können uns höchstens auf individuelle Unterschiede in der Empfindlichkeit von Kleinkindern und Kindern aufmerksam machen und uns vielleicht dazu bewegen, uns um eine idealere Umgebung für sie zu bemühen. Und wenn wir dann all das berücksichtigt haben, werden wir die geltenden sozialen und kulturellen Wertmaßstäbe in Frage stellen, denn sie haben erst die Schüchternheit zu einer nationalen Epidemie gemacht.

Doch zunächst einmal wollen wir schüchterne Kinder zuhause und in der Schule aufsuchen, um festzustellen, wie einige Eltern und Lehrer zur Schüchternheit ihrer Kinder beitragen, während andere ihnen helfen, sie zu überwinden.

4.

Eltern, Lehrer und schüchterne Kinder

Kein Vogel tut's, keine Biene tut's, aber Eltern und gebildete Lehrer tun es. Sie sorgen dafür, daß ihre Kinder und Schüler mit der Schüchtenheit Bekanntschaft machen: Sie werfen mit dem Etikett „schüchtern" um sich, wo es nicht angebracht ist; sie erkennen die Schüchternheit nicht, wo sie wirklich da ist; und sie schaffen oder erhalten Umgebungen, die erst Schüchternheit entstehen lassen. Nicht immer ist diese Wirkung beabsichtigt:

> Ich war ein sehr empfindliches, übernervöses Kind ohne jede Selbstsicherheit; das ging so weit, daß meine wohlmeinenden Eltern den Fehler machten, mich zuhause zu behalten, um mich zu beschützen. Der normale Bildungsgang in der Schule blieb mir versperrt, und bis zu meinem sechzehnten Lebensjahr hospitierte ich nur gelegentlich in der einklassigen Landschule. Ich wußte, daß ich anders war als meine Brüder und Schwestern, und versuchte das zu verbergen – ein weiterer Fehler. Als ich fünf war, stand eines Tages eine Tante (die sehr gut malen konnte, ohne je Malunterricht gehabt zu haben) hinter mir und sagte: „Ha! Sie wird mal eine Künstlerin, und alle anderen sind die Dummen." Ich hab das nie vergessen.

Manchmal wird die Schüchternheit durch die Persönlichkeit des Vaters oder der Mutter ausgelöst:

> Meine Schüchternheit wurde von meinem undankbaren nüchternen Vater geweckt, dessen Charakter nur jene Beschreibung gerecht werden kann, die Sir Walter Scott von seinem Vater gab: „Ein Mann mit ständig überspannten Nerven, der grundsätzlich alles mißbilligte, womit wir ihm eine Freude machen wollten; und der mit einer Eindringlichkeit redete, die keiner ignorieren konnte oder zu ignorieren wagte." Wenn ich also viele Jahre lang schüchtern war, dann aus reiner Frustration!

Oder es kann, wie uns eine andere ältere Frau berichtet, an der Eigenart des Systems liegen:

> Meine Mutter starb, als ich fünf Jahre alt war, und ich wuchs in einer katholischen Schule auf. Die Nonnen in der Schule waren wunderbar, und ich liebte sie wie meine eigenen Eltern, aber es gehörte zu ihren Gewohnheiten, einen vor den anderen Kindern zu beschimpfen. Mich machte das sehr schüchtern.

In meinem Seminar über die Schüchternheit versetzte ein aufgeweckter junger Student der ganzen Klasse einen Schock, als er erzählte, seine Mutter, die wegen eines Fußballspiels am Wochenende zu Besuch war, habe ihm gesagt, er sei „langweilig". „Sie fragte mich, ob ich wissentlich oder unabsichtlich so langweilig sei, und ob ich nicht ein wenig unterhaltsamer sein könne, so wie mein Zimmergenosse." Wer hätte gedacht, daß eine Mutter ihr Kind so einschätzen kann? Für die extrem Schüchternen in der Klasse war dies eine Bestätigung ihrer schlimmsten Befürchtungen: *Jeder* da draußen ist ein potentieller Großinquisitor, selbst die eigene Mutter.

Um einen besseren Eindruck davon zu bekommen, wie sich die Umgebungen in der Schule und zuhause auf die Schüchternheit bei Kindern auswirken, beobachteten wir in mehreren Schulen in Palo Alto (Kalifornien) vom Kindergarten bis zur Oberschule alle Altersstufen, und wir unterhielten uns zusätzlich mit den Eltern der Kinder in diesen Schulen.

Zuhause ist's am schönsten

Auch das bescheidenste Zuhause kann einen schüchtern machen. Es ist zwar leicht, zu sagen: „Die Schüchternheit beginnt zuhause", aber es ist nicht so klar, welche Faktoren in der häuslichen Umgebung am meisten zur Schüchternheit beitragen. Da die Schüchternheit in Ausdruck, Intensität und Dynamik viele Gesichter hat, darf man mit Sicherheit annehmen, daß auch ihre Herkunft vielfältig ist. Während für das Kind, das schüchtern wird, ein bestimmter Vorfall oder ein Familienerlebnis in den ersten Lebensjahren von Bedeutung sein kann, wird ein solches Erlebnis für einen Bruder oder eine Schwester in derselben Familie vielleicht ohne Auswirkung bleiben. Wir benötigen mehr gesicherte Erkenntnisse, bevor wir definitiv Aussagen über den Einfluß der Familie oder der Schulen auf die Entwicklung der Schüchternheit machen können. Wir haben jedoch vier Bereiche mit interessanten Hinweisen auf die Schüchternheit gefunden: das Selbst-Bild des schüchternen Kindes; der Rang des Kindes in der Geburtenfolge der Geschwister; die Fähigkeit von Eltern und Kindern, die Schüchternheit des anderen vorauszusagen; die Wahrscheinlichkeit, daß schüchterne Eltern schüchterne Kinder haben werden. Schauen wir uns eine Gruppe von neunzig Kindern zwischen zwölf und dreizehn Jahren an, und dazu einige der Eltern.

Das Selbst-Bild des schüchternen Kindes

Ein trauriges Bild entsteht, wenn schüchterne Jungen und Mädchen sich selbst beschreiben. Die Jungen haben das Gefühl, sie seien, verglichen mit ihren nicht-schüchternen Klassenkameraden, zu groß, zu dick, zu schwächlich, zu häßlich, nicht so stark und ganz allgemein weniger attraktiv. Ähnlich herrscht bei den schüchternen Mädchen die Tendenz, sich als mager, unattraktiv und weniger intelligent als ihre Altersgenossinnen zu schildern. All dies fügt sich für diese Kinder zum wichtigsten Aspekt ihres Selbst-Bildes zusammen: sie glauben, sie seien „nicht so beliebt" wie ihre nicht-schüchternen Klassenkameraden. Das ist eine niederschmetternde Erkenntnis, vor allem für die schüchternen Jungen. Keiner hat das Gefühl, „beliebt" zu sein, und drei Viertel sagen, sie seien ausgesprochen „unbeliebt". Paradoxerweise sagen aber mehr nicht-schüchterne als schüchterne Kinder, sie seien gern allein.

Sind schüchterne Kinder tatsächlich weniger attraktiv, oder haben sie nur das Gefühl, weil sie sich generell zu negativ einschätzen? Ist ihre geringere Selbstachtung die Folge ihrer weniger attraktiven äußeren Erscheinung, oder ist es genau umgekehrt? Oder ist es so, wie im letzten Kapitel angedeutet, daß sie sich unzulänglich fühlen, weil sie sich unrealistisch hohe Normen setzen? Wahrscheinlich sind sie selbst ihre schlimmsten Kritiker. Diesen Schluß bestärkt eine andere Untersuchung von Grundschülern, bei der sich zeigte, daß die Schüchternen gegen andere intoleranter sind als die Nicht-Schüchternen und gleichzeitig weniger Selbstsicherheit besitzen.[1]

Einen wichtigen Aspekt im Selbst-Bild des schüchternen Kindes offenbaren auch Antworten auf die Frage: „Hast du manchmal das Gefühl, andere Kinder würden dich nicht mögen, wenn sie wüßten, was du denkst?" Auf schüchterne Kinder trifft das zu. Die Art, wie schüchterne Mädchen und Frauen die eigene Intelligenz einschätzen, unterstreicht diese Tendenz. Unter den Oberschülerinnen und Studentinnen in unseren Umfragen schätzen sich die schüchternen weniger intelligent ein, als das ihre nicht-schüchternen Geschlechtsgenossinnen oder ihre männlichen Kollegen tun. Diese schüchternen Mädchen und Frauen brandmarken sich selbst, wenn sie sagen: „Ich bin nicht so klug wie die anderen Studenten hier." Aus anderen Untersuchungen[2] geht hervor, daß schüchterne Kinder nicht weniger intelligent sind als die nicht-schüchternen, und sie schneiden auch bei Leistungstests nicht schlechter ab.

Aber selbst wenn ihre Schulzeugnisse so gut sind wie die aller anderen Schüler, rücken sie von dem Etikett, mit dem sie sich selbst herabsetzen, nicht ab. Sie benützen höchstens andere Beweise für ihre Selbsteinschätzung: „Ich hab nicht so viel zu sagen wie die anderen in der Klasse; ich bin nicht so intelligent wie sie." Sie glauben, sie redeten nichts, weil sie nicht so intelligent seien, während sie in Wirklichkeit nur Angst davor haben, vor der ganzen Klasse zu reden. Sie setzen ihr Schweigen mit mangelndem Können gleich.

Der Rang des Kindes in der Geburtenfolge

Umfangreiche Forschungsergebnisse lassen erkennen, daß der Rang eines Kindes in der Geburtenfolge der Geschwister eine Vielzahl an psychologischen, sozialen und den späteren Beruf betreffenden Folgen hat. So waren zum Beispiel von den dreiundzwanzig ersten amerikanischen Astronauten zwanzig Erstgeborene oder Einzelkinder. Es sind auch überproportional viele Erstgeborene, die die Universität besuchen. In einer beunruhigenden Situation werden jedoch Erstgeborene schneller ängstlich und haben ein stärkeres Bedürfnis, sich anderen anzuschließen als die mit einem größeren Selbstvertrauen ausgestatteten Spätergeborenen.[3]

Eltern machen sich mehr Gedanken und Sorgen um die Gesundheit und die Zukunft Erstgeborener als um die der nachfolgenden Geschwister (sie werden abgeklärter, wenn sie in ihrer Elternrolle mehr Erfahrung gesammelt haben). Sie knüpfen an Erstgeborene höhere Ideale als an die jüngeren Kinder und stellen deshalb auch höhere Ansprüche an sie. Wenn der Erstgeborene das Zeug dazu hat (Tüchtigkeit, Geschicklichkeit, Intelligenz), dann zahlt sich dieser größere Druck vonseiten der Eltern im sozialen und beruflichen Erfolg aus. Bei Erstgeborenen besteht die Wahrscheinlichkeit, daß sie sich mehr Mühe geben, nach Höherem streben und Erfolg dabei haben. Wenn sie aber trotz mangelnder Begabung dem gleichen Druck ausgesetzt sind, kommt es zu Unzulänglichkeit und geringer Selbstachtung. Dr. Lucille Forer, eine klinische Psychologin, kommt zu dem Schluß, daß „Erstgeborene (ob Mädchen oder Jungen) mit jüngeren Geschwistern mehr Anerkennung brauchen als Spätergeborene oder Einzelkinder".[4]

Es leuchtet also ein. daß sehr viele Erstgeborene das Gefühl haben, sie hätten die Ziele, die Mutter und Vater ihnen gesetzt haben, nicht erreicht. Wie läßt sich nun im Lichte dieser Tatsachen eine Beziehung zwischen der Schüchternheit und der Geburtenfolge herstellen? Wenn bei beiden Gefühle der Unzulänglichkeit eine Rolle spielen, dann gibt es vielleicht unter Erstgeborenen mehr Schüchterne als unter Spätergeborenen. Für diese Behauptung sprechen unsere Befunde, nach denen in den ersten Schuljahren wesentlich mehr Erstgeborene schüchtern sind, wohingegen ein wesentlich größerer Prozentsatz der Spätergeborenen nicht-schüchtern sind. Im Studentenalter ist zwischen Erstgeborenen und Spätergeborenen kein Unterschied hinsichtlich der Schüchternheit festzustellen. Es mag sein, daß es schüchterne Erstgeborene seltener bis zur Universität bringen, da sie auf Grund ihrer geringen Selbstachtung, ihrer Gefühle der Unzulänglichkeit und ihrer mangelnden Selbstsicherheit den erforderlichen Notendurchschnitt nicht erreichen– auch wenn sie nicht weniger intelligent sind als andere.

Ein weiterer Faktor in der Beziehung zwischen der Geburtenfolge und der Beliebtheit eines Kindes bei seinen Altersgenossen könnten die geringeren Machtmittel der jüngeren Geschwister sein. Den später geborenen Kindern fällt es vielleicht leichter, die zwischenmenschlichen Fertigkeiten zu lernen (Verhandlungsgeschick, Schmeicheleien, Überredungskunst, Kompromißbereitschaft), da sie sich nicht auf die Machtmittel verlassen können, über die ihre älteren Geschwister verfügen. Wenn das stimmt, dann sollten die später geborenen Kinder bei ihren Altersgenossen sowohl angesehener als auch beliebter sein. Überzeugende Belege für die Richtigkeit dieser Überlegung sind eben erst von einem Forscherteam in Südkalifornien vorgelegt worden.[5] Sie erfaßten die große Zahl von 1750 Grundschülern und stellten fest, daß die Spätergeborenen beliebter waren und leichter Freunde und Spielkameraden fanden als gleichaltrige Erstgeborene. Die Aufzeichnungen der Lehrer ergaben außerdem, daß es Erstgeborene im Unterricht und in Spielsituationen weniger gut verstanden, soziale Fertigkeiten einzusetzen.

Diese Befunde verweisen auf eine andere mögliche Erklärung für die Entwicklung der Schüchternheit bei Erstgeborenen. Sie sind als Freunde weniger gefragt, weil sie ihre sozialen Fertigkeiten nicht im gleichen Maße entwickelt haben wie die Spätergeborenen. Spätergeborene sind in diesem Punkt weiter, denn für sie ist es eine Frage des sozialen Übrlebens: sie müssen sich mit ihren Geschwistern auseinandersetzen, die ursprünglich größer, klüger und stärker sind. Sie lernen es, ihre Ziele mit sozialer List und nicht mit roher Kraft zu erreichen. Im Wettbewerb um die soziale Kontrolle ihrer Umwelt verhalten sie sich eher wie die listigen Leichtgewichtboxer als wie die brutalen Schläger im Schwergewicht. In diesem Prozeß neigen jedoch die weniger beliebten Erstgeborenen eher dazu, sich als „schüchtern" zu bezeichnen, denn sie registrieren genau, daß sie „unbeliebt" sind. Nach dieser Auffassung werden sie schüchtern, weil sie nicht beliebt sind – und nicht umgekehrt.

Die ehrgeizigste Untersuchung, die die Schüchternheit mit der Geburtenfolge in Zusammenhang bringt, kommt von der Beratungsstelle der University of California: 252 Kinder wurden in ihrer Entwicklung von der Geburt (im Jahr 1928) bis nach der Pubertät beobachtet.[6] In fast allen Altersstufen (zwischen 7 und 14), in denen Daten zur Schüchternheit gesammelt wurden, wurden mehr schüchterne Mädchen als Jungen registriert, und die erstgeborenen Mädchen waren im allgemeinen sehr viel schüchterner als die spät geborenen Mädchen. Die erstgeborenen Jungen waren nur bis zum siebten Lebensjahr schüchterner als die spät geborenen Jungen; danach gab es keinen signifikanten Zusammenhang zwischen der Geburtenfolge und der Schüchternheit. Unter den 14jährigen Jungen war bei dieser Erhebung die Schüchternheit vollkommen verschwunden! Nicht nur die Schüchternheit ging bei den Jungen zurück, wenn sie mal elf, zwölf und älter wurden; das galt auch für Fälle physischer Ängstlichkeit, Überempfindlichkeit und spezifischer Ängste. Diese Auskünfte stützen sich auf Bewertungen der Mütter, nicht auf Selbst-Einschätzungen der Kinder. Die Mütter mögen diese „negativen" Züge an ihren Söhnen unterschlagen haben, da sie mit dem Männlichkeitsideal, das ihnen für ihre Jungen vorschwebte, in Konflikt standen. Vielleicht fällt es mit dem Niedergang des Männlichkeitsideals à la John Wayne in unseren Tagen den modernen Müttern leichter, die Dinge so zu schildern, wie sie sind – und nicht, wie sie sie gern hätten. Nach unseren Erkenntnissen spricht manches dafür.

Sensibilität für Schüchternheit

Kinder sind gegen die Schüchternheit ihrer Eltern völlig unempfindlich. Das Kind, das seinen Eltern Schüchternheit attestiert, ist eine große Ausnahme. Während fast die Hälfte aller Eltern der von uns untersuchten Oberschüler nach eigenen Angaben schüchtern waren, wurden sie nur zu 10 Prozent von den Kindern so eingeschätzt. Das ist verständlich, da die Eltern zuhause eine übergeordnete und beherrschende Stellung einnehmen und den Kindern ihre schüchterne Seite vielleicht nicht zeigen. Da die Schüchternheit außerdem für viele Kinder eine wenig erstrebenswerte Eigenschaft ist, ist es für sie vielleicht bedrohlich, die Eltern in diesem Licht zu sehen. Kinder idealisieren in diesem Alter ihre Eltern immer noch als allwissend und allmächtig – sie können nicht dumm, häßlich oder schwächlich sein. Auf Befragen können jedoch dieselben Kinder angeben, welche ihrer Lehrer schüchtern sind. Sie sind also nicht etwa unfähig, Schüchternheit bei Erwachsenen zu erkennen; sie wollen sie nur bei ihren Eltern nicht wahrhaben.

Wie steht es mit der Fähigkeit der Eltern, Schüchternheit bei ihren Kindern zu erkennen? Auf den ersten Blick ließen unsere Erkenntnisse darauf schließen, daß die modernen Mütter durchaus ein feines Gefühl für die Nuancen im Fühlen und Handeln ihrer schüchternen Kinder haben, während bei den Vätern in dieser Hinsicht das Feingefühl fehlt. Nicht-schüchterne Väter taten sich in jedem Fall schwer. Dagegen bezeichneten schüchterne Väter in zwei Drittel der Fälle ihre Kinder richtig als schüchtern. Ihre nicht-schüchternen Kinder beurteilten sie allerdings nicht annähernd so gut. Es sind die schüchternen Mütter, die das empfindlichste Radarmeßgerät für Schüchternheit haben. Sie wissen, wenn ein schüchternes Kind schüchtern ist (80 Prozent Trefferquote) und wenn ein nicht-schüchternes Kind nicht schüchtern ist (75 Prozent). Eine so hohe Treffsicherheit ist im Rahmen von psychologischen Untersuchungen zwischenmenschlicher Beurteilungen selten.

Schüchternheit als Mitgift der Eltern

Wie sehen die Kinder schüchterner Eltern aus? Von den Kindern schüchterner Väter waren drei Viertel ebenfalls schüchtern; ähnlich sieht das Verhältnis zwischen nicht-schüchternen Vätern und ihren nicht-schüchternen Kindern aus. Auch nicht-schüchterne Mütter hatten mehr nicht-schüchterne Kinder als solche, die sich als schüchtern bezeichneten. Das gleiche Bild ergibt sich bei schüchternen Müttern: 20 ihrer 32 Kinder (62 Prozent) waren ebenfalls schüchtern. Generell kann man also sagen, daß in 70 von 100 Fällen Eltern und Kinder im selben Boot sitzen: sie sind meistens gemeinsam schüchtern.

Angesichts dieser hohen Ähnlichkeit zwischen Eltern und Kindern könnte man versucht sein, mit den Charakterologen zu sagen, die Schüchternheit liegt in der Familie, doch Vorsicht ist angebracht. Zwar ist die Wahrscheinlichkeit gering, daß es in Familien mit zwei nicht-schüchternen Eltern schüchterne Kinder gibt; und wenn ein Elternteil schüchtern ist, steigen die Chancen, daß auch das Kind schüchtern wird. Aber Familien, in denen beide Eltern schüchtern sind, haben nicht mehr schüchterne Kinder als Familien, in denen nur ein Elternteil schüchtern ist.

In unserer Untersuchung gab es zwischen der Schüchternheit der Eltern und der des Kindes einen engen Zusammenhang. Doch die Geschwister des Kindes neigten nicht zur Schüchternheit. Eine Erklärung wäre, daß schüchterne Eltern aller Wahrscheinlichkeit nach wenigstens ein schüchternes Kind haben. In der Regel wird das das erstgeborene Kind sein. Später geborene Kinder sind nicht so häufig schüchtern, da ihnen von den Eltern keine so hohen Ziele gesteckt werden. Außerdem kommt es in Familien unbewußt zu einer Rollenverteilung – so ist zum Beispiel Jon ein Redner und Harold ein passiver Zuhörer. Die Selbst-Definition jedes Kindes wird also teilweise durch die Erwartungen der anderen Familienmitglieder beeinflußt. Jon redet beim Essen mehr, um die Schweigsamkeit Harolds wettzumachen. dieses Rollenspiel ist kein bewußter Akt. Die Erwartungen der Gruppe können auch dazu führen, daß das *unübliche* Verhalten eines ihrer Mitglieder unterdrückt wird – möglicherweise wird der ruhige Harold ignoriert, wenn er plötzlich „zuviel redet".

Wenn unsere Eltern, unsere Geschwister, unsere Freunde und unsere Feinde erst mal eine feste Vorstellung von uns haben, versuchen sie zu verhindern, daß wir uns ändern – zum Guten oder zum Schlechten. Sie verzeihen uns unsere Mängel oder machen sie selber wett, sie bremsen unseren Überschwang und halten uns auf einem stetigen Kurs, um sicherzustellen, daß wir „uns selbst treu bleiben". Zu oft definieren sie im Rahmen ihrer Strategie, wie dieses „Selbst" aussieht.

Wie sich das auswirkt, wenn von uns ein bestimmtes Verhalten erwartet wird, verdeutlicht dieser Brief an die „Briefkastentante" einer Zeitung:

> Liebe Abby: Mein Mann ist fast vollkommen. Wir sind seit drei Jahren verheiratet und kommen sehr gut miteinander aus, aber es gibt da ein Problem. Wenn wir mit anderen Leuten zusammen sind, ist Norton sehr ruhig. Ich erfinde dann fortwährend Entschuldigungen für ihn, wie: „Ach, Norton ist heute abend müde," oder: „Norton fühlt sich etwas unwohl."
> Wenn nur wir zwei zusammen sind, ist alles in Ordnung, aber sobald wir in Gesellschaft sind, wird er stumm wie ein Fisch. Immer wieder werde ich gefragt, ob er verärgert ist.
> Wissen Sie irgendeinen Rat für ihn? Oder für mich?
>
> *Nortons Frau*
>
> Liebe Frau: Sagen Sie Norton, daß Schweigsamkeit manchmal als Unfreundlichkeit ausgelegt wird, und daß er sich doch bitte bemühen soll, etwas geselliger zu sein. Nörgeln Sie aber nicht an ihm herum. Er ist wahrscheinlich schüchtern, und wenn Sie ihn zu sehr unter Druck setzen, wird er nur noch unsicherer.[7]

Alle sind wegen Norton beunruhigt. Er ist ungesellig. Er ist unfreundlich. Er ist verärgert. Er fühlt sich nicht gut. Er ist abgespannt. Er ist unsicher, und er ist außerdem „wahrscheinlich schüchtern". Das alles trifft zu, oder auch nicht. Mit Bestimmtheit wissen wir nur, daß Norton in Gesellschaft nicht so viel redet, wie seine Frau das gerne hätte. Er wird ihren Erwartungen nicht gerecht, und das beunruhigt sie. Bevor man ihr aber einen Rat gibt, wie sie mit Nortons Problem fertigwerden könnte, sollte man sich vergewissern, daß nicht Nortons Frau das Problem darstellt. Denn:

- Vielleicht ist Norton, wenn er mit seiner Frau allein ist, genauso ruhig wie in Gesellschaft. Er verändert sich in beiden Situationen nicht; was sich ändert, sind ihre Erwartungen.
- Vielleicht verändert sich Frau Norton, wenn sie in Gesellschaft ist – sie redet zuviel und benimmt sich in einer Weise, die ihrem Mann peinlich ist. Deshalb wird er stumm wie ein Fisch.
- Vielleicht mag Norton ihre Freunde nicht, und er bringt ein Opfer, wenn er sie begleitet. Er ist nur zu höflich, ihr das zu sagen.

- Vielleicht reden Frau Nortons Freunde alle eine Menge, oder sie reden über Themen, die ihn nicht interessieren, oder von denen er nichts versteht. Sein Schweigen könnte dann eine bewußte Taktik sein, denn er möchte sich (oder seine Frau, die in der Gesellschaft aufsteigen möchte) nicht blamieren.
- Vielleicht verbirgt sich hinter Nortons Schweigen sein Ärger über die typisch bigotte Unterhaltung oder seine moralische Entrüstung über die derben Tischgespräche.

Und überhaupt: warum sagt nicht jemand Norton ins Gesicht, daß sie ihn alle für einen Langweiler halten? Ein letzter – aber keineswegs unbedeutender – Punkt zum Thema „Und ewig schweigt Norton" betrifft seine Schüchternheit. Warum mußte Nortons Frau warten, bis „Dear Abby" Schüchternheit diagnostizierte? Auch Eltern üben oft auf ihre Kinder diesen sozialen Druck aus; sie treiben sie in die Schüchternheit und erkennen dann nicht das Problem, das sie selber geschaffen haben.

Schüchternheit und Schulen

> Ein kleines Kind braucht Vertrauen in seine Umwelt und ein Gefühl der Sicherheit in seinen Beziehungen, damit es richtig wachsen und lernen kann. Vertrauen und Sicherheit gewinnt es in einer Welt, die einerseits eine gewisse Ordnung und Voraussagbarkeit aufweist, andererseits aber auch genügend Flexibilität und Freiheit für Experimente und Unternehmungen und Auseinandersetzungen mit neuen und ungewohnten Situationen ... freundliche und verständnisvolle Lehrer tragen dazu bei, daß das Kind lernt, Platz, Einrichtung, Spielzeug, Zuneigung und Aufmerksamkeit zu teilen und mit einer Gruppe von Kindern zurechtzukommen und glücklich zu sein.
>
> *Aus einer Broschüre des Bing-Kindergartens in Palo Alto (Kalifornien)*

Diese Beschreibung der idealen Umwelt für das kleine Kind ist ein Rezept zur Verhinderung von Schüchternheit. Alle Kinder brauchen ein Gefühl der Zugehörigkeit. Sie brauchen das Gefühl, daß das Zuhause und die Schule *sichere* Orte sind, Orte, an denen sie wegen ihres persönlichen Wertes anerkannt werden, wo man auf ihre Meinung Wert legt und wo ihre Einzigartigkeit geschätzt wird. In Schule und Familie sollte das Kind vor Ängsten sicher sein und nicht den ersten

Anstoß zu Selbstzweifeln bekommen. Es sollten „Kraftzentren" sein, wo ein Kind intuitiv die Kraft bedingungsloser Liebe begreifen lernt und erfährt, welche Kraft ihm das richtige Lernen gibt.

Schulen sind gute Verstecke für Schüchterne, wenn die Lehrer kein Gefühl dafür haben, daß sich die vermeintlich angenehm passiven Schüler in Wirklichkeit vor der Mitarbeit scheuen. Besuche in Klassenzimmern und Gespräche mit Grundschullehrern bestätigen, was mehrere vorausgegangene Untersuchungen ergeben hatten – Lehrer nehmen im allgemeinen die Schüchternheit ihrer Schüler nicht wahr.[8] Diese Untersuchungen zeigten keine Übereinstimmung zwischen den Selbsteinschätzungen der Kinder und den Angaben der Lehrer. Als ich Lehrer aufforderte, mir ihre schüchternen Schüler zu nennen, sagten manche, sie hätten keine in der Klasse, während andere mehrere der von der Schüchternheit geplagten Schüler identifizieren konnten. Lehrer, die selbst schüchtern waren, gaben an, mehr schüchterne Schüler zu haben, das heißt, sie waren sich deren Gegenwart stärker bewußt.

Marilynne Robinson, eine begabte Lehrerin an einer zweiten Klasse hat ein feines Gefühl für das Problem, das die Schüchternheit für ihre Schüler darstellt, und auch dafür, daß die Schulen dieses Problem verschlimmern:

> Kinder, die im Klassenzimmer schüchtern sind, fürchten sich davor, zu Rhythmus-Schallplatten zu laufen und zu tanzen. Ihre Stimme ist kaum zu hören, wenn man sie etwas fragt, und häufig antworten sie: „Ich weiß nicht." Sie haben Angst davor, laut zu singen, laut zu reden, und haben generell Angst, sie könnten Fehler machen. Sie sitzen nur da und warten darauf, daß sie jemand zum Mitspielen auffordert.
>
> Solange Eltern, Gemeinde und die Institutionen so viel Wert auf gute Noten und Gewandtheit im Lesen legen, wird es unseren Kindern an Selbstvertrauen und an der Fähigkeit fehlen, sich ihres Lebens zu freuen. Weil unsere Institutionen so viel Wert darauf legen, daß einer gut lesen kann, sind die Spätentwickler von vornherein im Nachteil. Sie werden in unseren Schulen zu echten Gefangenen.

Sehen wir uns den Fall des kleinen Jay Jay an:

> Jay Jay war ein anhängliches, lebhaftes Kind, als er in die zweite Klasse kam. Er kam aus einfachen sozioökonomischen Verhältnissen und sprach Pidgin-Englisch. Etwa in der Mitte des ersten Schuljahres war er in die „untere Gruppe" gerutscht. Unsere Schule verteilte damals zu

meinem Entsetzen alle ihre Schüler auf drei Lesegruppen, eine obere, eine mittlere und eine untere. Die Kinder der unteren Gruppe kapierten bald, daß sie in der unteren Gruppe waren und daß kein Weg nach oben führte. Die mittlere und die obere Gruppe waren zu voll.
Jay Jay wurde gehänselt, weil er in der unteren Gruppe war, aber er gab sich weiterhin große Mühe. Die Jahre verstrichen, und Jay Jay war immer noch in den unteren Gruppen. Es gibt kaum noch einen Weg nach oben, wenn man erst mal in den Anfangsjahren abgestempelt ist.
Jay Jay stellte fest, daß ihm auf Grund seiner sportlichen Fähigkeiten einige Achtung entgegengebracht wurde. Das funktionierte eine ganze Zeit lang, bis dann seine Freunde größer und kräftiger wurden, während er klein blieb. In der Hauptschule gab es dann keine Pausen mehr, in denen man Ball spielen konnte. Nun kam der echte sportliche Wettbewerb. Die großen Jungs qualifizierten sich für die Schulmannschaft. Die kleinen, wie der schüchterne Jay Jay, konnten sich im „richtigen" Sport nicht durchsetzen.
Jay Jay kommt jetzt in die achte Klasse. Wenn es ihm gelingt, sich im Straßenräuberspiel („Hast du Geld? – Durchsuchen – Wegnehmen") oder im Glücksspiel in der Toilette auszuzeichnen, geht er vielleicht seinen Weg in der Unterwelt und endet vielleicht in einer anderen Institution unserer Gesellschaft – im Gefängnis.[9]

„Wenn Jay Jay nur ein bißchen mehr Grips hätte, dann hätte er nicht all die Probleme mit der Schüchternheit und den Selbstzweifeln!" Diese Aussage stimmt nicht, nicht einmal für die intellektuell herausragenden Schüler in einer akademischen Weltordnung, in der die geistigen Fähigkeiten eines Menschen seinen Wert bestimmen und wo alle paar Jahre die Inflation einsetzt. Kaum fühlst du dich als König in der Grundschule, geht es weiter in die höhere Schule, und dann in die Oberstufe, und dann an die Universität oder in eine Firma usw. Und jedesmal kommen nur die Besten weiter, doch die Hälfte von ihnen wird unter dem neuen Durchschnitt der kleineren, noch stärker ausgelesenen Gruppe liegen. Wenn der Eigenwert so stark auf dem sozialen Vergleich beruht und der Einsatz immer höher wird, ist es schwer, *nicht* zu befürchten, die anderen könnten entdecken, daß man die ganze Zeit nur geblufft hat.

In Mrs. Gaineys sechster Klasse in der öffentlichen Schule Nummer 25 in New York war der Freitag für uns immer der Tag der Abrechnung. Vormittags wurden Klassenarbeiten geschrieben, die sie über die Mittagszeit korrigierte (wem lag schon am Essen?). Wenn wir uns nachmittags wieder versammelten, räumten wir, alle dreißig in unserer Klasse, unsere Siebensachen aus den „alten" Schulbänken und standen gespannt in einem großen Kreis. Jetzt würde sich zeigen, was jedem einzelnen die Stunde geschlagen hatte. Auf der Grundlage des Notendurchschnitts aller Arbeiten wurde jedes Kind zwischen eins und dreißig eingestuft und auf den entsprechenden Platz gesetzt. Die besten und klügsten wurden von links nach rechts in die erste Reihe unmittelbar vor das Lehrerpult gesetzt.Es gab immer viel Spannung zwischen diesen ehrgeizigen kleinen Strebern, denn sie wollten ihre Sitzplätze behalten oder noch weiter vorrücken; ihr Ziel war Reihe 1, Sitz 1. Dazu kam die Reibung zwischen den Geschlechtern: würde ein Junge in dieser Woche Joanie verdrängen, oder würden die Mädchen weiterhin den Spitzenplatz fest im Griff haben?

Nachdem die Lehrerin die ersten zehn Namen verkündet hatte, und die betreffenden Schüler auf ihren Plätzen waren, ließ die Spannung etwas nach, denn nun wurden die Kinder aus der uninteressanten Mittelgruppe eingestuft. Wenn aber Mrs. Gainey zu den letzten zehn Kindern kam, waren alle vierzig Augen auf die nervös im Hintergrund Stehenden gerichtet. Zu jedem Namen wurden vier Noten bekanntgegeben: im Rechnen und im Diktat, in Geschichte und Naturlehre. Immer schlechter wurden nun die Noten, und aus dem Grinsen wurde Gekicher. Man mußte sich manchmal schon auf die Zunge beißen, um nicht laut hinauszulachen, während die Unglückseligen gequält auf ihre Noten warteten. Es half kaum, daß die Lehrerin uns ermahnte, sie nicht auszulachen, denn eines Tages könnte es auch uns treffen, und dann würde uns das leidtun. Unvorstellbar! Wie üblich bildete „Baby" Gonzales das Schlußlicht. Ich bin sicher, er machte das absichtlich, aus Statusgründen, um die Lehrerin sagen zu hören: „Und auch diese Woche wieder der Letzte: Mr. Gonzales." Niemand lachte oder blickte in seine Richtung; „Baby" war der Stärkste in der Klasse, und nicht gut „im gemeinsamen Spielen und Lernen".

Ich kann Baby Gonzales gut verstehen. Dabei war ich bis vor kurzem selbst eine Art Zuchtmeister für meine Studenten. Ich war Teil des Systems, das die Studenten zwang, öffentlich zu referieren anstatt privat über Ideen zu diskutieren. Unbewußt förderte ich den Wettkampf um gute Noten, anstatt im Lernen selbst die Herausforderung zu sehen, der man sich zu stellen hat. Ich änderte meine Einstellung, als mich meine Gefängnisforschung zur Erkenntnis zwang, daß ich zu einem Aufsichtsbeamten geworden war, und als mir meine

Untersuchungen zur Schüchternheit eine gewisse Vorstellung davon vermittelten, was meine Gefangenen/Studenten durchmachten.

Auf der Grundlage unserer Beobachtungen im Zusammenhang mit Schulkindern in ihren Klassen und mit Studenten in experimentellen Situationen und in unserer Beratungsstelle für Schüchterne kommen wir zu den folgenden Schlüssen über die schüchternen Schüler und Studenten:

- Es widerstrebt ihnen, Gespräche oder Aktivitäten in Gang zu setzen, neue Ideen einzubringen, sich freiwillig zu melden oder Fragen zu stellen.
- Es widerstrebt ihnen, Licht in unklare Situationen zu bringen.
- Wie nicht anders zu erwarten, reden bei den meisten Auseinandersetzungen zwischen Klassenkameraden schüchterne Schüler weniger als nicht-schüchterne. Sie lassen häufiger Pausen entstehen und unterbrechen seltener als ihre nicht-schüchternen Kameraden.
- Zwanglose Situationen, die dem Einzelnen viel Handlungsfreiheit lassen, schaffen für den Schüchternen besondere Probleme, die nicht zutage treten, wenn die Richtlinien für angemessenes Verhalten genauer festgelegt sind. Eine Tanzveranstaltung ist für ihn also problematischer als der Schulunterricht.
- Bei Begegnungen zwischen Jungen und Mädchen, in denen einer die Initiative ergreifen muß, fällt es dem schüchternen Jungen schwerer, eine Unterhaltung anzufangen, als dem schüchternen Mädchen. Männliche Schüchterne werden schweigsamer und blicken häufiger zu Boden, während weibliche Schüchterne ihre Unsicherheit dadurch zeigen, daß sie mehr lächeln oder nicken.
- Schüchterne Studenten gestikulieren im Gespräch weniger als nicht-schüchterne.
- Schüchterne Kinder bleiben eher auf ihrem Platz sitzen, gehen weniger im Klassenzimmer herum und reden nicht mit so vielen anderen Kindern. Sie befolgen Anweisungen und machen weniger Schwierigkeiten.
- Selten werden Schüchterne für besondere Aufgaben herangezogen, die der Lehrer zu vergeben hat.
- Sie erhalten weniger soziale Belohnungen und teilen ihrerseits weniger aus als die Nicht-Schüchternen.

„Fräulein X., bitte helfen Sie mir. Ich komme mit dieser Aufgabe nicht zurecht."

„Na schön, Robert, was verstehst du denn nicht an dieser Rechenaufgabe?"

„Ich hab' vergessen, was Sie uns gesagt haben, welche Zahl ich durch welche teilen muß."

Die Lehrerin hilft ihm, und Robert löst den Rest der Aufgaben selbständig. Daraufhin darf er mit den anderen Kindern „Astronaut" spielen, die sich nacheinander dazugesellen, sobald sie mit ihren Aufgaben fertig sind.

Warren wird nicht rechtzeitig fertig, obwohl er sich ganz den Rechenaufgaben hingibt. Er kommt nicht dazu, sich an dem Spiel zu beteiligen, und die Rechenarbeit wird mit „ungenügend" bewertet. Doppeltes Pech für Warren.

Diese Szene spielte sich in vielen Klassen ab, die wir beobachteten – nur die Unterrichtsfächer und die Namen der Schüler wechselten. Die aufgeweckten, nicht schüchternen Kinder baten ungeniert um die Hilfe, die sie brauchten, und einfühlende Lehrer halfen ihnen immer. Schüchterne, etwas weniger aufgeweckte Schüler wie Warren konnten dagegen weder die Aufgabe selbständig lösen noch um Hilfe bitten. Selbst mit dem Beispiel seines Nebensitzers Robert vor Augen, der ohne weiteres die erforderliche Hilfe bekam, konnte sich Warren nicht dazu überwinden, die Hand zu heben und die Hilfe anzufordern, die er so verzweifelt brauchte.

Ich erinnere mich an einen Tag vor vielen Jahren, als ich in der zweiten Klasse war. Das kleine Mädchen, das vor mir saß, rutschte so lange auf ihrem Sitz hin und her, daß wir anderen längst wußten, wohin sie mußte. Schließlich hob sie die Hand, doch Mrs. Bachman sah das nicht. Die Hand fuchtelte immer wilder, bis die Lehrerin darauf aufmerksam wurde.

„Wo sind denn deine Manieren, Kind? Weißt du denn nicht, daß man anderen nicht vor dem Gesicht herumfuchtelt, wenn sie reden? Du mußt lernen, höflicher zu werden; du wartest, bis die Stunde rum ist, und dann kannst du deine Frage stellen, die so furchtbar eilig zu sein scheint. Habt ihr das alle verstanden?"

„Jawohl, Mrs. Bachman", antworteten wir alle im Chor.

Das kleine Mädchen machte in die Hosen – und nicht nur das. Die Lehrerin wurde wütend und beschimpfte sie, doch wir fanden das alles furchtbar komisch. „Sie macht in die Hosen, die Hosen sind naß, die Lehrerin schimpft, und uns macht's Spaß."

Ich weiß nicht mehr, wie das Mädchen hieß, aber ich kann mich noch gut erinnern, daß wir sie von da an „Pipi" nannten. Der Spitzname blieb bis zur sechsten Klasse an ihr hängen; ich kam dann in eine andere Schule und hab sie nie wieder gesehen. Ob auch sie sich an diesen Vorfall erinnert, nach all den Jahren? Wir wissen zwar nicht genau, wie nachhaltig sich solche traumatischen Kindheitserlebnisse auswirken, aber ich wette, sie hat das Ganze nicht nur als „komischen Zwischenfall" in ihrem Gedächtnis abgelegt.

Diese Unfähigkeit, um Hilfe zu bitten, gehört zu den bedenklichsten Nebenerscheinungen der Schüchternheit. In diesem Fall beeinträchtigte sie Warrens schulische Leistung und nahm ihm außerdem die Möglichkeit, mit den anderen das „Astronautenspiel" zu spielen. Auch schüchterne Studenten kennzeichnet dieses Widerstreben, sich helfen zu lassen. Auf die Frage: „Würden Sie sich in einem schwerwiegenden persönlichen Problem an andere um Hilfe wenden?" sagen überdurchschnittlich viele Schüchterne: „Auf keinen Fall."

Was tragen schüchterne von sich aus zum Unterricht und für den Lehrer bei? Nun, sie machen keine Schwierigkeiten und keinen Lärm, das heißt, sie sind kein „Problem". Doch mit welchen Reaktionen helfen sie unseren auf Mitarbeit angewiesenen Lehrern? Viel kommt von ihnen bestimmt nicht. Sie stellen keine stimulierenden Fragen. Sie bringen keine interessanten Dinge zum Vorführen und Erklären mit. Sie halten sich beim Singen zurück; viele singen überhaupt nicht. Und sie werden mit Sicherheit nicht zum „Liebling" ihres Lehrers.

Kurzum, die Schüchternen regen den Lehrer nicht zu einem persönlichen Engagement an, wollen von seinem Rat und seiner Erfahrung nichts wissen und zeigen kaum einmal positive Reaktionen auf die Anstrengungen, die der Lehrer unternimmt. Kein Wunder, daß der dann so wenig Gespür für die Behandlung Schüchterner hat. Auf eine sehr negative Art haben sie dem System ein Schnippchen geschlagen, und das System läßt zu, daß sie sich die nächsten zwölf oder zwanzig Jahre ungestört in einem schönen warmen Schulzimmer verstecken.

Auch Lehrer können – wie fast alle Menschen – schüchtern sein.

Das Unterrichten ist dann für sie kein zwangloser Job. Vor allem nicht am schrecklichen ersten Tag des neuen Schuljahrs. Wenn man einer Gruppe völlig Fremder gegenübersteht und reden und dozieren und ihnen etwas beibringen oder sie gar unterhalten soll, so kann einen das regelrecht lähmen.[10] Eine Grundschullehrerin faßt ihre Gefühle so zusammen: „Du stehst ununterbrochen auf der Bühne, und in jedem Augenblick ist dir die Reaktion der Kinder bewußt ... sie bemerken genau, was du anhast – deine Kleider, deine Schuhe, deine Ringe. Sie sagen sogar etwas, wenn ich einen andersfarbigen Lippenstift verwende."

Ein anderer Lehrer erinnert sich an seine erste Unterrichtsstunde: „Während der ersten Stunde glaubte ich, ich würde den Tag nicht durchstehen, mir würde vorher zum Erbrechen übel werden. So nervös war ich."

Für manche besteht die Lösung im Bemühen, alles bis zur letzten Sekunde vorauszusehen und zu planen. Wenn man aber so viel Aufmerksamkeit darauf konzentriert, nicht nervös zu werden, bleibt nicht mehr viel übrig. Man bemerkt nur noch die auffälligsten Schüler – die Selbstsicheren und Aufgeweckten, die das große Wort führen, und natürlich die Störenfriede. Verliert ein Lehrer, egal aus welchen Gründen, die Kontrolle über seine Klasse, vervielfachen sich die Störenfriede, und er braucht seine ganzee Zeit und Energie, um die Disziplin aufrechtzuerhalten.

Es gibt Universitätsprofessoren, die die großen unpersönlichen Vorlesungen den kleinen zwanglosen Seminaren vorziehen, obwohl die große Klasse viel mehr Arbeit erfordert. Die feste Form gibt ihnen Sicherheit. Vorlesungen garantieren eine gleichbleibende Form, einen Rahmen, Regeln für's Zuhören, Schutz vor Unterbrechungen. Der Professor kann sich gewöhnlich an seinen vorher ausgearbeiteten Plan halten – ein guter Angriff, mit dem er seine schwache Abwehr überspielen kann. Dem Nicht-Schüchternen bietet die Ungezwungenheit eines Seminars viel Freiraum zur Erforschung von Ideen; doch für den Schüchternen ist das Seminar ein gefürchteter quälender Hindernislauf voller Fallen in Form von kritischen, brillanten oder unverständlichen Fragen der Studenten. Dazu wird die emotionale Distanz, die der Katheder ermöglicht, durch die intimere Atmosphäre einer kleinen Klasse erschwert.

Schüchternheit und Gedächtnis

Inzwischen ist klar geworden, daß die Schüchternheit unerwünschte soziale Folgen hat; kann sie aber auch jene Denkprozesse negativ beeinflussen, die erst ein erfolgreiches Lernen an der Schule und an der Universität ermöglichen?

> Zu den Grundübeln der Schüchternheit gehört nach meiner Erfahrung, daß der Schüchterne – weil er so sehr mit sich selbst beschäftigt ist – von seiner Umwelt nichts mitbekommt, nichts hört und nichts sieht. Ich kann zum Beispiel einer Unterhaltung oft nicht folgen, weil ich in meiner Selbst-Unsicherheit so nervös bin.

Dieser Geschäftsmann in mittleren Jahren wirft eine interessante Frage auf: Kann die mit der Schüchternheit zusammenhängende Beklemmung in einer peinigenden Situation die Aufmerksamkeit beeinträchtigen, so daß das Gedächtnis geschwächt wird?

Um dieser Frage nachzugehen, führten wir ein Experiment durch, bei dem Studenten aufgefordert wurden, einen Vortrag zu bewerten, den eine Studentin hielt.[11] Die Hälfte der Studenten bezeichnete sich als nicht-schüchtern, die anderen sagten, sie seien grundsätzlich schüchtern, insbesondere Frauen gegenüber. Jede Versuchsperson wurde mit derselben attraktiven Frau konfrontiert, die mit uns zusammenarbeitete. Einzeln hörten sie sich ihren informativen Vortrag an und mußten dann in einem Test zu erkennen geben, wieviel sie behalten hatten. Jeder wußte, daß er durch einen Zweiwegspiegel beobachtet wurde.

Ein Drittel der Männer war mit der attraktiven Frau allein im Raum und durfte während und nach dem Vortrag Fragen stellen und mit ihr reden. Ein weiteres Drittel der Männer war ebenfalls allein mit ihr, doch sie durften nur zuhören und keine Verbindung zu ihr aufnehmen. Und das dritte Drittel saß allein vor einem Fernsehschirm, auf dem sie den gleichen Vortrag hielt. Wir sagten voraus, je unsicherer sich die schüchternen Männer fühlen würden, desto weniger würden sie von ihrem Vortrag behalten können. Welche der obigen Situationen sorgen nach *Ihrer* Meinung für die größte Verunsicherung?

Das größte Unbehagen empfanden die Männer vor dem Fernsehschirm, und am wenigsten unbehaglich fühlten sich diejenigen, die mit der Frau reden durften. Überrascht Sie das? Überlegen wir einmal: Wir haben eben erst gelernt, daß Schüchterne mit Unbehagen auf

Bewertungen und in Situationen reagieren, die keine feste Form haben. Wenn sie mit dem Fernsehvortrag allein im Raum sind (beobachtet von Mitgliedern des Forschungsteams, die hinter dem Spiegel sitzen), ist es ganz offenkundig, daß *sie* und nicht die Vortragende Gegenstand der Untersuchung sind. Wenn sie aber Fragen stellen und auf die Vortragende eingehen dürfen, haben sie die offizielle Genehmigung der Versuchsleiter, im Rahmen der Bewertung *der Frau* aktiv zu werden.

Wenn die Verunsicherung zunimmt und die Selbstbeobachtung im Mittelpunkt steht, schenkt der Schüchterne all der Information, die auf ihn zukommt, nur noch wenig Aufmerksamkeit. Die Qualen der Schüchternheit beeinträchtigen nun das Gedächtnis. Die schüchternen Studenten, die den Vortrag nur im Fernsehen hörten, behielten am wenigsten davon im Gedächtnis – wesentlich weniger als die Nicht-Schüchternen oder die Schüchternen in den zwei anderen Situationen.

Wir konnten einen weiteren interessanten Effekt feststellen, als wir alle Versuchspersonen aufforderten, die Attraktivität der vortragenden Frau einzustufen. In den Augen der schüchternen Studenten war diese schöne Frau *weniger* attraktiv als in den Augen der nicht-schüchternen, ja sogar weniger attraktiv als die durchschnittliche Studentin auf dem Campus. Offenbar kann die Schüchternheit bewirken, daß einer nicht nur die Sprache verliert, sondern das Gedächtnis und das Wahrnehmungsvermögen noch dazu.

Unverwundbare Kinder

Mit dem Begriff „unverwundbar" bezeichnen Psychologen die Kinder, die zwar in der Kindheit großen Belastungen ausgesetzt sind, die das aber später alles abschütteln und zu gesunden, normalen Erwachsenen werden. Es gibt inzwischen Forschungsergebnisse, die die Richtigkeit dieses Begriffes bestätigen und noch darüber hinausgehen. Viele hervorragende Persönlichkeiten auf so unterschiedlichen Gebieten wie der Politik, den schönen Künsten und den Naturwissenschaften kommen aus Verhältnissen, die als pathologisch angesehen werden müssen. Leute wie Eleanor Roosevelt, der frühere Präsident Gerald Ford und Senator Patrick Moynihan schafften es irgendwie, trotz eines verhängnisvollen Starts im Leben sich nicht unterkriegen zu lassen und höchste Erfolge zu erringen.[12]

Unsere klinische Untersuchung von 100 Männern, die alle eine traumatische und konfliktreiche Vergangenheit hinter sich hatten, schließt: „Trotz der schwierigen Verhältnisse in ihrer Kindheit scheint klar, daß diese Männer heute als Erwachsene als normal oder gar in den meisten Fällen als überlegen anzusehen sind."[13]

Diese „Katastrophentheorie" der Kindesentwicklung läuft den herkömmlichen Vorstellungen zuwider, nach denen eine öde und schädigende Umwelt nichts als Wahnsinn und Verderbtheit entstehen läßt. Man glaubt immer, eine friedliche, wohltuende, fruchtbare Umwelt sei die Wiege geistiger Gesundheit und späteren Erfolgs. Die Befürworter dieser Theorie stützten sich hauptsächlich auf die Beobachtung, daß geisteskranke und kriminelle Erwachsene aus verarmten oder spannungsreichen Verhältnissen kamen. Dem liegt ein Denkfehler zugrunde. Nur eine Minderheit all derer, die unter widrigen Umständen aufwachsen, befindet sich in unseren Gefängnissen und Heilanstalten. Diejenigen, die nachgeben, anstatt zu zerbrechen, können durchaus das notwendige Selbstvertrauen entwickeln und sich zunutze machen, um dann einen bedeutenden Platz in der Gesellschaft zu erobern.

Vielleicht schafft es die nächste Generation, die in diesem Buch beschriebenen, zur Schüchternheit führenden Umstände zu durchleben, ohne sich die psychische Betäubung einer chronischen Schüchternheit zuzuziehen. Wir hoffen es jedenfalls. Inzwischen sollten wir am besten die Kinder näher untersuchen, die offenbar „unverwundbar" sind, immun gegen alles, was zuhause, in der Schule und generell in der Gesellschaft geschieht, sie zu gehemmten Schüchternen zu machen. Die Forschungsergebnisse sind tröstlich, denn sie bergen Hoffnung für diejenigen unter unseren Kindern, die zuhause oder in der Schule nicht die besten Bedingungen antreffen, sondern oft genug die schlimmsten.

Die Filmkomikerin Carol Burnett ist mit der besonderen Fähigkeit gesegnet, andere zum Lachen zu bringen. In einem telefonischen Interview erzählte sie ganz offen, daß sie als Kind wegen ihrer Schüchternheit viele unglückliche Tage zuhause und in der Schule zu durchleben hatte.[14] Sie schildert, wie sie es mit Hilfe ihres komischen Talentes schaffte, die Beklemmungen und Schamgefühle ihrer Kindheit zu überwinden, die daraus resultierten, daß sie nicht voll akzeptiert und anerkannt und bewundert wurde.

Burnett: Ich glaube, ich war anfänglich ziemlich schüchtern, vor allem meiner Mutter gegenüber. Sie war eine sehr, sehr extravertierte, wunderschöne Frau. Sie hatte ein großes, schwerwiegendes Problem: sie wurde in späteren Jahren zur Alkoholikerin, und meinem Vater erging es nicht anders. Sie waren beide sehr attraktive, gut aussehende Menschen. Er erinnerte mich immer an Jimmy Stewart, und sie wirkte auf andere wie Dynamit. Ich wußte, ich war kein hübsches Kind, und deshalb war ich wohl hauptsächlich wegen meiner äußeren Erscheinung schüchtern. Als kleines Mädchen wollte ich das durch gute sportliche Leistungen wettmachen, und ich versuchte, schneller zu laufen als all die Jungen in der Schule, und glaubte, als schnelle Läuferin würden sie mich eher mögen. Und so alberte ich dauernd irgendwie herum – in der Schule noch mehr als zuhause – einfach um die Angst zu bekämpfen, ich könnte ohne Freunde bleiben, weil ich arm war und nicht sehr hübsch. Einmal sang ich ein komisches Lied, und es klappte bestens, und meine Mutter kam in die Vorstellung, und sie war völlig verblüfft. Ich hatte Feuer gefangen und wußte nun, daß ich eine musikalische Komödiantin werden wollte. Meine Mutter und meine Großmutter regten sich darüber auf, aber ich sagte ihnen: „Bei der Arbeit hab ich wirklich das Gefühl, von den Leuten geliebt zu werden; ich kann da wirklich etwas leisten. Mehr, als wenn ich schreibe oder zeichne." (Ich war eine ganz gute kleine Künstlerin.) Von da an mußte ich das direkte Echo spüren, wenn ich etwas tat. So fing das mit der Schauspielerei an.

Zimbardo: Ist es die Fähigkeit, aus sich selbst herauszutreten und in eine Rolle, in einen Charakter hinter einer anonymen Maske zu schlüpfen, die es einem im Grunde schüchternen Menschen ermöglicht, in der Öffentlichkeit aufzutreten?

Burnett: Das ist richtig – der Schüchterne ist ein anderer Mensch. Er ist nicht er selbst. Deshalb ist es für ihn, wenn er in eine andere Rolle schlüpft, etwas leichter. Sie sehen auch, daß ich den besten Job in der ganzen Welt habe, den einer wie ich nur haben kann.

Zimbardo: Fühlen Sie sich in bestimmten Situationen immer noch schüchtern, wenn Sie nicht auftreten, sondern die andere Carol Burnett sind?

Burnett: Ja. Wenn ich jemandem begegne, vor dem ich große Ehrfurcht habe, und das sind viele Leute. Als ich zum Beispiel das erstemal James Stewart traf, brachte ich kein Wort heraus, da ich ihn schon immer geliebt hatte – weil ihm mein Vater so ähnlich war. Ich hatte das Gefühl, wieder zehn Jahre alt zu sein. Ich glaube also, daß man einige dieser frühen Empfindungen nie los wird. Eigentlich ist es mir lieber, ich bin auf diese Weise schüchtern als zu aufdringlich. Es wäre schön, die goldene Mitte zu finden; Hauptsache, man fühlt sich in seinem eigenen Rahmen sicher.

Zimbardo: Ja, die Schüchternheit wird zum Problem, wenn sie einen daran hindert, Dinge zu tun, die man tun möchte und auch tun könnte.

Burnett: Und wenn sie einen blöde Dinge sagen und tun läßt.

Zimbardo: Haben Sie aus Ihrer eigenen Erfahrung mit der Schüchternheit irgend etwas gelernt, das sie anderen weitergeben könnten, etwa ihren vielen Fans?

Burnett: Meinen drei Töchtern sage ich immer, wie wichtig es ist, daran zu denken, daß andere die gleichen Probleme haben, und daß man nicht so ichbezogen sein und glauben darf, das Glück der Welt hänge davon ab, was die Leute von einem denken – von der Art, wie man sich anzieht, wie man fühlt und handelt –, oder von der Tatsache, daß einen ein bestimmter Junge nicht zum Tanz aufgefordert hat. Die Leute sind nicht ständig damit beschäftigt, einen kritisch zu bewerten und zu beurteilen. Sie denken an sich selbst, und man muß aus sich herausgehen, den anderen entgegen, denn wenn wir zu einem anderen Menschen durchdringen, dringen wir gleichzeitig zu uns selbst durch – wir helfen uns selbst. Ich glaube aufrichtig, daß wir alle eins sind. Das ist wirklich so, und je mehr man lächelt und aus sich herausgeht, desto mehr bekommt man zurück – denn was man sät, wird man ernten. Sicher, das ist ein Klischee, aber doch nur, weil es so wahr ist. Es geht einfach darum, mit anderen Kontakt aufzunehmen. Wenn du ein Kind in der Schule siehst, das ein bißchen schüchtern ist oder mit den anderen Kindern nicht so zurechtkommt und ein bißchen unglücklich aussieht, dann solltest du diesem Kind die Hand reichen. Du wirst dort eine kleine Blüte öffnen, und du wirst etwas Wunderbares entdecken.

Zimbardo: Ja, daß nämlich die Menchen schön sind.

Burnett: Richtig. Und sie brauchen nur ein wenig ZLA – zärtliche liebevolle Anteilnahme, das beste Gegenmittel gegen die Schüchternheit.

Im nächsten Kapitel wollen wir uns ansehen, wie schwierig es für schüchterne Menschen ist, ihren gerechten Anteil an ZLA zu spenden oder zu erhalten.

5.

Freunde, Liebende und schüchterne Fremde

Wer von uns hat seinen Bruder gekannt?
Wer von uns hat seinem Vater ins Herz geschaut?
Wer von uns blieb nicht für immer ins Gefängnis gesperrt?
Wer von uns bleibt nicht für immer ein Fremder, allein?
(Look Homeward, Angel)

Thomas Wolfes quälende Fragen sind für uns alle von besonderer Bedeutung, doch sie sind es ganz besonders für den chronisch Schüchternen. Wie wir gesehen haben, ist die Schüchternheit eine weitverbreitete Erfahrung mit tiefgreifenden persönlichen Konsequenzen.

Viele von uns haben ganz spezifische Ängste: wir fürchten uns vor dem Fliegen oder der Dunkelheit oder irgend etwas anderem. Es gibt jedoch gewisse Dinge, die die meisten von uns tun können, um mit ihren Phobien zu leben. Wer sich vor Höhen fürchtet, kann in einem eingeschossigen Haus oder in einer Parterrewohnung leben. Wer sich vor Flugzeugen fürchtet, kann mit der Bahn fahren; wer sich vor Schlangen fürchtet, kann in der Großstadt leben; und wer sich vor der Dunkelheit fürchtet, kann nachts die Lichter anlassen. Doch was ist mit Menschen, die sich vor den Mitmenschen fürchten? Schüchterne, die dem Objekt ihrer Angst erfolgreich aus dem Wege gehen, verdammen sich selber zu einem Dasein als Fremde in einem fremden Land. Und sie müssen dafür büßen.

Von Friedrich II., der im dreizehnten Jahrhundert Sizilien regierte, wird erzählt, er habe geglaubt, die Kenntnis einer alten Sprache sei schon bei der Geburt in jedem Kind vorhanden. Ohne jede Erfahrung oder Ausbildung würde das ältere Kind spontan beginnen, diese Sprache zu gebrauchen. Um die Richtigkeit seiner Theorie zu erproben, ordnete der König an, daß eine Gruppe neugeborener Kinder schweigend von Pflegemüttern großgezogen wurde. Sie durften niemals menschliche Laute hören. Wie ging das Experiment aus? Redeten die Kinder bei ihren ersten Worten in der alten Sprache, wie der König glaubte? Die Chroniken jener Zeit berichten: „Doch seine Mühe war umsonst, denn alle Kinder starben. Ohne die Liebkosung und die fröhlichen Gesichter und die liebenden Worte ihrer Pflegemütter konnten sie nicht überleben."

Letztlich isolieren sich schüchterne Menschen selbst von der Wärme des menschlichen Kontakts, den wir alle unbedingt brauchen. Es mißlingt ihnen oft, aus Bekannten Freunde zu machen, und – noch öfter – aus Freunden Geliebte. Viele halten sich an die goldene Regel: „Gib anderen nichts, wenn du nicht willst, daß sie dir etwas geben." Keine Bindung, keine Gemeinsamkeiten, keine Verpflichtung, keine Verantwortung, keine zu erweisenden oder zu erwartenden Gefälligkeiten.

Aber kein Mensch kann mit dem schrecklichen Wissen glücklich werden, daß er von keinem Menschen gebraucht wird. Über ein ganzes Menschenleben gesehen ist der tatsächliche Schmerz, den man empfindet, wenn man sich unwichtig, unbedeutend und unauffällig vorkommt, viel größer als der eingebildete Schmerz der gelegentlichen Zurückweisung. Wie lebt aber nun der chronisch Schüchterne, ohne Trost und Anteilnahme von Freunden, ohne die liebenden Worte der Familie, ohne die innige Umarmung eines geliebten Menschen? Um dieses schwierige Problem der zwischenmenschlichen Beziehungen – der Verbindung von Mensch zu Mensch – geht es uns in diesem Kapitel.

Das Anknüpfen der Verbindung

Stellen Sie sich vor, Sie seien ein neuer Insasse in einem Kriegsgefangenenlager. Sie haben einen perfekten Fluchtplan, aber Sie brauchen zu seiner Durchführung noch ein paar Leute. Irgendwie müssen Sie die Leute finden, die Ihnen zur Flucht in die Freiheit verhelfen können. Aber das ist nicht so leicht, denn der Feind hat Informanten, bezahlte „Petzer", die in Aussehen und Benehmen von den anderen Insassen praktisch nicht zu unterscheiden sind. Sie müssen sich irgend jemandem anvertrauen, oder Sie sind zum Gefangenendasein verdammt. Wenn Sie den falschen Mitgefangenen ansprechen, werden Ihre geheimen Pläne aufgedeckt, und man wird Ihnen das Leben noch mehr vermiesen. Entscheiden Sie sich für das Risiko, oder geben Sie Ihren Plan auf, um weiterhin stumm zu leiden?[1]

Diese Situation beschreibt das Dilemma aller menschlichen Beziehungen: wird das, was wir uns von einer Begegnung erwarten, von dem, was es uns kosten könnte, aufgewogen werden? Wie bei dem Gefangenen in unserem Beispiel ist es nicht einfach eine Ja-Nein-Entscheidung, denn die Menschen tragen nun mal keinen Stempel auf der Stirn, der klar erkennen läßt: „Du kannst mir trauen", „Du kannst mir ein Stück weit trauen", „Du kannst mir nicht trauen." Wir alle treffen deshalb subjektive Entscheidungen; sie stützen sich auf die Natur der jeweiligen Situation, auf unsere bisherigen Erfolge und Mißerfolge in ähnlich gelagerten Begegnungen und auf unseren augenblicklichen Gemütszustand.

Wenn wir es mit einer neuen Person zu tun haben, verlassen wir uns alle stark auf das, was wir sehen und hören. Bevor wir uns zu einem „Guten Tag", „Darf ich Sie ein Stück begleiten?" oder „Wollen wir tanzen?" entscheiden, prüfen wir die folgenden Merkmale: Attraktivität der äußeren Erscheinung; Körpersprache (Fußstellung offen oder geschlossen, Körperhaltung oder Gesichtsausdruck locker oder angespannt); Wärme und Zugänglichkeit, vermittelt durch ein Lächeln oder einen Händedruck; Klangfarbe der Stimme, die Begeisterung, Langeweile, Feindseligkeit oder Zutrauen offenbart; und die offenkundigen Reaktionen der anderen Person auf uns.[2]

Auch die Umgebung ist wichtig, denn sie kann Hinweise auf gemeinsame Interessen geben – auf Bücher bei einer Begegnung in einer Bibliothek, auf Sport bei einer Begegnung in einer Kegelbahn, auf Geselligkeit bei einer Begegnung in einem Tanzlokal. Manchmal kann die Umgebung allerdings in die Irre führen, oder es gibt dort vielleicht Leute mit verborgenen Absichten. So gibt es beispielsweise Leute, die sich nicht des Essens oder der Unterhaltung wegen zu einer Tischgesellschaft einladen lassen, sondern um etwas für ihr eigenes Ego zu tun: „Ich bin hier, um ihnen zu zeigen, wie clever ich bin und wie dumm Sie sind." Andere gehen vielleicht nicht wegen der Drinks und der Geselligkeit in eine Bar, sondern um ihre eigenen perversen Spielchen zu treiben: „Ich bin hier, um die Typen scharf zu machen und zuzusehen, wie sie herumdrucksen. Sag ihnen aber nichts davon, O. K.?"

Diese Gesichtspunkte der Macht, der Ausbeutung und des Selbstinteresses gehören zu den Risiken, wenn wir uns einem Fremden oder Bekannten eröffnen. Bevor wir uns entscheiden, ob wir mit einer anderen Person Kontakt aufnehmen sollen, vergleichen wir alle die zu erwartenden sozialen Belohnungen mit den potentiellen Kosten: wir könnten in Verlegenheit gebracht oder lächerlich gemacht werden, oder wir könnten uns als langweilig, unwürdig oder unzulänglich erweisen. Wir überschlagen den erforderlichen Aufwand, die Zeit, die Kosten, die Entfernung und die anderen Gelegenheiten, die wir auslassen müssen, wenn wir uns entscheiden, voll einzusteigen. „Ist sie die einstündige

U-Bahn-Fahrt nach Brooklyn wert?" „Wird es sich lohnen, ihn aus seiner Schüchternheit loszueisen, nur weil er gut aussieht?" Für viele Menschen lautet die Antwort: „Die Gefahr, verletzt zu werden, ist zu groß; das Risiko lohnt sich nicht."

Chronisch Schüchterne sind sich dieses Entscheidungsprozesses besonders stark bewußt, da sie sich allzuviel Gedanken darüber machen, ob sie erwünscht und akzeptabel sind. Sie stellen sich all die möglichen Greuel einer Beziehung lebhaft vor, und es kommt zu einem geradezu zwanghaften Abwägen der Belohnungen gegen die Kosten für *jede* – selbst eine bereits bestehende – Beziehung. Sie bezahlen oft einen hohen Preis für dieses äußerst empfindliche Bewußtsein, wie der folgende Fall einer zwanzigjährigen Frau veranschaulicht:

> Ich glaube, wenn ich jemand kennenlerne und ganz besonders mag, dann reagiere ich in meiner Schüchternheit in vieler Hinsicht so, als sei genau das Gegenteil der Fall. Wenn ich jemand *wirklich* mag, fällt es mir schwer, meine wirklichen Gefühle erkennen zu lassen. Mit anderen Worten, ich begebe mich auf die „Kumpel"-Ebene mit der Person und versuche, mich ihm oder ihr gegenüber möglichst gleichgültig zu geben. Die Schüchternheit bewirkt, daß ich Angst davor habe, anderen meine wahren Gefühle zu zeigen. So gebe ich mich bei den ersten Begegnungen betont lässig und versuche, mich nicht zu sehr hineinziehen zu lassen. Ich bin sicher, daß diese Kumpelhaftigkeit für mich nur eine Schutzfunktion hat und daß die ihr zugrunde liegende Schüchternheit auch eine tiefsitzende Unsicherheit ist, die es mir schwer macht, irgend jemand in mein Inneres blicken zu lassen.

Aus den Schwierigkeiten beim Anknüpfen neuer Beziehungen befreien sich Schüchterne oft dadurch, daß sie gar nichts tun. Sie entscheiden sich gegen das Risiko der Zurückweisung und für die Sicherheit der Isolation. Doch wir müssen alle dieses Risiko eingehen, um die wichtigen Beziehungen in unserem Leben herzustellen.

Untersuchungsergebnisse zeigen, daß Fremde, die gemeinsam in schreckliche Situationen geraten, etwa in einem entführten Flugzeug oder auf einem sinkenden Schiff, meistens sofort beginnen, Beziehungen zueinander herzustellen: „Na so was, ich glaub ich geh unter – würden Sie mir mal ne Schwimmweste zuwerfen?"

Aber Leute, die Angst haben, ziehen es nur allzuoft vor, allein zu bleiben. Im Rahmen einer Untersuchung an der Yale-Universität wurde Studenten gesagt, sie nähmen an einem Experiment über die

Empfindlichkeit des Mundes teil, und sie wurden aufgefordert, an so harmlosen Dingen wie Babyflaschen und ihren eigenen Daumen zu lutschen.[3] Die Studenten sollten also etwas tun, das ihre unterdrückten kindlichen Bedürfnisse nach oraler Befriedigung berührte, und sie wurden sichtbar befangen. Als sie gefragt wurden, ob sie das Experiment lieber allein oder in der Gruppe durchführen möchten, entschieden sie sich ausnahmslos für die Isolation.

Wenn ihnen eine beklemmende Situation droht, wollen die meisten Leute allein sein, da sie ihre Reaktionen für unangemessen halten: „Warum beunruhigt mich der Gedanke ans Daumenlutschen?" „Ich reagiere zu heftig, was ist bloß los mit mir?" Da Schüchterne ihre Reaktionen ständig für unangemessen halten, ziehen sie es fast immer vor, allein zu bleiben, anstatt das Risiko einzugehen, wegen der eigenen eingebildeten Unzulänglichkeit zurückgewiesen zu werden. Im Bemühen, sich selber zu schützen, verlieren sie jedoch das wichtige Feedback der anderen, die möglicherweise genau die gleichen Gefühle haben. Diese Isolation bestärkt die Vorstellung, die der Schüchterne von sich selbst hat – „Ich kann keine anderen Leute kennenlernen, weil ich schüchtern bin", – und führt zu noch stärkerer Isolation.

Diese schützende Isolation tritt in der Cafeteria eines Wohnheims deutlich zutage, wo es häufig dazu kommt, daß Fremde zusammen an einem Tisch sitzen. Die meisten Schüchternen richten es so ein, daß sie zu Beginn oder gegen Ende der Essenszeit auftauchen, da dann nicht so viele Leute da sind. Sie setzen sich häufig ans Ende des Tisches anstatt in die Mitte, um nicht auf beiden Seiten ungeschützt zu sein; sie fühlen sich wohler, wenn sie nur nach einer Seite hin aufpassen müssen. Manche Schüchterne errichten regelrechte Hindernisse: sie schieben Stühle weg oder belegen sie mit Büchern oder Kleidungsstücken. Andere verschanzen sich hinter einem Buch oder einer Zeitung. Oder ihre Reaktion ist ein „Mit vollem Mund kann ich nicht reden". Wenn sich jemand an den Tisch setzt und so aussieht, als wolle er reden, dann stopfen sie sich den Mund voll, als seien sie am Verhungern – meistens eine wirkungsvolle Bremse für den Neuankömmling.

Und trotzdem sehnen sich viele dieser Schüchternen nach dem Geplauder und Gelächter und freundschaftlichen Geplänkel, das von den anderen Tischen zu ihnen dringt. Tatsächlich reagiert der Ausgeschlossene oft mit stiller Wut auf die gute Laune der anderen, selbst wenn er zum Mitmachen aufgefordert worden ist und abgelehnt hat.

Manchmal faßt sich der Schüchterne eher ein Herz, wenn sein Gegenüber eine gewisse Wärme erkennen läßt, eine Bereitschaft, es nicht bei einem leeren Lächeln und einer oberflächlichen Begrüßung zu belassen. Doch man muß dem passiv Schüchternen schon ein deutliches Signal geben, wenn er die Botschaft verstehen und sich entsprechend verhalten soll – sehr behutsam natürlich.

Schüchternheitsbarrieren hemmen die Vertrautheit

Wenn wir uns entschließen, die einmal angeknüpfte Verbindung aufrechtzuerhalten, sind wir auf dem Weg zur Freundschaft. Damit sich aber eine Beziehung zu einem anderen Menschen weiterentwickeln kann, müssen wir uns öffnen und etwas von unserer „Innenwelt" sehen lassen. In diesem Prozeß der Selbstenthüllung teilen wir Werte, Ziele, Erwartungen und sogar einige unserer ganz persönlichen Geheimnisse. Ohne diese Selbstenthüllung des potentiellen Freundes oder Liebhabers kann keine echte Vertrautheit entstehen. Aber erst eine Basis des Vertrauens ermöglicht diese Gemeinsamkeit. Und wie kann man dieses Vertrauen wachsen lassen, bevor man eigentlich über die andere Person etwas weiß?

Der Psychologe Sidney Jourard, der sich eingehend mit diesem Prozeß der Selbstenthüllung befaßt hat, sieht diesen Konflikt: „Wir verbergen und tarnen unsere wahre Natur vor anderen", schreibt er, „um ein Gefühl der Sicherheit zu hegen, um uns gegen unerwünschte, aber erwartete Kritik, Verletzungen oder Zurückweisungen zu schützen." Doch ohne diese Enthüllung können uns andere nicht kennenlernen. Daher geben wir Anlaß zu Mißverständnissen. „Schlimmer noch", sagt Jourard, „wenn es uns zu gut gelingt, unsere Natur vor anderen zu verstecken, laufen wir Gefahr, den Kontakt zu unserem eigentlichen Selbst zu verlieren, und dieser Verlust des Selbst trägt zu unendlich vielfältigen Krankheitsformen bei."[4]

Das Gefühl des Vertrauens und die Bereitschaft zur Selbstenthüllung setzen eine Basis der Sicherheit voraus. Der Ort, die Person, die Art der Begegnung – sie alle müssen einem das Gefühl vermitteln, daß man sich dem anderen ohne Gefahr öffnen kann. Daß diese Sicherheit allerdings eine höchst individuelle Angelegenheit ist, mußte ich erfahren, als ich Methoden zu entwickeln versuchte, mit denen

Nicht-Schüchterne Beziehungen zu Schüchternen aufnehmen konnten. Wenn beispielsweise ein nicht-schüchterner Student in der Cafeteria ein Gespräch damit begann, daß er fragte: „Schmeckt Ihnen das Essen hier?", brachte die schüchterne Studentin kein Wort heraus; sie war unfähig, auf eine so „persönliche" Frage zu antworten. Ein anderer Nicht-Schüchterner beginnt vielleicht so: „Tag, ich heiße Adam. Und wie heißen Sie?" Wieder „zu persönlich". Keine persönlichen Themen, keine bewertenden Aussagen (vor allem nicht über etwas, was der Angesprochene *im Augenblick* tut oder anhat), und generell nicht zu viele Fragen. Es kann für einen, der den ehrlichen Wunsch hat, eine schüchterne Person kennenzulernen, frustrierend sein, nicht zu wissen, welche dieser scheinbar alltäglichen Eröffnungszüge als Schachmatt interpretiert werden könnten.

Wir alle errichten um uns her unsichtbare Hindernisse, um unseren persönlichen Freiraum zu definieren. Schüchterne umgeben sich jedoch mit einer *Reihe* von Pufferzonen, damit andere nicht zu nahe an sie herankommen und ihnen Unbehagen bereiten können. Diese Schüchternheitsbarrieren bestimmen, wie weit die schüchterne Person in ihrem Bemühen geht, mit einer anderen Person Kontakt aufzunehmen.[5]

Ähnliche Barrieren werden von Leuten errichtet, die eine krankhafte Angst vor Schlangen haben. Als für eine Untersuchung von Schlangen-Phobien per Zeitungsannonce Freiwillige gesucht wurden, stellte sich nachher heraus, daß einige von denen, die auf die Annonce reagiert hatten, ohne weiteres eine Schlange in die Hand nehmen konnten.[6] Ihre Barriere war das Etikett, das sie Schlangen meiden ließ, sie aber nicht daran hinderte, eine Schlange, die schon mal da war, in die Hand zu nehmen. Es gibt aber auch Leute mit einer Schlangenphobie, die nicht mal einen Raum betreten können, in dem eine Schlange in einem Käfig aufbewahrt wird. Andere müssen zu dem Käfig nur einen bestimmten Abstand halten, oder sie können sich der Schlange nähern, solange ein anderer sie festhält. Noch niedriger ist die Barriere für den, der die Schlange berühren kann, solange sie ein anderer fest im Griff hat. Eine weitere Barriere ist überwunden, wenn man die Schlange auf den Schoß nimmt und dort zappeln läßt. Und selbst danach ist noch eine letzte Barriere zu überwinden: Man läßt die Schlange auf den Boden fallen, und der Betreffende soll sie wieder aufheben.

Wenn man Menschen helfen will, ihre Schlangenphobie zu

überwinden, muß man zuerst die Angst abbauen, die eine weiter entfernte Barriere errichtet hat – etwa die Angst, einen Raum mit einem Schlangenkäfig zu betreten –, bevor man sich an die näherliegenden Barrieren machen kann. Wenn man einzelne Stufen ausläßt oder zu schnell vorgeht, kann das zu einem Rückschlag und einem plötzlichen Angstausbruch kommen: der Betreffende ergreift die Flucht und weigert sich, noch einmal von vorne zu beginnen.

Schüchterne errichten in ihrer Angst vor Kontakten mit anderen Menschen ähnliche Barrieren. Für manche ist es schon eine sehr hohe Barriere, mit einem Fremden Augenverbindung aufzunehmen. Sie fühlen sich unbehaglich, wenn der Kontakt stärker oder länger ist als erwünscht. (Im allgemeinen finden Frauen eine Blickverbindung angenehmer, angemessener und wünschenswerter als Männer.)[7] Für andere bildet vielleicht nicht das Hinschauen oder gar Reagieren in einer übersichtlichen Situation die Barriere, sondern das Aktivwerden in einer neuen, ungewohnten Umgebung. In neuen Situationen und gegenüber unbekannten Menschen – Fremden – ist fast jeder schüchtern. Manche brauchen jedoch in Gegenwart von Fremden keine Schüchternheitsbarriere zu überwinden, denn „die sind ja nicht wichtig"; nur bei Freunden überfällt sie die Schüchternheit.

Bei einer der schüchternsten Studentinnen, mit denen ich je zu tun hatte, war ich auf eine solche Umkehr der Barrieren überhaupt nicht vorbereitet. Laura war eine hübsche Einundzwanzigjährige in ihrem letzten Jahr an der Uni, die im Unterricht nicht mal ihren Namen nennen konnte, ohne rot zu werden und auf dem Stuhl hin- und herzurutschen. Doch neben dem Studium arbeitete Laura stundenweise als Nacktmodell. Männer kamen in ihre Wohnung, um Aktaufnahmen von ihr zu machen oder so zu tun, als hätten sie einen Film in ihren Kameras, um ihr zusehen zu können, wenn sie immer neue aufreizende Posen einnahm. 20 Dollar die Stunde – Anfassen verboten! Sie erzählte mir, weshalb es für sie möglich war, nackt vor Fremden aufzutreten:

> Im Grunde bin ich Männern gegenüber zurückhaltend und schüchtern. Deshalb finde ich es schon etwas seltsam, daß ich mich eher vor Fremden nackt ausziehe als vor meiner Familie oder vor Freunden, etwa beim Nacktbaden in einem abgelegenen See. Schon kurz nachdem ich als Modell angefangen hatte, sah ich die Männer, die zu mir kamen, nur noch als Objekte, so wie sie mich sahen. Daraufhin wurde es sehr leicht. Ich hatte das Gefühl, in einer Machtposition zu sein – es waren meistens

traurige Männer, die ein wenig Spaß haben wollten. Aber schließlich wurde es so deprimierend, daß ich damit aufhörte.

Ein weiters Beispiel für diese Umkehr der Barrieren ist die Prostituierte, die jede Nacht ein halbes Dutzend Kunden hat und doch, nach eigenen Worten, schüchtern ist, sobald „ich mit jemand zusammen bin, den ich mag".

Es ist nicht einfach, die Schüchternheitsbarrieren eines Individuums aufzuzeigen, denn manchmal sind sie verschleiert. Eine Einzelhandlung mag ganz leicht und frei aussehen und kann doch auf Feindseligkeit und Furcht basieren. Der zärtliche Kniff, die neckische Stichelei oder das zweideutige Kommpliment sind gute Beispiele für dieses Phänomen.

Der Wissenschaftler und Psychotherapeut Leonard Horowitz unterscheidet zwei Kategorien von Verhaltensweisen, die allen zwischenmenschlichen Beziehungen zugrundeliegen: solche, die einen Menschen einem anderen *näherbringen* sollen – Aktionen vom Typ N – und solche, die einenMenschen von einem anderen *fernhalten* sollen – Aktionen vom Typ F. Vom Typ N kann man sprechen, wenn die Absicht vorliegt, mitzuarbeiten, zu helfen, näherzukommen, übereinzustimmen, zu teilen und letztlich zu lieben. Vom Typ F sprechen wir, wenn Distanz vorliegt, Nichtübereinstimmung, Mißtrauen, Mißbilligung, Kritik und Feindseligkeit.[8]

Manchmal stellen Verhaltensweisen vom Typ F Barrieren dar, die zu überwinden andere bereit sein müssen, bevor ihnen auch nur die geringste Wärme vom Typ N entgegengebracht wird. Ein andermal sendet der Schüchterne gleichzeitig eine doppelte Botschaft: „Geh weg, ich brauche dich." Das geschieht oft unabsichtlich: „Du tust dem immer weh, den du liebst." Oder es kann eine Schutzbehauptung sein, wie in dieser Aussage eines jungen Mannes:

> Es ist für mich sehr wichtig, daß mir die Zuneigung immer wieder bestätigt wird. Ich brauche eine Menge positives Feedback, um mich in einer Freundschaft sicher zu fühlen. Gelegentlich tue ich absichtlich seltsame Dinge, um mich der Unterstützung meiner Freunde und meiner eigenen Autonomie zu versichern.

Diese „seltsamen Dinge" dienen vielleicht nicht nur der Erprobung der Freundschaft, sondern sie sind möglicherweise auch Teil eines unbewußten Planes, den Mißerfolg zu gewährleisten. Viele Menschen haben eine so ausgeprägte Angst vor dem Mißerfolg, daß sie alle Situationen meiden, die nur die geringste Chance eines Mißerfolgs in sich bergen, sei das auf akademischem, sozialem oder sexuellem Bereich. Läßt sich die Situation nicht umgehen, kommt es manchmal zu einem paradoxen Verhalten: der Schüchterne gibt sich nicht genügend Mühe, um die Prüfung zu bestehen oder eine gute Note zu erreichen. Auf diese Weise kann er den Mißerfolg dem mangelnden Einsatz zuschreiben und kann den Faktor, den er wirklich fürchtet, übergehen – daß ihm nämlich die erforderliche Fähigkeit fehlt.

Der Therapeut Richard Beery beschreibt Patienten, die ihre ganz eigene Methode haben, mit ihrer Angst vor dem Versagen fertigzuwerden - sie führen das eigene Versagen selbst herbei.[9] „Sie schaffen die Situation, die sie am meisten fürchten, denn wenn sie sie schaffen, bilden sie sich ein, sie auch zu kontrollieren – und nicht umgekehrt", berichtet er. Leute, denen es scheinbar darum geht, mit anderen bessere soziale und/oder sexuelle Beziehungen herzustellen, richten die Dinge ständig so ein, daß es immer und immer wieder zu Mißerfolgen kommt – aber es ist ein Versagen, das ihrer eigenen unbewußten Kontrolle untersteht. Nicht die persönliche Unzulänglichkeit ist schuld, sondern die Zeit, der Ort, die anderen Leute, das System, einfach alles-nur-nicht-ich. Durchschnittlich aussehende Männer, die immer nur hinter umwerfend attraktiven Frauen her sind, programmieren den Mißerfolg gleich mit. Und dasselbe gilt für Frauen, die Männer heiraten, obschon sie genau wissen, daß diese der Spielleidenschaft, dem Alkohol oder Drogen verfallen sind.

Die Angst vor dem Versagen vermischt sich oft mit einer Angst vor dem Erfolg, sofern Erfolg gleichbedeutend ist mit einem neuen Status, einem neuen Lebensstil, mit einem Aufgeben des Gewohnten zugunsten der unbekannten Herausforderungen des Neuen. Ich habe Pärchen gekannt, die sich ganz unerwartet trennten, als ihr Verhältnis besonders eng und intim geworden war. In mehreren Fällen ging der Mann plötzlich und ohne erkennbaren Anlaß kühl auf Distanz, sehr zur Verwunderung der Frau. Und kurz darauf ging dann die Verbindung endgültig in die Brüche, denn „sie war zu anspruchsvoll". Die Vertrautheit versetzte ihn in Panik.

Oft senden Leute widersprüchliche Botschaften aus und merken gar nicht, daß es zwischen dem, was sie bewußt tun, und dem, was sie unbewußt fühlen, einen Widerspruch gibt. In bestimmten Situationen mit festen Normen werden diese Doppelsignale durch die Botschaft anderer noch zusätzlich intensiviert und kompliziert. Nirgends tritt das deutlicher zum Vorschein als auf einem Schulball.

Wollen wir tanzen?

Nach Emerson ist die Gesellschaft „ein Maskenball, bei dem jeder seinen wahren Charakter verbirgt und durch das Verbergen erst enthüllt". Eine meiner Methoden, mit denen ich mehr über die Auswirkung der Schüchternheit auf das soziale Leben der Menschen erfahren wollte, bestand darin, furchterregende Situationen zu rekonstruieren, denen Schüchterne oft ausgesetzt sind. Eine davon ist „der Tanz". Der Schulschwof bildet einen Rahmen, mit dem viele von uns vertraut sind – wohl mehr wegen unserer Erinnerungen an die Pläne, zu etwas Tuchfühlung zu kommen, als daran, „es" wirklich getan zu haben oder vom Partner unserer Träume im weißen Thunderbird entführt worden zu sein.

Um mehr über die Dynamik der Schüchternheit in einer derartigen sozialen Situation zu erfahren, arrangierte ich für die jungen Studenten in meinem Seminar über die Schüchternheit einen „Schulball" - komplett mit Disko-Musik, Coca Cola und gedämpften Lichtern. Die Mädchen, die Kleider statt der gewohnten Jeans trugen, setzten sich sofort auf die „Mädchenseite" der Tanzfläche. Die Jungs, in sportlichen Jacketts und Krawatte (auch für sie eine ungewohnte Kleidung), versammelten sich rasch auf der anderen Seite.

Zehn Minuten lang spielte die Musik, doch keiner unternahm etwas. Dann wagte sich ein Grüppchen der Jungen vor und bewegte sich langsam wie eine Raupe am Rand der Tanzfläche entlang auf das Territorium der Mädchen zu, während diese sie wachsam im Auge behielten.

„Jeff, geh du voran."

„Schieb nicht so, Mann, ich gehe, wenn's *mir* paßt."

„Heh Mike, Carolyn macht dir schöne Augen."

„So'n Quatsch. Ich überlaß sie dir gern, wenn du sie haben willst. Sie ist mir sowieso zu groß."

„Komm schon, Judy, fordere mal den Ausländer zum Tanzen auf, der sieht so hilflos aus."

„Laß mich bloß in Ruhe, Cecilia. Das ist schließlich keine Wohltätigkeitsveranstaltung."

Der große Jeff ist es schließlich, der Coleen fragt, ob sie tanzen möchte, und damit das Eis bricht. Die Musik ist lebhaft, und sie tanzen gut zusammen. Gerade als sich die Raupenformation aufzulösen beginnt, da einige andere Jungen bereit sind, das große Wagnis einzugehen, kommt eine neue Musik: ein langsamer Soul. Die Tänzer brechen ab, widmen sich ihrer Cola, hier und dort nervöses Lachen. Zu langsam ist die Musik, und sie kommt zu früh. Bei schneller Musik braucht man nicht viel zu reden – man kann sich auf die Tanzbewegungen konzentrieren, die Bewegungen auf die des Partners abstimmen oder sich über die Musik unterhalten. Doch bei langsamer Musik muß man eng tanzen, und das heißt, man muß möglichst schnell ein Gespräch anknüpfen, oder die Körper beginnen mit ihrer eigenen, nicht-verbalen Kommunikation. Bei langsamer Musik jemanden zum Tanzen aufzufordern, darin sehen alle eine intime Einladung zu körperlicher Nähe. Wer zu schneller Musik tanzt, hat vielleicht einfach Spaß am schnellen Tanzen – der Partner spielt dabei keine Rolle. Bei langsamer Musik ist das anders.

Mike ist mutig und fragt unsere sehr schüchterne, sehr hübsche Judy, ob sie mit ihm tanzen wolle.

„Warum haben's alle auf mich abgesehen?" stößt sie hervor, teilweise als Reaktion auf Cecilias vorausgegangene Hänselei. Doch nun ist es raus, und ein verwirrter und gekränkter Mike weicht zurück und vergräbt die Hände in den Hosentaschen. Trotzdem will er lieber einen zweiten Versuch machen, als mit leeren Händen zu den anderen Jungen zurückzugehen.

„Und was ist mit dir, willst du tanzen?" sagte er mit leicht trotziger Nervosität zu dem Mädchen am Ende der Reihe.

„Meinst du mich?"

„Mhm, willst du nun, oder willst du nicht?"

„Ach – nein, danke . . . vielleicht später." Wie konnte sie zustimmen, wo sie doch offensichtliche zweite Wahl war? Konnte sie denn auf diesen herausfordernden Ton anders reagieren? Mike ist regelrecht abgeschossen, in offener Schlacht gefallen. Aber da er nicht allzu schüchtern ist, startet er einen neuen Versuch bei einer neuen Partnerin, und diesmal klappt's.

Die Musik wird lauter und schneller, und schließlich ist die Tanzfläche annähernd voll, bis auf zwei Mädchen, die sich gleich in die hinterste Reihe setzen. Zu ihnen zu kommen, erfordert mehr Mühe und persönliches Engagement, als beiläufig eines der Mädchen in der vorderen Reihe aufzufordern. Es sind zwei unserer schüchternsten Studentinnen, und sie liefern ein schönes Beispiel für die Macht einer sich selbst verwirklichenden Voraussage: „Ich setze mich am besten gleich nach hinten, denn mit mir will ohnehin keiner tanzen." Und tatsächlich fordert sie keiner auf – denn sie haben sich in den eingezäunten Bereich zurückgezogen, aus dem sie keiner herausholen wird.

Zwar wußte jeder, daß der „Schulball" Teil des Unterrichts war, aber das verringerte die Spannung keineswegs, denn es war immer noch ein Unterschied, ob man das erste Mädchen war, das von dem begehrenswertesten Jungen zum Tanzen aufgefordert wurde, oder ob man zur Nachhut gehörte, die nehmen mußte, was übrig blieb. Und auch an den Grundproblemen der Jungen ändert sich nichts: „Wenn sie mir nun einen Korb gibt?" „Vielleicht mag sie die Art nicht, wie ich tanze oder Konversation mache, oder vielleicht schwitze ich zu sehr."

Wer an diesen formalisierten Ritualen teilnimmt und in jeden Schritt und in jede Geste eine Bedeutung hineinliest, der muß in die Situation des Nicht-Gewinnen-Könnens hineingeraten. Es ist am sichersten, so sagen sich diese Leute, die Regeln der Etikette zu befolgen und andere nachzuahmen. Damit erreichen sie, daß sie paarweise zusammenfinden. Aber sonst nichts. Sie werden schnell zu Figuren, die stereotype Rollen ausfüllen. Erst wenn sich einer anders verhält, als die Situation üblicherweise verlangt, glauben die anderen, daß sie den „wirklichen" Menschen vor sich haben und daß *sie* etwas Besonderes an sich haben, das dieses so erfrischend abweichende Verhalten auslöst. Ein gutes Beispiel dafür ist der Mann, der noch ein paar Schritte weitertanzt und die Frau eng im Arm hält – nachdem die Musik zu Ende ist.

Als ich einen jungen Assistenten aufforderte, nach der Musik noch weiterzutanzen, fanden ihn seine Partnerinnen ausnahmslos attraktiver, rücksichtsvoller und interessanter, als wenn derselbe junge Mann höflich mit dem Tanzen aufhörte, sobald die Musik endete. Wenn man tut, was die anderen tun, und die Regeln befolgt, ist man in Sicherheit und kann sich verstecken. Wer aber für einen anderen Menschen etwas Besonderes sein will, kann nicht einfach einer aus der Herde der gehorsamen Schafe sein.

Den folgenden Rat gebe ich meinen schüchternen Studenten, die beim Tanzen unbedingt eine bestimmte Person kennenlernen möchten, dabei aber Angst haben, sich einen Korb einzuhandeln. Fragen Sie beiläufig: „Haben Sie *Lust* zum Tanzen?"

Bei einem „Nein" reden Sie schnell weiter: „Ich auch nicht. Eigentlich komisch: da geht man zu einer Tanzveranstaltung, und wenn man erst dort ist, hat man keine Lust mehr zum Tanzen. Entweder paßt einem die Musik nicht, oder man fürchtet, jemand, mit dem man gern tanzen möchte, könnte ablehnen. Das ist vor allem für Leute wie mich ein Problem, die so schüchtern sind."

„*Sie* sind schüchtern?"

„Aber sicher. Finden Sie sich auch schüchtern?"

Dann spielen Sie ihren Trumpf aus und erzählen Ihrem Traumpartner alles, was er/sie schon immer über die Schüchternheit wissen wollte, aber aus Schüchternheit nie erfuhr.

Ein in Oregon begonnenes Forschungsprogramm soll die Gründe ausfindig machen, weshalb manche Männer und Frauen in bezug auf Verabredungen Hemmungen haben.[11] Als Männer mit weniger als drei Verabredungen in den letzten sechs Monaten und Frauen mit weniger als sechs Verabredungen in den letzten sechs Monaten anderen gegenübergestellt wurden, die häufiger verabredet waren, ergaben sich interessante Erkenntnisse. Bei Männern mit Hemmungen war die negative Selbst-Einschätzung schwerwiegender als der Mangel an sozialen Fertigkeiten. Die Probleme der Frauen dagegen hatten mehr mit den sozialen Fertigkeiten als mit dem übertrieben negativen Selbst-Bild zu tun.

Mitglieder des Forschungsteams erarbeiteten für die an der Untersuchung beteiligten Männer einen Leitfaden für Verabredungen; die Informationen über die richtigen Verhaltensweisen bei einer Verabredung stammten von gleichaltrigen Frauen. Dieser Leitfaden war insofern wirkungsvoll, als die gehemmten Männer zu einer höheren Zahl an Verabredungen kamen. Einige Taktiken, die darin vorgeschlagen werden, erscheinen im zweiten Teil unseres Buches.

Was ist aber mit den Frauen? Mit der durch die Frauenbewegung herbeigeführten Neuorientierung der Geschlechtsrollen entschließen sich immer mehr Frauen, selbst die Initiative zu ergreifen. Für viele ist das weniger schmerzlich, als auf jenen magischen Augenblick zu warten, in dem sich Selbstvertrauen und Geschicklichkeit zu der gewaltigen Kraft vereinigen, die den Mann in die schwindelnden Höhen des

Wagemuts trägt, so daß er endlich um die genaue Zeit, um einen Drink, um einen Tanz oder um ein Rendezvous bitten kann.

Doch manchmal wird aus dem kühnen Vorstoß ein bitteres Brandopfer, wie im Fall dieser jungen Frau:

> Bei einer Tanzveranstaltung sah ich einen Mann tanzen, und ich fand es sehr aufregend, ihn zu beobachten. Ich dachte mir, hmm, mit dem Mann möchte ich gerne tanzen. Aber in dem Moment, in dem ich das dachte, erfüllte mich auch schon heftige Angst. Ich kämpfte den ganzen Abend mit mir, ehe ich genügend Mut zusammenhatte, um ihn um einen Tanz bitten zu können; und als es so weit war, *haßte* ich ihn geradezu, weil er es geschafft hatte, mich so zu erregen, und ich war *wütend* auf mich selbst, weil ich unfähig gewesen war, ihn anzusprechen.
> Als ich ihn dann ein paar Monate später wieder sah, ging ich auf ihn zu und sagte: „Ich muß Ihnen etwas sagen." Er sagte: „So, was denn?" Darauf ich: „Sie sind ein sehr gut aussehender Mann. Ich finde Sie sehr attraktiv." Er sagte: „O mein Gott", und er rollte vor Verlegenheit mit den Augen und murmelte: „Nun, darauf kommt's nicht an." Er sagte mir auch, am liebsten würde er im Boden versinken, wenn das möglich wäre. Später fand ich heraus, daß er von seinem Aussehen nicht sehr überzeugt war.
> Nur weil ich ursprünglich schüchtern war und er chronisch schüchtern ist und weil ich keine Lust hatte, ihn sehnsüchtig anzustarren und ihn auf die *Idee* zu bringen, daß ich ihn kennenlernen wollte, und stattdessen die *direkte* Methode versuchte – weil das alles so ist, ist der Karren inzwischen ziemlich festgefahren, und ich habe das Gefühl, wir werden nie ganz einfach wie zwei Menschen kommunizieren.
> So was tut wirklich weh. Es war das erste Mal in meinem Leben, daß ich nicht passiv auf die Annäherung eines Mannes wartete, und das hat sich als viel schwieriger herausgestellt, als ich dachte. Es muß die Hölle sein, was ein junger Mann durchzustehen hat. Das hab ich gelernt. In meiner Schüchternheit hab ich jede Hoffnung aufgegeben, diesen Mann jemals kennenzulernen.

Was ist da schiefgelaufen? Wie hätte Mary die Verbindung richtig anknüpfen müssen?

Es ist erst in den letzten Jahren dazu gekommen, daß Frauen nicht mehr bereit sind, abzuwarten und zu hoffen, daß sie von Männern auserwählt werden, zu denen sie sich hingezogen fühlen. Sie haben angefangen, aktiv zu handeln und selbst zu wählen. Aber ein altes Sprichwort mahnt uns: „Wer die Wahl hat, hat die Qual." Qual deshalb, weil wir in dem Moment, in dem wir eine Wahl treffen, aus der anonymen

Menge heraustreten und für die Folgen unserer Entscheidung verantwortlich sind.[12] Wir können uns allerdings nur dadurch, daß wir Entscheidungen treffen, selber definieren und eine gewisse Kontrolle über unser Schicksal ausüben.

Viele Frauen – so wie Mary – sind im traditionellen Schema aufgewachsen, und die passive feminine Rolle ist ihnen von Kind an eingeprägt worden. Die Schüchternheit verstärkt noch diese elementare Passivität. Ähnlich sind Männer auf die stereotype Machismo-Sexrolle programmiert. Als also Mary John zum Tanzen auffordert, läuft das sofort sämtlichen Erwartungen zuwider. Selbst wenn sie es mit müheloser Eleganz und Grazie geschafft hätte, wäre John vielleicht störrisch geworden. Vielleicht ist er mit seiner Männlichkeit darauf angewiesen. daß er bei allen sexuellen Abenteuern selber die Zügel in der Hand hat. Aber das ist *sein* Problem, und es läßt sich vielleicht lindern, wenn er weitere positive Erfahrungen macht, wenn sich die Normen im sexuellen Bereich weiter verändern und wenn er vielleicht sogar ein paar Tips von einem Therapeuten erhält.[13] Mary kümmerte sich bei ihrem Vorgehen gar nicht erst um seine Perspektive und den Gesamtzusammenhang. Sie hatte zu sehr mit ihren eigenen Fantasien und Beklemmungen zu tun.

Außerdem war Marys Handlungsweise alles andere als taktvoll; sie stürzte sich auf ihr ahnungsloses Opfer und gab in übelster Sexistenmanier zu verstehen: „Heh Kleiner, wie wär's mit uns? Ich steh auf deinen Typ." Sie kommt ihm zu massiv, zu plötzlich, ohne erst eine persönliche Basis für die Beziehung zu schaffen – sie knüpft allein an Johns gutes Aussehen an. Dabei war das aus ihrer Sicht wahrscheinlich nicht zuviel oder zu schnell, hatte sie doch monatelang darüber gebrütet, weshalb sie damals, als sie ihn zum erstenmal beim Tanzen gesehen hatte, unfähig gewesen war, spontaner und beiläufiger zu handeln. Und um das Unglück voll zu machen, erweist sich John als ein schüchterner junger Mann, den persönliche Komplimente aus der Fassung bringen.

Dieses Beispiel verdeutlicht auch, was für zwiespältige Gefühle ein scheinbar simpler Anlaß auslösen kann, denn oberflächlich gesehen handelt es sich hier um eine einfache Aufforderung zum Tanz unter schüchternen Leuten bei einer Tanzveranstaltung. Angst, Lust, Haß, Wut und Verlegenheit verbinden sich auf qualvolle Weise zu einer flüchtigen Mischung, die dem Betroffenen den unbeschwerten Zugang zu einem erstrebenswerten Menschen versagt. Er denkt viel zu sehr an die möglichen negativen Folgen seines Handelns, als daß er unverkrampft bleiben könnte; die übertrieben ichbezogenen Überlegungen verhindern, daß es zu einer für beide erfreulichen Begegnung kommt.[14]

Mary könnte künftig mehr Erfolg haben, wenn sie sich in den sozialen Fertigkeiten üben würde, die derjenige braucht, der die Initiative ergreift. Sie muß nachdenken und sich darüber klarwerden, wie sie sich als selbstbewußte Frau sieht und wie *sie* gerne angesprochen werden möchte, ohne sich gleich bedroht zu fühlen – und sie muß das tun, *bevor* sie zu der Tanzveranstaltung geht. Dann kann sie dort spontaner entsprechend ihren Gefühlen handeln. Um ihr Komplott in einem angemessenen Kontext anzubringen, könnte sie in einer Tanzpause zufällig neben John zu sitzen kommen und sagen: „Entschuldigen Sie, wenn ich so direkt bin, aber ich habe eben ihren Tanzstil bewundert. Wo haben Sie denn so tanzen gelernt?" Das Kompliment ist klar, aber es ist so angebracht, daß John, auch wenn es ihm peinlich ist, die Gelegenheit hat, auf die Frage am Schluß zu antworten. Das Gespräch kann dann weitergehen, man redet vom Spaß am Tanzen und an guter Musik und wie gut das tut, wenn man die Woche über hart gearbeitet hat. „In welcher Branche arbeiten Sie denn?" – und so fort. Wenn diese Grundlage gelegt ist, ist es für John viel natürlicher, beim Einsetzen der Musik den nächsten Schritt zu tun und Mary zum Tanzen aufzufordern. Tut er es nicht, dann kann Mary sagen: „Es macht mir Spaß, mit Ihnen zu reden; sollen wir unsere Unterhaltung beim Tanzen fortsetzen, oder möchten Sie diese Runde lieber aussetzen?" Mary läßt ihm die Wahl zwischen zwei vernünftigen Alternativen: er kann sitzenbleiben und mit ihr reden, oder er kann tanzen und mit ihr reden. Wenn er beides zurückweist (und das ist unwahrscheinlich), sagt sie noch einmal, wie gerne sie einem guten Tänzer zuschaut, und steht auf, um sich nach einem aufgeschlossenen, weniger verklemmten Mann umzusehen, dem der Vorstoß einer befreiten Frau durchaus wilkommen ist.

Sex und der schüchterne Mensch

Man sagt, der Sex sorge dafür, daß sich die Erde immer weiterdreht, doch dem Schüchternen wird von der Karussellfahrt übel. Praktisch vereinigen sich all die Dinge, die einen alltäglichen Angstanfall auslösen können, und entzünden eine Zeitbombe der Schüchternheit, sobald Sex im Spiel ist. Sexuelle Begegnungen ergeben die problematischsten

Situationen, die man sich vorstellen kann. Es gibt dafür keine bestimmten Verhaltensregeln; beide Partner sind nackt, preisgegeben, ihrer äußeren Schutzschichten entledigt; vielen fehlen die erforderlichen Fertigkeiten, oder sie hatten vorher kaum Gelegenheit, sich darin zu üben; und außerdem haben die meisten Menschen unrealistische Vorstellungen vom Sex, ob sie nun aus Hollywood-Schnulzen, aus der Pornographie oder aus rührseligen Fernsehserien stammen, oder aus dem *Playboy* oder *Playgirl*. Herkömmliche Wertvorstellungen haben aus den beiden Geschlechtern Feinde oder zumindest Fremde gemacht, in der Hoffnung, die sinnliche Begierde der Jugend bis zur Ehe im Zaum halten zu können. Kein Wunder also, daß 60 Prozent der von uns befragten Schüchternen angaben, sie seien dem anderen Geschlecht gegenüber befangen!

Sorgen um die eigene „Leistung" belasten jedes Stadium der sexuellen Begegnung. Bei der Frau sind es oft die Fragen: „Wird es mir gelingen, ihn zufriedenzustellen?" „Wird er mich auch attraktiv genug finden?" Bei dem Mann steht die Leistung noch mehr im Mittelpunkt: „Werde ich eine Erektion schaffen, werde ich sie halten können und zur Klimax kommen?" „Wird mein Penis groß genug sein, werde ich sie zufriedenstellen?" Sind diese Fragen auch noch so oft positiv beantwortet worden, so kommen doch vor jedem intimen Zusammensein neue Ängste auf.

Der Geschlechtsakt wird üblicherweise als ein zweistufiger Vorgang beschrieben: erst kommt die Aufforderung, „richtig" miteinander zu schlafen, und dann, bei Zustimmung, wird „es" getan – eine falsche und naive Vereinfachung. Schon vor dem ersten Schritt müssen zahlreiche Barrieren überwunden werden. Ehe das romantische Spiel zu dem großen Augenblick gediehen ist, sind so viele Einzelentscheidungen zu treffen wie in einer Partie Schach. Und jeden dieser kleinen Schritte begleitet die Angst vor der Zurückweisung. Wie dicht soll man heranrücken, wann und wie soll man küssen, wann soll die Hand ihren bequemen Platz verlassen und sich auf einen erregenden Tabubereich vorwagen; und wie geht's dann weiter, runter oder rauf, drüber oder hinein, nicht zu schnell, nicht zu fest, sondern „gerade richtig". Aber was ist „gerade richtig"? Und deutet er oder sie bei allem Denken und Handeln und Planen auch die Signale richtig, die zurückkommen? Wann ist die Widerspenstigkeit nur ein neckisches Spiel und wann eine höfliche Abweisung?

Es gibt sexuelle Situationen, in denen die meisten von uns schüchtern sind, wie diese Frau:

> Ich spüre meine Schüchternheit am stärksten, wenn ich mit einem Mann das erstemal schlafe. Wenn man das erstemal sein intimstes Selbst bloßlegt – nackt, so daß alle Makel sichtbar sind –, muß man sich irgendwie überlisten und sich einreden, er wird schon nichts merken, und einfach weitermachen.

Wie in anderen Bereichen kann oft ein „bißchen" Erfahrung in Sachen Sex gefährlich sein, vor allem für den Schüchternen. Eine fünfzigjährige Frau erinnert sich:

> Ich fühlte mich Jungs gegenüber immer unbehaglich, und das wurde noch durch die Tatsache kompliziert, daß meine körperliche Entwicklung und Reifung früh einsetzte – mit zehn – und durch die zusätzliche Tatsache, daß in meiner Gegenwart niemals über Sex und sexuelle Dinge geredet wurde. Deshalb war das natürlich für mich eine höchst geheimnisvolle Sache, verbunden mit allerlei Ängsten und falschen Vorstellungen. Mein eigentliches Wissen in sexuellen Angelegenheiten erwarb ich in meinem ersten Jahr an der Uni. Neben etwas Französisch und Spanisch lernte ich am meisten in den nächtelangen Gesprächen im Studentinnenwohnheim. Doch das neu erworbene Wissen ließ mich nicht freier werden, sondern machte mich noch gehemmter und erfüllte mich mit Angst vor Schwangerschaft und Untauglichkeit.

Schüchterne Menschen haben besonders große Schwierigkeiten, wenn aus einer zwischenmenschlichen Beziehung ein intimes sexuelles Verhältnis wird. Die folgende Fallstudie ist ein trauriges Beispiel für eine Seite dieser Schwierigkeiten:

> Ich bin sechsundzwanzig Jahre alt, männlich, aus dem Mittelstand. Meine Schüchternheit läßt sich daraus ersehen, daß ich immer noch Jungfrau bin. Es ist mein dunkelstes Geheimnis und das extremste Beispiel für mein Versagen. Meine Familie war eine TV-Familie. Sex wurde nicht als etwas Negatives dargestellt, es wurde einfach totgeschwiegen. Ich sah meine Mutter nie nackt, und ich hörte und sah meine Eltern nie beim Geschlechtsverkehr. Mir war es immer sehr peinlich, wenn ich eine Erektion hatte, und ich war neunzehn, als ich zum erstenmal masturbierte. Bis dahin hatte ich im wachen Zustand nur zweimal einen Orgasmus (unfreiwillig unter der Dusche). Es war ein schönes Gefühl, aber ich glaubte, es sei nicht richtig, zu masturbieren. Als ich endlich

über diese Dinge anders dachte, war ich an sexueller Erfahrung so weit zurück, daß ich viel zu große Angst hatte, ein Mädchen um eine Verabredung zu bitten, denn ich wußte nicht, wie ich mich verhalten sollte.

Sexuelle Beziehungen stellen für den Schüchternen eine sehr ernsthafte Bedrohung dar – aus genau den gleichen Gründen, aus denen sich Schüchterne generell unbehaglich fühlen, wenn sie in ungewohnte soziale Situationen geraten, in denen sie bewertet werden könnten und wo die Gefahr besteht, daß die Grenzen ihrer persönlichen Schutzzone verletzt werden. In einer anonymen Sex-Umfrage, an der sich 260 Studenten aus meinem Psychologiekurs beteiligten, ergab sich, daß die Schüchternheit das Sexualverhalten stark beeinflußt.

Zwar war die Zahl derer, die mit Mitgliedern des anderen Geschlechts ausgingen oder feste Freundschaften hatten, bei den Schüchternen nur unwesentlich geringer als bei den Nicht-Schüchternen, doch der Abstand der beiden Gruppen wird größer, sobald die sexuelle Beziehung intimer und intensiver wird. Wenn man die Angaben der derzeit 100 schüchternen mit denen der 160 nicht-schüchternen Studenten und Studentinnen vergleicht, so zeigt sich hinsichtlich ihrer sexuellen Praktiken ein deutlicher Unterschied:

Ich habe Erfahrung	*Nicht-Schüchterne*	*Schüchterne*
im Petting	87 %	73 %
in der Masturbation	81 %	66 %
in oralem Sex	60 %	39 %
im Geschlechtsverkehr	62 %	37 %

Diese Zahlen gelten im allgemeinen sowohl für schüchterne Männer als auch für schüchterne Frauen. Es gibt jedoch ein paar interessante Ausnahmen. Drei Viertel der schüchternen Frauen geben an, sie seien Jungfrau, gegenüber nur 38 Prozent der nicht-schüchternen Frauen. Bei den schüchternen Männern sind es 59 Prozent, bei den nicht schüchternen Männern 38 Prozent. Aus den Antworten der Frauen geht ferner hervor, daß unter den schüchternen etwa ein Drittel weniger oralen Sex praktiziert und – was noch mehr überrascht – je masturbiert hatten. Manche Schüchterne sind nach eigenen Angaben nicht fähig, in den Spiegel zu sehen oder auch nur ihren eigenen nackten Körper zu betrachten oder zu erkunden – sie können sich sogar schüchtern fühlen, wenn sie allein sind!

Zwischen schüchternen und nicht-schüchternen Männern gibt es in diesen Punkten keinen Unterschied. Doch schüchterne Männer, die Erfahrung mit verschiedenen sexuellen Praktiken hatten, sprechen häufiger als nicht-schüchterne Männer von negativen Erfahrungen mit festen Bindungen, Masturbation, Geschlechtsverkehr und oralem Sex. Ähnlich machen schüchterne Frauen weniger positive Erfahrungen mit Verabredungen, Masturbation und Geschlechtsverkehr. Über ein Viertel der schüchternen Frauen, die Geschlechtsverkehr hatten, verbinden unangenehme Erinnerungen mit diesem intimen Erlebnis. Auch wenn dies nur eine begrenzte Erhebungsauswahl ist, so zeigt sich doch deutlich, daß schüchterne Männer und Frauen weniger sexuelle Erfahrungen machen und weniger Freude daran haben.

Einfach, schnell und im Dunkeln

Wenn wir von Liebenden annehmen, daß sie in sexuellen Angelegenheiten besonders schüchtern sind, können wir davon ausgehen, daß sich bei ihnen der Geschlechtsverkehr einfach, stumm, schnell und im Dunkeln abspielt. Neugieriges Experimentieren und Erörterungen der speziellen Neigungen sind allzu beklemmend, selbst für schüchterne Menschen, die verheiratet sind. Wenn aber diese offene Kommunikation über den Sex fehlt, kommt es leicht zu falschen und fehlgeleiteten Vorstellungen über Mittel und Zweck. So kann beispielsweise das stumme Streben nach dem „kosmischen gleichzeitigen Orgasmus" viele gut harmonierende Paare dazu bringen, daß sie mit ihrem Sexualleben unzufrieden sind – weil ihnen nicht bewußt ist, daß der gleichzeitige Orgasmus wegen physiologischer Unterschiede zwischen Mann und Frau schwer zu erreichen ist. Er kommt zwar oft in Liebesgeschichten und in selbstzufriedenen Leserbriefen an Sexmagazine vor, nicht aber unter normalen Bettdecken.

Unrealistische Erwartungen und mangelnde Offenheit im Gespräch zwischen Mann und Frau können dazu führen, daß die Freude am Sex verlorengeht. Dazu Dr. Lucille Forer:

> Viele Männer haben mir gesagt, daß ihnen nie wohl ist, wenn nicht ihre Frau bei jedem Geschlechtsverkehr einen Orgasmus hat. Eine so hohe Erwartungsebene führt fast mit Sicherheit zum Scheitern, da die körper-

liche Liebe ständigen Veränderungen unterworfen ist und je nach Zeit, Ort und Umständen unterschiedlich ausfällt. Darüber hinaus macht der Mann mit dieser *Selbst*-Bewertung der sexuellen Leistung seine Frau ebenso zum Opfer wie sich selbst. Er hat keine Beziehung zu ihr als Person, sondern bezieht sich nur auf seine eigene Rolle.[15]

Die übertriebene Beschäftigung mit dem eigenen Ich, die den Schüchternen kennzeichnet, drängt sich auch in den Geschlechtsakt ein. Wenn sich Männer darauf konzentrieren, eine Erektion zu bekommen, machen sich angstvolle Gedanken breit, wo erotische Gefühle sein sollten. Wenn Frauen den Druck spüren, zu befriedigen und sich befriedigt zu geben, dann macht das den spontanen Genuß kaputt. Wenn wir unsere sexuelle Identität nach einer Reihe von erfolgreichen körperlichen Akten bemessen und nicht nach einem viel umfassenderen Zusammenspiel von Gefühlen und Reaktionen, dann fordern wir das Scheitern geradezu heraus.

Die Psychiater George und Joseph Solomon geben Klinikern den Rat, in Fällen von sexueller Gehemmtheit und Unzulänglichkeit die Schüchternheit als eine Ursache im Auge zu behalten. Als ein Beispiel für den Zusammenhang zwischen Schüchternheit und sexuellen Problemen bringen sie den Fall Marshas:

> Marsha, eine neunundzwanzigjährige unverheiratete Frau, war der Inbegriff der Schüchternheit und Selbstbescheidung. Sie war passiv, setzte sich nie durch und ließ sich immer wieder von aggressiven Männern ausnützen. Sie hatte schon immer Angst, den Mund aufzumachen, und hatte als Kind gestottert. Sie hatte schreckliche Angst davor, schlecht zu riechen, badete zweimal täglich und hatte einen großen Verbrauch an „femininen" Deo-Sprays und Parfümen. In ihren sexuellen Erfahrungen war sie immer gehemmt, verlegen und frigide gewesen und hatte immer Angst, sie könnte einen Wind lassen.
>
> Für Individuen wie Marsha ist Sex etwas Schmutziges, das nicht in die Öffentlichkeit gehört, schon gar nicht, wenn man jemand schätzt und verehrt. Es gibt in der Tat Leute, die nur mit erniedrigten „schmutzigen" Partnern sexuelles Vergnügen empfinden. Eine Sexualität mit „Toiletten-Charakter" fördert die Schüchternheit und läßt den Betreffenden vor Intimitäten zurückschrecken.[16]

Die Schüchternheit kann unter Umständen auch zur Promiskuität führen. Anstatt „Nein" zu sagen und „das ganze Theater durchzustehen" mag es einfacher sein, den Avancen des Jungen nachzugeben. Oder es kann ein aktives Werben um Popularität sein, ein physisches Mittel, das helfen soll, eine Illusion psychologischer Sicherheit zu erlangen. Wenn dich jeder haben will, dann mußt du doch attraktiv und begehrt sein, oder?

Dr. Peter Wish, geschäftsführender Direktor des „New England Institute for Human Sexuality", gab kürzlich in einem telefonischen Interview diese ausgewogene Darstellung der Beziehungen zwischen der Schüchternheit und Sexualproblemen:

> Ich würde sagen, daß es manchmal einen Zusammenhang zwischen der Schüchternheit und Sexualproblemen gibt. Das hat dann mit dem Ausmaß der zwischenmenschlichen Beklemmungen des Einzelnen zu tun und mit der Frage, ob er/sie diese Beklemmungen als Ursache oder Folge der Sexualprobleme erfährt. Viele Leute mit solchen Problemen gehen anderen nach Möglichkeit aus dem Wege, da sie ihrer selbst unsicher oder in Verlegenheit sind.
>
> Männer – vor allem diejenigen, die sich mit Impotenz oder vorzeitiger Ejakulation herumplagen – haben eine Neigung, sich in sich selbst zurückzuziehen, und das setzt ihre Selbstachtung herunter. Doch dieses Sich-zurückziehen und das, was man als Schüchternheit bezeichnen könnte, tritt oft auch erst *nach* den Sexualproblemen auf, und so wird daraus ein sich selbst immer wieder erneuerndes Problem.

Vielen Schüchternen sind Gefühle sexueller Unzulänglichkeit zu peinlich, als daß sie sie mit einem Therapeuten – geschweige denn mit ihrem Partner besprechen könnten. Sie behelfen sich oft damit, daß sie die Bedeutung des Sex einfach herunterspielen: „Wir wollen das alles nicht so wichtig nehmen, O. K.?" Oder sie fügen sich widerwillig in ein Junggesellen- oder Ledigendasein und gehen den Unannehmlichkeiten völlig aus dem Wege. Aber sie bezahlen dafür offensichtlich einen hohen Preis.

Das Ideal, das wir dem Schüchternen zugänglich machen wollen, ist nicht, daß er einfach irgendwie zu seinem Sex kommt, sondern daß er das gesamte sexuelle Erleben als die lebenswichtige menschliche Erfahrung sieht, die es nun mal ist. Der große Humanist Rollo May bestätigt, was wir alle intuitiv wissen:

> Jeder Mensch erfährt die eigene Einsamkeit und das eigene Alleinsein und sehnt sich deshalb nach der Vereinigung mit einem anderen. Er sehnt sich danach, an einer Beziehung teilzuhaben, die größer ist als er selbst. Normalerweise versucht er mit irgendeiner Form von Liebe sein Alleinsein zu überwinden.

Aber nicht mit einer passiven Liebe, die darauf wartet, daß einmal der richtige Zeitpunkt, der richtige Ort und die richtige Person zusammentreffen. Es geht um die *dämonische Liebe.*

> In seiner richtigen Proportion ist das Dämonische nichts anderes als der Drang, auf andere zuzugehen, das Leben durch Sex zu erweitern, schöpferisch zu sein, kulturell tätig zu sein. Es ist die Freude und das Entzücken oder einfach die Sicherheit, die uns das Wissen gibt, daß wir zählen, daß wir andere beeinflussen können, formen können, daß wir eine Macht ausüben können, die nachweisbar wichtig ist. Es ist eine Möglichkeit, uns Gewißheit darüber zu verschaffen, daß man uns schätzt.[17]

Wenn ich einen Lehrer zu wählen hätte, der uns aus unserer schüchternen Ichbezogenheit herausführen kann, mitten hinein in die Sinnlichkeit eines Lebens, dann wäre das Alexis Sorbas. In ihm gibt uns der Autor Nikos Kazantzakis ein Vorbild an aktiver Lebenskraft.[18] Er hält es für eine „Sünde wider die Natur", sich nicht bei jeder möglichen Gelegenheit der Liebe hinzugeben, sich nicht an der Schönheit jeder Jahreszeit zu berauschen, sich nicht in die menschliche Gemeinschaft zu stürzen. Während Sorbas seinem schüchternen jungen Chef das Tanzen beibringt, zeigt er ihm (und uns), wie wir, wenn wir uns einem anderen Menschen öffnen, Emotionen schätzen lernen, die wir zu lange in uns selbst unterdrückt haben. Doch selbst ein so großartiger Liebhaber des Lebens wie Sorbas hätte alle Hände voll zu tun, wenn er sich mit all den Problemen auseinanderzusetzen hätte, denen wir uns im folgenden Kapitel zuwenden wollen.

6.

Kläglich, unsäglich, ja unerträglich

Bisher haben wir uns mit den Auswirkungen der Schüchternheit auf uns alle befaßt. Wir wissen von den Gefängnissen, die wir uns selber bauen, und wie sie uns davon abhalten können, ein erfülltes, befriedigendes Leben zu führen. Bevor wir jedoch ins Gelobte Land der Abhilfen in Teil II kommen können, müssen wir auf unserem Weg noch einmal eine Abzweigung nehmen: dorthin, wo die Schüchternheit zum echten Problem wird. Wir werden an Orte kommen, die oft kläglich sind, manchmal unsäglich, und gelegentlich sogar unerträglich.

In diesem Kapitel untersuchen wir die verheerenden persönlichen und sozialen Probleme, die sowohl Ursache als auch Folge der Schüchternheit sind: unpersönlicher Sex, Alkoholismus und Gewalttätigkeit. Wir werfen auch einen Blick auf unsere mögliche Zukunft als eine angepaßte Gesellschaft – voll schüchterner Menschen, die bereit sind, zugunsten von Sicherheit auf ihre Freiheit zu verzichten –, und wir werden untersuchen, was das in unserem eigenen Leben bedeuten kann. Wenden wir uns aber zuerst einem wichtigen persönlichen Problem zu, das uns bereits im fünften Kapitel begegnet ist: Wie können Sie als schüchterner Mensch Ihre sexuellen Bedürfnisse befriedigen? Um einen populären Song abzuwandeln: man bekommt nicht immer was man will, aber für ein wenig Geld bekommt man immer, was man braucht.

Käuflicher Sex

> Das hauptsächliche Motiv für die „Ungebundenheit" ist der Wunsch, dem Schmerz des Lebens und vor allem der Liebe zu entkommen, die – sexuell oder nicht – immer ein hartes Stück Arbeit ist.
> George Orwell, „Reflections on Gandhi",
> *Shooting an Elefant*

> „Ich hatte keine Ahnung, daß es so schön sein kann, mit einer Frau zu schlafen", sagte er, nachdem er wieder angezogen war und sich anschickte, zu gehen.
> „Ich glaube, du bist geheilt, und darüber bin ich froh. Zwar war heute ich der aggressive Teil, aber von jetzt an ist das deine Rolle. Hab keine Angst vor Frauen, such einfach nach einem Typ, den du magst, und benimm dich wie ein Mann, nicht wie ein kleines Kind."
> Xaviera Hollander, *The Happy Hooker*

Erst die sexuelle Intimität holt uns aus unserer narzißtischen Isolierung und läßt uns etwas Wesentliches in einem anderen Menschen berühren. Aber eben diese Intimität enthüllt auch unsere eigene Verletzbarkeit; sie offenbart unsere geheimen Pläne, unsere privaten Verstecke und jene Unsicherheiten, die das Rollenspiel des Erwachsenen normalerweise vor der Welt verborgen hält. Für viele Schüchterne ist das Risiko der Intimität ein zu hoher emotionaler Preis, den es für die sexuelle Beziehung mit einem Freund oder Partner zu bezahlen gilt. Doch viele dieser Menschen sind bereit, bares Geld zu bezahlen, um zu bekommen, was sie brauchen.

Eine von Harold Nawy durchgeführte Analyse von Erotika-Konsumenten in San Franzisko läßt erkennen, daß es zwischen dem männlichen Erotika-Käufer und dem chronisch Schüchternen interessante Parallelen gibt.[1] Die meisten der in dieser Untersuchung erfaßten Männer sehen sich pornographische Filme allein an; die meisten sahen ihre Eltern selten oder nie nackt; viele waren bei ihrem ersten Geschlechtsverkehr über einundzwanzig. 40 Prozent waren zur Zeit der Untersuchung mit ihrem Geschlechtspartner nicht zufrieden; ihre Frau, sofern sie eine hatten, wußte nichts von den Kinobesuchen am Nachmittag. Mehr als die Hälfte von ihnen gab im vergangenen Jahr über 100 Dollar für Erotika aus; drei von vier gaben an, Kunden in Sexläden zu sein.

Der Mann, der den berühmten Regenmantel anzieht, um ins Pornokino zu gehen, ist in Nawys Worten „ein Musterbeispiel amerikanischer Tüchtigkeit – das Rückgrat der Nation". Im statistischen Mittel ist er weiß, in mittleren Jahren, aus dem Mittelstand, verheiratet, sauber gekleidet, hat höhere Bildung und arbeitet in irgendeinem Büro. Vielleicht wird er auch von niemandem geliebt und liebt selber niemanden und ist nicht bereit, das Risiko einer wirklich engen Beziehung einzugehen. Jedenfalls glaubten 80 Prozent der Nawy-Befragten, Erotika lieferten ein Ventil für unterdrückte Gefühle. Es gibt, zumindest für Männer, ein weiteres derartiges Ventil, nämlich die Prostitution.

Miss Kitty, die Madam eines vor kurzem von der Sittenpolizei geschlossenen Bordells in San Franzisko, erzählte mir von Kunden, die 60 Dollar für eine Stunde mit einem ihrer Mädchen bezahlten und dann zu schüchtern waren, die Treppe raufzugehen. „Sie reden von ihrer Ehe und von beruflichen Schwierigkeiten, bis unsere teure Stunde fast oder ganz verstrichen ist", sagt sie. „Manchmal muß man sie an das erinnern, was sie für ihr Geld erworben haben."

Um mehr Informationen über diesen Zusammenhang zwischen der Schüchternheit und dem unpersönlichen Sex zu bekommen, ließen wir in der Delancy-Street-Stiftung in San Franzisko zwanzig Prostituierte durch ehemalige Prostituierte befragen. Etwa die Hälfte von ihnen waren Strichmädchen, die anderen fanden ihre Kunden in Hotels oder durch mündliche Empfehlung oder in Bordellen. Im Durchschnitt hatten sie in einer Nacht sechs Freier. Ein paar waren weniger fleißig und bedienten nur zwei Kunden, während es am anderen Ende der Skala eine gab, die zwanzig Männer in einer Nacht hatte.

Auf die Frage, wie viele ihrer Kunden sie für schüchtern hielten, schätzten diese Frauen etwa 60 Prozent. Mehrere Prostituierte sagten, praktisch alle Kunden seien schüchtern, wohingegen nur zwei meinten, es seien weniger als die Hälfte. Leider konnten wir diese Diagnose nicht dadurch erhärten, daß wir die Männer fragten, ob sie sich für schüchtern hielten; wir werden also mit unseren Schlüssen vorsichtig sein müssen.

Trotzdem können die Antworten der Prostituierten dazu beitragen, daß wir die Einstellung des schüchternen Mannes zum Sex besser verstehen.

Woran merken Sie, daß einer dieser Männer schüchtern ist?

- Gewöhnlich beobachten sie einen zuerst nur. Damit weiß ich meistens Bescheid. Obwohl ich das nicht mag, werde ich in einem solchen Fall selbst aktiv.
- Ich merke es an ihrem Vorgehen. Sie fahren vier- oder fünfmal um den Block.
- Sie sind zurückhaltend. Sie wirken ziemlich unsicher.
- Sie ziehen sich nur zögernd aus. Sie wollen über alles reden, nur nicht über Sex.
- Schüchtern heißt nicht unbedingt ruhig – sie wirken nur unbeholfen und wissen nicht, wie sie das alles anpacken sollen.
- Sie sehen verloren und einsam aus.
- Sie brauchen Aufmunterung und Hilfe.

Sind schüchterne Kunden anders zu Ihnen als nicht-schüchterne Kunden?

- Ja, sie sind ungeschickter.
- Praktisch muß ich führen, und sie folgen mir. Wenn sie etwas von mir wollen, reden sie so lange drum herum, bis ich es vorschlage.

- Sie sind überhapt nicht aggressiv, du mußt fast alles selber machen.
- Sie sind höflicher. Es ist ein großer Unterschied.
- Am Anfang sind sie sanfter, aber dann werden sie ziemlich frech.
- Wenn sie schüchtern sind, und du nimmst ihnen die Befangenheit, dann ist das sehr einträglich.

Und was ist Ihnen während des Geschlechtsverkehrs an schüchternen Männern aufgefallen?

- Sie machen sich dauernd Gedanken darüber. Gewöhnlich sind sie sehr nervös.
- Sie haben mehr Angst davor, erwischt zu werden.
- Ich würde sagen, sie lassen sich weniger Zeit bis zum Höhepunkt, weil sie so paranoid sind.
- Es ist schwer, sie bei Laune zu halten, weil sie so sehr mit sich selbst beschäftigt sind.

Warum gibt ein schüchterner Mann Geld für eine Prostituierte aus?

- Sie sind zu schüchtern, um ihren Frauen oder Freundinnen zu sagen, was sie wirklich wollen.
- Durch die Prostitution können sie ihre Sexualität ausleben. Ich habe bei schüchternen Männern eine Menge Perversionen gefunden. Sie glauben nicht, daß sie bei ihren Frauen diese speziellen Wünsche vorbringen können.
- Sie brauchen jemand, der ihnen zeigt, was zu tun ist.
- Sie haben vielleicht keine Freundin oder wissen nicht, wie sie zu einer Freundin kommen sollen.

Diese Untersuchung ergibt ein deutliches Bild des schüchternen Mannes, der für Sex bezahlt. Er ergreift nur ungern die Initiative; er ist in sexuellen Dingen unbeholfen. Er ist passiv, unterwürfig, fürchtet sich vor dem Versagen und ist unfähig, seine sexuellen Gefühle und Wünsche auszudrücken. Also kauft er das, was er braucht. Es wird von ihm nicht erwartet, daß er eine Beziehung herstellt, und das erspart ihm das Risiko eines stärkeren Engagements oder einer festen Bindung. Für viele Männer ist eine Prostituierte weit weniger einschüchternd als eine Freundin oder Ehefrau. Diese Frauen lockern ihn mit ein paar Drinks auf. Die meisten übernehmen die Führungsrolle und steuern die sexuellen Aktivitäten; sie lassen den Mann wissen, was er tun muß, und sie erreichen, daß er sich behaglich und in all seinem Tun kompetent fühlt. Außerdem legen sie schon früh die Bedingungen des „Vertrags" auf den Tisch, so daß sich der Mann keine Gedanken mehr zu machen braucht, was er tun kann und was nicht, und was er verlangen kann, ohne als „pervers" abgestempelt zu werden.

Aber was ist mit den Prostituierten selbst? Neun sagten, sie seien bestimmt nicht schüchtern, während sich sechs für schüchtern hielten und fünf angaben, je nach Situation schüchtern zu sein. Wenn sie eine Rolle zu spielen haben – die der Prostituierten –, scheinen sie nicht schüchtern zu sein:

- Ja, in manchen Dingen bin ich schon irgendwie gehemmt. Wenn ich allerdings am Geldverdienen bin, scheint es bei mir keine Schüchternheit zu geben.
- Grundsätzlich ja. Aber jetzt, wo ich mich um andere schüchterne Menschen kümmern muß, habe ich selber diese Schwierigkeiten nicht mehr.
- In manchen Situationen bin ich schüchtern, aber bestimmt nicht in Sachen Sex.

Bei manchen macht jedoch die Schüchternheit nicht vor der Berufsausübung halt: „Sicher, ich bin bis zu einem gewissen Grad schüchtern. Ich kann nur mit einem Kerl ins Bett, wenn ich mit Drogen vollgestopft oder betrunken bin.

Wenn die Schüchternheit im Alkohol ertränkt wird

Es gibt in den Vereinigten Staaten neun Millionen Alkoholiker. Jeder fünfte von uns lebt mit einem Menschen zusammen, der zuviel trinkt, und zwar seit einem Jahrzehnt und länger. Wir geben oft unserer unruhigen Zeit die Schuld an der starken Verbreitung des Alkoholismus. Doch zu allen Zeiten haben Menschen aus den verschiedensten Kulturkreisen versucht, das innere Erleben und die äußere Wirklichkeit durch stimmungsverändernde, berauschende Getränke umzuwandeln. Doch heute ist der Anteil der Trinker höher, viele beginnen früher, und die sozialen und wirtschaftlichen Folgen dieses persönlichen Bemühens, mit den Belastungen des Lebens fertigzuwerden, sind weiter verbreitet.

Im Bericht eines Arbeitsstabs an den Kongreß wurde 1971 klar herausgestellt, daß es nicht etwa einen einzelnen, einfachen Grund dafür gibt. Richtig gesehen ist der Alkoholismus vielmehr eine Reaktion auf eine Mischung aus physiologischen und sozialen Faktoren in dem Individuum und seiner Umgebung. „Es läßt sich nicht sagen, wie oft das übermäßige Trinken Ursache und wie oft Wirkung ist", heißt es in dem Bericht, aber „es gab eine eindringliche Bestätigung dafür, daß alkoholbedingte Probleme in unmittelbarem Zusammenhang mit anderen Formen des privaten Unglücks stehen."[2]

Der Alkohol kann die uns allen vertrauten emotionalen Hemmungen aufheben; der Schriftsteller und Journalist Jimmy Breslin erklärt das so:

> Man muß den Drink richtig verstehen: In einer Welt, die es verbietet, daß man jemals seine Gefühle zeigt oder sich aus dem grauen Alltag des Lebens befreit, ist der Drink kein Instrument der Geselligkeit. Er ist etwas, was man zum Leben braucht.[3]

Nach Ansicht mancher Experten lassen sich das Trinken und oft der Alkoholismus unmittelbar auf das Bedürfnis des Schüchternen zurückführen, sein Gefühl der Unzulänglichkeit zu überwinden, akzeptiert zu werden, Teil seiner sozialen Gruppe zu werden. Dr. David Helms vom „Washingtonian Center" in Boston gibt diesen Kommentar:

> Es ist eine zulässige Verallgemeinerung, wenn man behauptet, daß viele wegen eines Gefühls sozialer Unzulänglichkeit zu trinken beginnen. Sie selbst schildern dieses Gefühl allerdings nicht als Schüchternheit: sie fürchten sich vor anderen Menschen. Sie sagen, sie hätten Angst davor, sich gehen zu lassen. Sie haben Angst, man könnte sie dann zurückweisen. Und so fangen sie an zu trinken, um lockerer zu werden.

Fred Waterhouse, früher selbst Alkoholiker und heute Leiter der „Massachusetts Association of Halfway Houses", gab diese persönliche Schilderung des Zusammenhangs zwischen der Schüchternheit und dem Alkohol:

> Zu meinem Trinkproblem kam es, weil ich immer das Bedürfnis hatte, meinen Mann zu stehen und es meinen Arbeitskollegen gleichzutun. Ich glaubte, mit einem Drink in der Hand sei ich eine interessantere Person,

ein gewandterer Gesprächspartner. In Wirklichkeit verstärkte natürlich der Alkohol nur noch diese Gefühle der Unzulänglichkeit, doch ein schüchterner Allkoholiker hat das verzweifelte Bedürfnis, dazuzugehören, fest in seine soziale Gruppe integriert zu sein. Ich habe bemerkenswerte Veränderungen in der Persönlichkeit rehabilitierter Alkoholiker gesehen. Selbst Leute, die ursprünglich Probleme mit ihrer Schüchternheit hatten, fanden, nachdem sie vom Alkohol weg waren, Mittel und Wege, diese Probleme zu überwinden. Die Schüchternheit oder das Gefühl einer Unzulänglichkeit ist kein Charakterzug, mit dem man ewig leben muß – man kann sich ändern, ohne sich der „Krücke" Alkohol zu bedienen.

Ein anderer Alkoholiker drückte es so aus:

Jeder, den ich bei den Anonymen Alkoholikern traf, war pathologisch schüchtern. Wenn ich nachdenke, warum, dann weiß ich, daß mein eigener Alkoholismus daher rührt, daß das Trinken den allgegenwärtigen Aufpasser „ausschaltet". Übermäßiges Trinken schaltet ihn zu gründlich aus und führt deshalb zu gesellschaftlich unverantwortlichem Verhalten, aber ich vermute, daß Alkoholiker zu trinken anfangen, weil sie so schüchtern sind.

Schüchterne Teenager fangen oft zu trinken an, weil sie den sozialen Druck verspüren, es ihren Altersgenossen gleichzutun. Sie wollen sich durch nichts von ihrer sozialen Gruppe unterscheiden, um von ihr akzeptiert werden zu können. „Ich wollte im Hauptstrom des Lebens aufgehen", gestand eine ältere schüchterne Frau, die jahrelang Alkoholikerin gewesen war. „Ich wollte nichts Besonderes sein, nicht herausragen, nicht auffallen."

Doch wenn die Alkoholiker übermäßig zu Trinken beginnen, verlieren sie plötzlich ihre frühere soziale Gruppe. Sie müssen also eine neue Umgebung und neue Menschen finden, mit denen sie trinken können, um eine Bestätigung ihres dürftigen Selbstwertgefühls zu finden. Es ist für einen Erwachsenen nie leicht, neue Freunde zu finden; für den schüchternen Alkoholiker wird es unmöglich, wenn er nicht vorher ein paar kräftige Drinks zu sich nimmt. Die Angst, die ursprünglich das Bedürfnis nach Alkohol hervorrief, wird endlich zur Realität, wenn der Trinker von der Gesellschaft verstoßen wird, weil er anders, unzulänglich, minderwertig ist.

Eine besonders überzeugende Erklärung der Dynamik dieses Zusammenspiels von Schüchternheit und Alkohol stammt von einer meiner eigenen Verwandten, die erst vor kurzem erkannte, daß sie Alkoholikerin war, und sich alsbald bemühte, es nicht zu sein:

> Eben dieses besorgte Bemühen, zu lieben und geliebt zu werden, zu akzeptieren und akzeptiert zu werden, ist es, was uns überhaupt erst dem Alkohol in die Arme treibt. Wir leben in panischer Angst. Jeden Tag rechnen wir damit, daß irgendwie der Himmel einstürzt, und wir rechnen nicht unbedingt damit, daß er *uns* auf den Kopf fällt, sondern denen, für die wir verantwortlich sind . . . Von dem Mann, der seit neun Jahren nüchtern ist, bis zu der Frau, die letzte Woche mit dem Trinken aufgehört hat, wird jeder einzelne von uns zugeben, daß wir uns nach einem Drink selber besser gefallen und daß uns dann unsere Bekannten charmanter, liebenswerter und attraktiver finden, oder was immer für sie das Kriterium ist, nach dem sie ihre Mitmenschen akzeptieren. Das Problem ist nur, daß ein Drink schon zuviel ist und daß andererseits eintausend Drinks noch nicht ausreichen. Was ist es denn eigentlich, was der Alkohol uns gibt und was kein noch so guter Wille uns geben kann? Im Grunde bewirkt er, daß wir das Gefängnis des eigenen Selbst weniger stark spüren, daß wir weniger Angst davor haben, uns über diese Gefängnismauern hinauszuwagen. Für uns sind diese Mauern, die das Selbst von den anderen trennen, immer da. Der nüchterne Alkoholiker ist der berühmte Mann mit der eisernen Maske. Was er im Alkohol sucht, ist die Befreiung von sich selbst. Er will nichts anderes, als daß der ewige Zensor ein paar Stunden schlafen geht. Und weil er *weiß*, daß der Alkohol genau das erreicht, ist die Versuchung groß.

Aus unserer allgemeinen Umfrage zur Schüchternheit geht hervor, daß schüchterne Menschen mit einem ernsthaften persönlichen Problem wie dem Alkoholismus nur widerwillig andere um Hilfe angehen. Denn das erfordert wenigstens ein Mindestmaß an sozialen Fertigkeiten, eine realistische Selbsteinschätzung, einen Akt der Selbstbehauptung und das Eingeständnis, „anders" oder irgendwie hilflos zu sein. All das sind aber typische Probleme des chronisch Schüchternen, die ihn wahrscheinlich davon abhalten werden, sich verfügbarer Hilfen zu bedienen. Der Erfolg der Anonymen Alkoholiker und anderer Programme der Gruppentherapie geht vielleicht darauf zurück, daß der Alkoholiker weniger Angst haben muß, von Leuten negativ bewertet zu werden, die selber dort gewesen sind (im Gegensatz zu jenen sauberen, ordentlichen, in weißen Mänteln auftretenden Ärzten und Schwestern). Außerdem werden diese Behandlungsgruppen oft die gesuchte Quelle der sozialen Begegnung und Zustimmung, die ursprünglich im Leben des schüchternen Alkoholikers so sehr fehlte. Der erste Schritt zur Rehabilitation ist, daß man nicht länger bestreitet, ein Alkoholiker zu sein; und der zweite Schritt besteht darin, daß man sich an einen anderen Menschen um Hilfe wendet.

Die Zusammenhänge, die wir hier dargestellt haben, deuten an, daß viele Menschen ihre Schüchternheit im Alkohol ertränken, doch zur Erhärtung dieser Schlüsse wäre mehr erforderlich als Fallstudien und Expertenmeinungen. Es ist zu hoffen, daß exakte Erfahrungswerte gesammelt werden; wenn es den aufgezeigten Zusammenhang tatsächlich gibt, dann müssen Therapieprogramme beginnen, Möglichkeiten mit einzubeziehen, wie man schüchternen Alkoholikern bei der Überwindung ihrer Schüchternheit helfen kann, wenn man erreichen will, daß sie zu trinken aufhören.

Der gewalttätige Vulkan der Schüchternheit

Im allgemeinen ist die Wahrscheinlichkeit gering, daß Schüchterne ihre Frustrationen in offener Wut äußern oder ihre feindseligen Gefühle ausleben. Doch schwelendes Feuer kann aufflackern, wenn es geschürt wird, und zuviel angestauter Zorn kann entweichen. Eine Vergewaltigung ist zum Beispiel ein aggressiver sexueller Übergriff, der die Intimität einer Frau verletzt, nicht aber die des Mannes.[4] Die Anonymität des Täters und der unpersönliche Anstrich des gewalttätigen Geschlechtsaktes ergeben ein „sicheres" sexuelles Ventil für gestörte Männer, die bezwingen müssen, was sie nicht lieben können.

Untersuchungen erwachsener Sexualtäter enthüllen einen Mangel an persönlichen Erfahrungen mit Frauen in den Jahren des Heranwachsens und eine nicht-sexuell orientierte familiäre Umgebung. Viele Sexualtäter berichten, daß sie ihre Eltern nie nackt gesehen haben, daß nie über Sex gesprochen wurde und daß sie gewöhnlich schwer bestraft wurden, wenn sie beim Betrachten erotischer Bilder erwischt wurden. Es fällt ihnen sehr schwer, über Sex zu reden, und sie haben nach eigenen Angaben weniger Vergnügen an sexuellen Beziehungen als andere Männer ihres Alters und mit ihrem Hintergrund.

Die Mentalität des Sexualtäters hat viel mit der des extrem Schüchternen gemeinsam, der vor allen Frauen und vor der Intimität der menschlichen Sexualität Angst hat.[5] Er setzt die rohe Bestie anstelle des zärtlichen Mannes, der er Frauen gegenüber nicht sein kann. So wie der Vandale Dinge kaputtmacht, die er nicht schätzen oder teilen kann, zerstört der Sexualtäter die Integrität der Frauen und die Schönheit der Liebe. Tatsächlich führt die primitive Angst vor dieser sexuellen Attacke dazu, daß viele Frauen *allen* Männern gegenüber schüchtern sind, die mit ihrer Kraft jedes Empfinden und jede Empfindlichkeit im Geschlechtsakt verschütten könnten.

Natürlich sind nicht alle schüchternen Männer sexuelle Gewalttäter, doch Schüchterne haben nun mal Schwierigkeiten, mit ihren starken Emotionen fertigzuwerden. Leute, die in unsere Beratungsstelle für Schüchterne kommen, bestreiten immer wieder, daß sie starke Gefühle der Feindseligkeit hegen, obwohl solche Gefühle bei ihnen immer wieder durchkommen. Sie sagen, sie würden von langweiligen, aggressiven Menschen hereingelegt; sie haben das Gefühl, daß ihnen oft der Wille der dominierenden Gruppenmitglieder aufgezwungen wird; sie fühlen sich von deutlich unterlegenen Autoritäten belästigt. Wer würde sich an ihrer Stelle nicht ärgern?

Für einige dieser Menschen ist ein kühles, förmliches, desinteressiertes Auftreten – ein „reserviertes Schüchternsein" – eine Art Furnier, das sie vor den Ansprüchen anderer schützt. „Wenn man sich zwanglos gibt, erwarten die Leute alles Mögliche von einem, Dinge, die man vielleicht nicht bereit ist, ihnen zu geben, wenn sie sie haben wollen", sagte ein insgeheim schüchterner, eiskalter Jurastudent in unserer Beratungsstelle.

Wenn Schüchterne einer bedrohlichen sozialen Begegnung aus dem Weg gehen oder entkommen können, dann tun sie das. Kommt es aber zu einer direkten Konfrontation, bei der alle Fluchtwege abgeschnitten sind, ist der Schüchterne in Schwierigkeiten. Da er einer Diskussion nicht gewachsen ist und auch keine Schlichtung herbeiführen kann, steht es nicht in seiner Macht, zu vermitteln und eine friedliche, allseits befriedigende Klärung herbeizuführen. In der Mehrzahl der Fälle entscheidet er sich dafür nachzugeben, aufzustehen, rauszugehen, zu tun, was man von ihm erwartet – und sei es noch so widerstrebend. Manche Schüchterne geraten immer und immer wieder in diesen Prozeß. Ihr Unmut wächst und wächst, wird aber zurückgehalten, zusammen mit all den anderen starken Emotionen, die den Schüchternen vielleicht bewegen. Und dann eines Tages . . .

Der Therapeut eines überführten Mörders schildert einen solchen

Prozeß, der zu einem plötzlichen Mord führte. Es geht dabei um ein romantisches Dreiecksverhältnis zwischen dem chronisch schüchternen X (dem Mörder), Y (der Frau, mit der er zusammenlebte) und seiner Freundin. Die Freundin beschrieb X so:

> ... er spricht von seiner großen Schüchternheit (die nach seinen Worten gleichbedeutend ist mit Unsicherheit), die ihn als kleinen Jungen in der Schule in die Hosen machen ließ, weil er den Lehrer nicht um Erlaubnis bitten wollte, auf die Toilette gehen zu dürfen ... Er kommt sich so wertlos vor, daß für ihn der Gedanke, eigene Gefühle zu haben und zu spüren, nicht real ist. Bis heute ist ihm nicht bewußt, daß er schon einige Zeit, bevor er Y umbrachte, in eine andere Frau verliebt war ...

Der Therapeut beschreibt dann die kritischen Vorfälle, die schließbis hin zum brutalen Mord an Y führten:

> Daß er sich für eine andere Frau interessierte und sich mit ihr traf, war Y bekannt, und sie fühlte sich dadurch bedroht. Als diese Situation immer bedrohlicher für sie wurde, verließ sie ihn zweimal und kehrte wieder zu ihm zurück und bat ihn dann schließlich, er solle ihr „fester Freund" werden, damit sie sich besser kennenlernten, und er solle aufhören, sich mit dieser anderen Frau zu treffen. Er wollte zwar die Beziehung zu beiden fortsetzen, gab aber nach mehrwöchigem Zögern ihrer Bitte nach und sagte der anderen Frau zweimal in Y's Gegenwart, er werde sich nicht mehr mit ihr treffen, um „alles was er habe" in seine Beziehung zu Y einzubringen. Y hatte kein Geheimnis daraus gemacht, daß ihr schon einmal ein Mann wehgetan hatte, und X spürte nun offenbar eine Verantwortung, ihr nicht erneut wehzutun. Noch in derselben Nacht erwürgte er sie in seinem Schlaf.
>
> Dieses Mitfühlen für die Gefühle eines anderen Menschen spielte offenbar in Y's Tod eine Rolle. Doch ein nicht so schüchterner Mensch hätte gesagt: „Es tut mir leid, wenn dir das Kummer macht, Y, aber ich möchte meine Beziehung zu euch beiden fortsetzen und werde das auch tun."

Der überführte Mörder sieht nun einer langen Freiheitsstrafe entgegen, und er wird viel Zeit haben, sich zu überlegen, wie das alles hätte anders ausgehen können. Hätte er nur aussprechen können, was er empfand, anstatt impulsiv die Person zu töten, die so auf ihn wirkte, daß er mit ihr nicht vernünftig reden konnte.

Daß es zum plötzlichen Mord kommt, ist kein seltener Einzelfall; vielmehr scheint es das oft zu geben:[6]

- Edmund Kemper III, ein ungewöhnlich großer Fünfzehnjähriger, der bei seinen Klassenkameraden als höflicher, wenn auch schüchterner Einzelgänger galt, erschoß in Kalifornien seine Großmutter mit zwei Kugeln in den Kopf, „einfach um zu sehen, wie das ist". Als sein Großvater vom Einkaufen zurückkam, brachte ihn Kemper auf ähnliche Weise um.
- Ein elfjähriger Junge, der als sehr höflich und sanftmütig beschrieben wird, tötete in Phoenix seinen Bruder mit vierunddreißig Messerstichen.
- Ein achtzehnjähriger Junge, der in einer Kirche in New York ein sieben Jahre altes Mädchen überfiel und erwürgte, wurde als ein nüchterner junger Mann beschrieben, der vorhatte, Pfarrer zu werden.
- Fünf Tage nach bestandener Schlußprüfung an der Universität brachte ein zweiundzwanzigjähriger Junge („freundlich, unbekümmert, gutmütig") während eines Banküberfalls drei unbewaffnete Opfer um.

Nicht weit von dem Gebäude, in dem ich unterrichte, wuchs ein junger Mann namens Frederick Newhall Woods auf einem großen Landgut auf, das sich über 150 Morgen erstreckte. Ein Freund der Familie beschreibt die Eltern als „zwei der höflichsten Menschen, die mir je begegnet sind, höflich fast bis zur Demut. Sie schlossen sich vom öffentlichen Leben vollkommen aus, und der Junge zog sich noch mehr zurück." Schulkameraden sagen von Fred, er sei „ruhig", „sehr vorsichtig", „schüchtern" und „in sich gekehrt". Ein Nachbar erzählte dem Reporter: „Er war nie mit anderen zusammen." Frederick Woods wird, zusammen mit zwei anderen, beschuldigt, in einem bizarren Kidnapping sechsundzwanzig Schulkinder aus Chowchilla (Kalifornien) mitsamt ihrem Schulbusfahrer entführt zu haben; sie waren in eine unterirdische Kammer eingesperrt, als man sie Tage danach entdeckte und befreite.

Der unverhoffte Mörder macht uns allen Angst, weil er so unberechenbar ist und mit brutaler Heftigkeit zuschlägt. Wir stellen uns Gewalttäter gerne als impulsive Menschen vor, die ihre Gefühle nur mühsam unter Kontrolle halten können und dauernd in irgendwelchen Schwierigkeiten stecken. Bei einem solchen Menschen scheint uns eine Gewalttat plausibel, auch wenn sie uns dann entsetzt. Stellen Sie sich aber vor, Sie kommen in eine Bar und setzen sich auf einen leeren Platz, und da kommt einer auf Sie zu und sagt: „Das ist *mein* Platz." Bevor Sie noch aufstehen oder sagen können: „Entschuldigung, das wußte ich nicht", rammt er Ihnen die Faust ins Gesicht. Wie ist das Verhalten dieses Menschen zu verstehen? Tatsächlich spielte sich ein ganz ähnlicher Vorfall in einer Bar in San Franzisko ab, nur daß der „Missetäter" dort erstochen wurde.

Diese Episode ist so lehrreich, weil sie die offenbar unmotivierte Gewalttat unterstreicht, die immer häufiger in unserer Gesellschaft aufzutauchen scheint. Praktisch hat jede Polizeiwache in der Großstadt auf ihrer Berichtsliste eine überraschend große Zahl solcher Verbrechen, für die es entweder gar kein oder nur ein so belangloses Motiv gibt wie: „Er hat mir den Parkplatz vor der Nase weggeschnappt."

Der typische unverhoffte Mörder – der Massenmörder – ist vor seinem plötzliche Gewaltausbruch ein unauffälliger, ruhiger junger Mann, ein guter und braver Bürger. Nicht die mangelnde Beherrschung seiner Gefühle kennzeichnet ihn, sondern eine übermäßige Beherrschung. Wenn sich einer in extremer Weise beherrscht und all seine starken Gefühle – einschließlich seiner Wut – nie äußert, hat er kein Ventil zur Verfügung. Alles staut sich in seinem Innern – Liebe, Haß, Angst, Kummer und berechtigte Wut. Ohne anderen mitzuteilen, was er empfindet, hat er keine Möglichkeit, schlechte Situationen zu verändern oder andere Menschen zu beeinflussen. Ihre Ansprüche nageln ihn fest, ihre Kränkungen verspotten ihn, ihre Gleichgültigkeit gegenüber seinen Bedürfnissen und Rechten erniedrigt ihn. Diese Wut schwelt in ihm, bis sie sich eines Tages in einer unbändigen Raserei Luft verschafft, weil ihn vielleicht irgendeine Kleinigkeit irritiert oder frustriert.

Ich muß da an einen Zwischenfall in dem Krankenhaus denken, in das ich nach einem Autounfall eingeliefert wurde. Auf meiner Station lag auch ein Puertoricaner in mittleren Jahren, der aufgrund seiner mangelhaften Englischkenntnisse Schwierigkeiten hatte, dem Krankenhauspersonal zu sagen, wo es ihm wehtat oder was er wollte, oder irgendwelche Fragen zu beantworten. Er lag einfach da und jammerte so leise wie möglich vor sich hin. Eines Nachts wachte ich erschreckt auf, als Schwestern durcheinanderschrien und Glas gegen die Fliesen am Boden und an den Wänden krachte. Herr Sanchez war explodiert. Er hatte die Nase gestrichen voll. Als die Schwester ihn morgens um drei Uhr aufweckte, um seine Temperatur zu messen, war es bei ihm so weit.

Er stand mit gespreizten Beinen auf dem Bett und schleuderte das Tablett mit den Rektalthermometern und Arzneiflaschen im Bogen durch die Station und schrie: „Nix mehr in den Arsch. Nix mehr in den Arsch." Ich weiß nicht, ob sie ihn in der Psychiatrie behielten, nachdem sie ihn zur Beobachtung dorthin geschickt hatten; ich weiß nur, daß Herr Sanchez für mich und andere Patienten den Mund aufmachte, weil wir zu schwach und unterwürfig waren, um uns gegen die entmenschlichende Behandlung zu wehren.

Der Wissenschaftler Ed Megargee fragte eine Gruppe überführter Mörder danach, wie sie in der Vergangenheit mit ihren Aggressionen fertiggeworden waren, und führte mit ihnen auch eine Reihe von Persönlichkeitstests durch, um festzustellen, ob es zwischen ihnen irgendwelche Unterschiede gab.[7] Er fand heraus, daß sie – gemessen an der normalen Bevölkerung – im Äußern ihrer Gefühle entweder zu unbeherrscht oder übertrieben beherrscht waren. Die impulsiven Typen hatten in ihrer Vorgeschichte viele Schlägereien und Verurteilungen wegen Körperverletzung. Die übermäßig gehemmten Mörder dagegen hatten bei ihrem Verbrechen überhaupt das erstemal ihre persönlichen Gefühle öffentlich gezeigt. Sie waren in ihrem bisherigen Leben, selbst wenn sie provoziert wurden, selten oder nie fähig gewesen, ihre feindseligen Gefühle auch nur verbal auszudrücken.

Diese Untersuchung zeigte auch, daß die Morde der übermäßig beherrschten Männer – im Gegensatz zu denen der impulsiveren Typen – in keinem Verhältnis zur jeweiligen Situation standen. In einem Persönlichkeits-Test (M. M. P. I.) ermittelten wir, daß es unter den extrem Schüchternen mehr übertrieben Selbstbeherrschte gibt als unter den Nicht-Schüchternen. Mel Lee, Mitglied unseres Forschungsteams, fand soeben heraus, daß die Ersttäter unter den Mördern häufiger schüchtern sind als Mörder, die schon öfter straffällig geworden sind. Bei einer Erhebung im Gefängnis wurden 20 von jedem Typ erfaßt: 70 Prozent der ersten Gruppe gaben an, schüchtern zu sein, wohingegen nur jeder dritte der mehrfach wegen Körperverletzung Aufgefallenen schüchtern war.

Die pathologischen Auswirkungen der Schüchternheit sind bei Frauen nicht so offenkundig wie bei Männern. Ventile für den unpersönlichen Sex werden von der Gesellschaft weder gebilligt noch bereitgestellt, und in der Bar um die Ecke ist die Frau nicht erwünscht. Die Frau führt ein isoliertes Leben zuhause, ohne die Verantwortung des

Berufsalltags, und so fallen die Schwierigkeiten der schüchternen Frau weniger auf als die des schüchternen Mannes.

Die schüchterne Frau kann als zornige, einsame, frustrierte Hausfrau ihr Tagebuch schreiben, ohne daß dies je von einem anderen Menschen gelesen wird. Sie kann längst eine Alkoholikerin sein, ohne daß es jemand merkt, solange sie es fertigbringt, die Kinder rechtzeitig in die Schule zu schicken und das Essen auf den Tisch zu stellen.

Doch die Pathologie ist da, auch wenn sie nicht im Glanz von Neonlampen steht. Die Einsamkeit und Isolierung der schüchternen Frau äußern sich am häufigsten in Depressionen, die zu starkem Pillenkonsum, alkoholischen Exzessen, Einlieferung in die Nervenheilanstalt und einer Hilflosigkeit führen, die oft in einem Selbstmordversuch endet. (Mehr Frauen als Männer versuchen sich das Leben zu nehmen, nur sind Männer erfolgreicher – sie benützen die tödlicheren Waffen.)

Männer, die der Gesellschaft nicht gewachsen sind und unter dem Druck zusammenbrechen, werden oft von hilfreichen Frauen umsorgt. Wenn sich die Ehefrau nicht durchbeißt, wird sie im Stich gelassen. Man hat unlängst herausgefunden, daß Ehemänner sehr viel eher ihre zur Alkoholikerin gewordene Frau verlassen, als umgekehrt Ehefrauen ihren Mann, wenn er Alkoholiker ist.

Die schüchterne Frau – ohne die Ventile, die der Mann zur Verfügung hat, und in einer noch strengeren Form der „Einzelhaft" – wird also unauffälliger verrückt, verprügelt ihre hilflosen Kinder, sucht ersatzweise in ihrer Lieblings-Quizshow im Fernsehen den Anschluß an die Gesellschaft, oder erfährt Intimitäten und sexuelle Erfüllung nur in der unwirklichen Welt ihrer Fantasien.

Die in der Anonymität versinkende extrem schüchterne Person gibt ihre Individualität auf und wird nur noch zu einem Objekt auf der sozialen Szene. Man kann sich in der Menge verlieren, wenn man sich dagegen wehren will, daß man in einer bedrohlichen Umwelt identifiziert wird, so wie Kinder in der Schule versuchen, sich unsichtbar zu machen, wenn der Lehrer eine Frage stellt, die sie nicht beantworten können.[8] Ist ein Schüchterner aber erst einmal zum Objekt geworden, dann kann er vielleicht nur noch dadurch auf sich aufmerksam machen und ernstgenommen werden, daß er zu Gewalt und Zerstörung Zuflucht nimmt. „Wenn du mich nicht mit dir spielen läßt, dann mache ich deine Sandburg kaputt, dann wirst du meine Macht und meine Existenz anerkennen müssen."

Wenn er unter dem Ansturm entmenschlichender Kräfte mit dem Rücken zur Wand steht, bleiben dem chronisch Schüchternen zwei Möglichkeiten: sich der Wand so anzugleichen, daß man ihn nicht mehr sieht, oder die Kraft seiner Individualität geltend zu machen und die Wand zu zerstören. Die vielen sozialen, psychologischen und wirtschaftlichen Bedingungen, die unser aller Selbstwertgefühl herabmindern, machen jeden Einzelnen von uns zu einem potentiellen Meuchelmörder.

Der entscheidende Punkt hier ist, daß wir unsere Kinder dazu ermutigen müssen, ihre Gefühle – ob positiv oder negativ – auszudrücken, *wenn* sie sie erfahren. Man darf sie nicht nur gewähren lassen, sondern muß sie in ihren Bemühungen unterstützen, stark empfundene Emotionen mitzuteilen, auch wenn diese Emotionen andere anfänglich beunruhigen. Ohne diese Kommunikation ist keine Veränderung möglich, und der Schüchterne sitzt in einer unerträglichen Situation fest. Die Folge sind manchmal gewalttätige Ausbrüche, die sich gegen andere richten, vielleicht unschuldige Opfer der Selbstbestrafung des Schüchternen. Die Mutter, die ihr Kind schlägt und mißhandelt, kann sich ohne weiteres als eine einsame, schüchterne Frau herausstellen, ohne Freunde und ohne ein von der Gesellschaft akzeptiertes Ventil für ihre Aggressionen. Und dann hört das Baby nicht auf zu heulen oder macht ständig die Windeln voll – und das Faß läuft über.

Wir müssen allerdings auch erkennen, daß der plötzliche Gewaltausbruch die Ausnahme darstellt. Und was ist mit dem übermäßig beherrschten Schüchternen, der seine Aggressionen nie auslebt? In dem Fall gibt es nur eine Richtung, die die Aggressionen nehmen können. Wenn die Aggressionen nach innen gerichtet sind, folgen Gefühle der Wertlosigkeit, Unzulänglichkeit, Selbstverachtung und Niedergeschlagenheit. Und dieses Gefühl der Verzweiflung und Machtlosigkeit ist schließlich der vorletzte Schritt auf dem Weg zur endgültigen Vernichtung des Selbst, dem Selbstmord.

Schüchternheit, Unterwürfigkeit und soziale Kontrolle

Angenommen, wir könnten uns mit Leuten unterhalten, die mit einem der unverhofften Mörder noch am Tag, bevor er endgültig die Beherrschung verlor, Kontakt hatten – was würden die uns wohl erzählen?

Ich glaube, wir würden zu hören bekommen, was für angenehme Menschen das waren, welche Freude es war, sie in der Klasse, in der Familie oder an der Arbeitsstätte zu haben. Als Gruppe würden sie die Auszeichnungen für „vorbildlichen Bürgersinn", für „Disziplin", für „beispielhafte Pflichterfülung" erhalten. Diese schüchternen jungen Leute fielen wahrscheinlich nie auf, machten nie irgendwelchen Ärger. Sie waren in der Schule nicht vorlaut, und niemand wäre auf die Idee gekommen, sie zu den hyperkinetischen Kindern zu rechnen. Sie wußten, was sich gehörte, und hielten sich daran. Sie taten stets, was man von ihnen erwartete, und hielten sich an alle Regeln und Vorschriften.

So sehen die Grundlagen aus, auf denen jene tyrannischen Formen der sozialen und politischen Kontrolle aufbauen können. Zu großen Teilen helfen die Mittler der Gesellschaft (Eltern, Lehrer, Verwandte) unwissentlich mit, die nächste Generation darauf vorzubereiten, sich der existierenden Machtstruktur der gegenwärtigen Generation zu unterwerfen. Sie betätigen sich als Doppelagenten: einerseits reden sie von „Freiheit" und „Wachstum", fördern aber in Wirklichkeit die Angst vor „zuviel Freiheit", „zu großen Abweichungen", „Mut zum Risiko" und vor den Gefahren eines „aufsässigen" Verhaltens.

Tausende von Schüchternen in unserer Umfrage geben an, daß Autoritäten sie kraft ihrer Rolle in der Gesellschaft oder ihrer Sachkenntnis schüchtern machen. Etwas anders interpretiert, läßt dieser Befund erkennen, daß sie gelernt haben, die Autorität zu *fürchten.* Sie empfinden nicht Achtung und Bewunderung sondern Angst. Schüchterne fordern eine Autoritätsperson nicht heraus, vor der sie Angst haben. Sie tun es ganz gewiß nicht in aller Öffentlichkeit. Es geht ihnen wie der schüchternen jungen Carol Burnett, die uns erzählt: „Ich war in der Schule sehr ruhig, und ich war eine gute Schülerin – ich tat, was die Lehrerin sagte – ich hatte Respekt vor der Autorität." Stattdessen wird ihre schweigende Opposition gegen Ungerechtigkeit – falls sie die erkennen – so manipuliert, daß sie zur unausgesprochenen Unterstützung der „schweigenden Mehrheit" wird.

Aus den schüchternen Kindern, die „zu sehen, aber nicht zu hören" waren, sind schüchterne Erwachsene geworden, von denen man nie zu sehen oder zu hören bekommt, daß sie denen, die augenblicklich die Machtposition einnehmen, Ärger bereiten. Den meisten Eltern macht es nichts aus, ein schüchternes Kind zu haben; ich glaube, das ist ihnen lieber als ein freimütiges, selbständiges Kind. Erst wenn das Kind

„zu schüchtern" ist, machen sie sich Sorgen. Und so geht die Medaille für Guten Bürgersinn an Herrn Schüchtern. In den Klassen- und Kastenstrukturen vieler Länder spiegelt sich dieses Prinzip: ein großer Teil der Gesellschaft wird dazu erzogen, die Herrschaft anderer zu akzeptieren.

Wie Erich Fromm in seinem brillant geschriebenen Buch *Die Furcht vor der Freiheit* darlegt, gedeihen totalitäre Regierungen wie die Hitlers immer dann, wenn sich die Menschen dazu überreden lassen, die Freiheit gegen Sicherheit einzutauschen.[9] Wenn die Freiheit zu etwas gemacht wird, vor dem man sich fürchten muß, dann scheint es ein guter Handel, sie einem Führer zu überlassen und als Gegenleistung ein Gefühl der Sicherheit zu bekommen. Die Macht eines Diktators bemißt sich nach der Zahl der Menschen, die zugunsten dieser Illusion einer Sicherheit vor der Freiheit fliehen. Die Schüchternheit verabscheut die Freiheit, sie verabscheut eine ordnende Struktur, die individuelle Verantwortung und die ständige Herausforderung, zu agieren und tätig zu werden und nicht nur zu reagieren und abzuwarten. Dem Schüchternen liegt es besser, einem Führer zu folgen, als selbst Führer oder Opposition zu spielen.

Alle Systeme einer diktatorischen sozialen Kontrolle erringen ihre Macht dadurch, daß sie zunächst die Menschen der natürlichen Kraft der Gemeinschaft gleichberechtigter Bürger entfremden. Die Folgsame lernen, einander zu mißtrauen, und ihre Loyalität gilt Ideologien anstatt ihren Mitmenschen. Diese Taktik des „Isolierens und Unterwerfens" wurde mit vollem Erfolg von den chinesischen Kommunisten angewandt, die amerikanische Kriegsgefangene in Nordkorea einer Gehirnwäsche unterziehen wollten.[10] Selbst in der gespielten Gefängnissituation , die wir an der Stanford-Universität durchexerzierten, wurde die Rebellion der Gefangenen mit dieser Strategie bekämpft: die Solidarität der Gefangenen wurde dadurch aufgeweicht, daß manche besondere Privilegien eingeräumt bekamen, während anderen die elementarsten Rechte vorenthalten wurden. Privilegierte Klassen unterstützen jedes System, das ihnen diese Privilegien garantiert.

Eine andere Methode, mit der sich politische und soziale Institutionen eine beherrschende Stellung schaffen, besteht darin, daß sie den Eigennutz und die Mentalität des „Ich-komme-zuerst" fördern. Wenn uns die Gesellschaftsordnung zwingt, uns mit den eigenen Problemen des täglichen Überlebens zu befassen, nimmt sie uns die Kraft, uns um unsere Brüder zu kümmern. Aber erst wenn wir die Verantwortung für das Wohlergehen und das Glück eines anderen Menschen übernehmen, wird auch unser eigenes Dasein sicherer.

Unsere Beratungsstelle für Schüchterne hat mir verdeutlicht, daß schüchterne Männer und Frauen sich der Verantwortung entzogen haben, das Risiko der Freiheit einzugehen und für ein Weitersprudeln der Lebenskraft zu sorgen. Sie sind so sehr mit sich selbst beschäftigt, daß sie aufhören, sich auf die Worte und Gefühle anderer Menschen einzustellen. Sie nehmen kaum einmal von den Tränen oder Schmerzen anderer Notiz, da sie vollkommen von ihrem eigenen psychologischen Überlebenskampf in Anspruch genommen sind. Wenn ein Mensch bereit ist, sich hinter der Schutzhülle einer passiven Anonymität zu verstecken, opfert er nicht nur seine Freiheit sondern auch seine leidenschaftliche Lust am Leben. Unter solchen Umständen ist blinder Gehorsam gegen die Obrigkeit leichter zu erreichen, und fanatische Massenbewegungen finden bereitwillige und treue Anhänger.

Wir alle *wollen* ein Leben führen, das uns erfüllt und bereichert. Um das zu erreichen, müssen wir jedoch bereit sein, die Freiheit zu wagen, aus unseren eigenen Gefängnissen auszubrechen, eine neue Freundschaft zu riskieren, das Wagnis einer Liebesaffäre einzugehen. Das ist nicht immer leicht. Aber es gibt für jeden von uns Möglichkeiten, das eigene Selbstvertrauen zu stärken; es gibt ganz bestimmte soziale Fertigkeiten, die wir erlernen können; wir können ganz spezifische Dinge tun, um den schüchternen Menschen in unserem Leben zu helfen. Damit befassen wir uns im zweiten Teil dieses Buches.

ZWEITER TEIL

Was kann man gegen Schüchternheit tun?

Nachdem ich fünf Jahre lang die Schüchternheit erforscht und Seminare über die Psychologie der Schüchternheit abgehalten hatte, fing ich an nach Möglichkeiten zu suchen, wie sich die Schüchternheit überwinden lassen könnte. Es genügte nicht, eine genaue Darstellung der Schüchternheit zu geben; es war Zeit, gegen die Auswirkungen der Schüchternheit anzugehen. Ich wurde in meinem Bemühen durch Hunderte von Briefen und Telefonanrufen angespornt, in denen verzweifelte Schüchterne um Hilfe baten.

Ändern Sie Ihr Leben

Ich richtete an der Stanford-Universität eine Beratungsstelle für Schüchterne ein, weil ich verschiedene Möglichkeiten der Behandlung von Schüchternheit ausprobieren wollte. Aus unseren Umfragen wußte ich, daß es sich hier um ein komplexes Problem handelte, dessen Lösung eine Vielfalt von Techniken erforderlich machen würde. Die Taktiken, Strategien und Übungen, die bei unseren Klienten am wirkungsvollsten waren, sollen in diesem Teil des Buches dargestellt werden.

Die folgenden Ratschläge und Übungen sind aber nur von Nutzen, wenn Sie sich entschlossen haben, Ihr Leben zu ändern. Wenn Sie es satt haben, schüchtern zu sein, wenn Sie sich nicht mehr mit den Brotsamen zufriedengeben wollen, die vom Tisch der Gesellschaft fallen, oder wenn es Sie unglücklich macht, mit ansehen zu müssen, wie Ihnen nahestehende Menschen zu schüchtern sind, um das Leben mit all seinen Möglichkeiten zu genießen, dann ist die Zeit gekommen, das alles zu ändern. Es sind grundsätzlich vier Arten von Änderungen erforderlich. Zu ändern sind:

- Ihre Einstellung zu sich selbst und zur Schüchternheit
- Ihre Verhaltensweise
- wesentliche Aspekte im Denken und Handeln anderer
- bestimmte soziale Werte, die die Schüchternheit fördern.

Nicht gerade wenig, aber es ist zu schaffen, wenn man es macht wie die Baumeister der großen Pyramiden: man muß einen Block nach dem anderen in Angriff nehmen. Es gibt keine rasche und leichte Zauberkur, keinen garantierten Erfolg nach nur einmaliger Anwendung von Dr. Zimbardos süß duftendem Schlangenöl. Es gibt jedoch eine sehr potente Zutat, die Sie bereits besitzen, die Sie aber wahrscheinlich nicht so oft oder so wirkungsvoll einsetzen, wie Sie könnten oder sollten – *die Kraft Ihres eigenen Geistes.*

Um bei sich selbst oder bei anderen etwas ändern zu können, müssen Sie zuerst einmal glauben, daß eine Änderung möglich ist. Dann müssen Sie wirklich *wollen,* daß sich ein bestimmtes Verhaltensmuster in einer erwünschten Richtung ändert. Und schließlich müssen Sie bereit sein, Zeit und Energie aufzuwenden und kurzfristige Mißerfolge zu riskieren, wenn Sie mit Änderungstaktiken arbeiten, die langfristig zum Erfolg führen können.

Der Mythos von der Unveränderlichkeit

Das erste Hindernis, das Sie überwinden müssen, ist der Mythos von der Unveränderlichkeit der persönlichen Eigenart. Der Psychiater Cornelius Bakker, der glaubt, daß dieser Mythos zerstört werden muß, erinnert uns: „Der maßgebende Begriff von der Natur des Menschen, der die abendländische Kultur von Anfang an beherrscht hat, schließt die Hypothese ein, daß der Mensch ein Wesen, eine Seele, eine Persönlichkeit oder einen Charakter hat, der hinter seinen Taten steht und sie motiviert."[1]

Psychiatrie, Religion und andere soziale Institutionen propagieren Glaubenssysteme, nach denen wir ein solches Wesen besitzen, das laut Definition statisch und unveränderlich ist. Diese innere Kraft ist angeblich für alles verantwortlich, was wir sind und was wir tun. Eine solche Ansicht macht jede Veränderung oberflächlich oder nur vorübergehend. Wenn sich bei Patienten in der Psychiatrie Besserungen zeigen, heißt es von ihnen, sie „flüchten sich in die Gesundheit". Wenn diese Patienten das seelische Problem, das überhaupt erst eine Behandlung erforderlich machte, nicht mehr stört, sind sie nicht „geheilt", vielmehr handelt es sich nur um „ein vorübergehendes Zurückgehen der Krankheitserscheinungen" (vielleicht lauern sie hinter einer Maske der Gesundheit?).

Nun gibt es aber eine ganze Anzahl von Belegen (einschließlich eines großen Teils meiner eigenen Forschungsergebnisse), die den entgegengesetzten Schluß richtig erscheinen lassen, daß nämlich die menschliche Persönlichkeit und das menschliche Verhalten durchaus veränderbar sein können, wenn sich die Situation ändert. Die menschliche Natur ist von einer bemerkenswerten Geschmeidigkeit und paßt sich jeweils den Herausforderungen der Umgebung an, in der sie sich gerade befindet. Diese Fähigkeit, sich einer veränderten Umwelt anzupassen, ist in der Tat der Schlüssel zum Überleben. Menschen und Tiere, die dazu nicht in der Lage sind, sterben bald aus. Um also das Verhalten zu ändern, müssen wir einerseits auf Faktoren in der derzeitigen Situation achten, die das unerwünschte Verhalten unterstützen, und uns andererseits auf Veränderungen in der Situation konzentrieren, die wünschenswerte Verhaltensweisen herbeiführen und bestärken werden.

Weil viele von uns diesem Mythos vom unveränderlichen Wesen – dem „wirklichen" Ich – aufgesessen sind, begegnen wir jeder therapeutischen Veränderung mit zynischem Pessimismus: „Bei denen mag es ja was nützen, aber mich kann es nicht ändern." Oder wir finden mit der Zeit selbst in unserem Elend und in unseren Handicaps etwas Positives. Die „Nebenprodukte" eines Mißgeschicks sind oft von einem unmittelbaren Nutzen, den wir der Heilung nicht opfern wollen. So nutzte zum Beispiel einer meiner Studenten mit einem schrecklichen Stotterproblem seine Behinderung unbewußt dazu, die Aufrichtigkeit seiner Freunde zu testen. Wenn Leute ihn trotz der quälenden Erfahrung, der er sie aussetzte, mochten, dann waren es „wahre" Freunde. Außerdem hatte er gleichsam eine eingebaute Ausrede, wenn mal eine Verabredung mit einem Mädchen danebenging; diese Möglichkeit hätte er sich gerne erhalten, auch wenn er sein Stottern gerne losgehabt hätte. Unter den Schüchternen, mit denen ich zusammengearbeitet habe, sind einige, deren Wunsch, nicht mehr schüchtern zu sein, durch das Wissen gebremst wird, daß ein aktiveres Verhalten auch ein erhöhtes Risiko bedeutet. Die Schüchternheit kann auch ein willkommener Schirm sein, der einen vor der Begegnung mit noch schlimmeren Gefühlen schützt – dem Gefühl, unerwünscht, ungeliebt, uninteressant, unintelligent oder ganz einfach eine Un-Person zu sein.

Wagen Sie den Sprung

Sie können sich ganz entscheidend ändern, wenn Sie nur daran glauben und wenn Sie bereit sind, auf einige zweifelhafte „Vorteile" der Schüchternheit zu verzichten. Denken Sie daran: nur eine Minderheit der augenblicklich Schüchternen ist schon immer schüchtern gewesen. Es gibt viel mehr Menschen – 40 Prozent waren es in unserer Umfrage –, die ihre Schüchternheit erfolgreich überwunden haben. Es waren auch schwerste Fälle darunter, denn Schüchternheit läßt sich immer überwinden. Doch der Prozeß kann mühsam sein – sehr mühsam.

Die Trägheit hindert uns oft mit Macht daran, vorwärtszukommen und unsere Möglichkeiten zu verwirklichen. Mit einer so mächtigen Opposition fertigzuwerden, erfordert Ihren ganzen Einsatz. Täglich eine zehnminütige Übung zuhause im stillen Kämmerlein reicht da nicht aus. Wenn Sie kein schüchterner Mench mehr sein wollen, müssen Sie entscheiden, wie Sie stattdessen gerne sein möchten, und dann gilt es, mit einem großen Aufwand an Zeit und Energie dieses Ziel zu verwirklichen. Dabei werden Ihnen viele der in diesem Buch beschriebenen Aktivitäten helfen. Sie sollen dazu beitragen, daß Sie

- sich selber besser verstehen
- Ihre Schüchternheit besser verstehen
- Ihre Selbstachtung steigern
- spezifische soziale Fertigkeiten entwickeln
- anderen Schüchternen helfen
- Wege zur Änderung unserer Schüchternheit erzeugenden Gesellschaft finden.

Lesen Sie jede Übung einmal durch, um zu sehen, was von Ihnen verlangt wird, und um festzustellen, ob Sie irgendwelche Hilfsmittel oder eine ganz bestimmte Übung dazu brauchen. Manche Übungen lassen sich auf der Stelle absolvieren, andere erfordern mehr Zeit oder die Mitwirkung anderer Menschen. Bei manchen Übungen werden Sie aufgefordert, erst eine Aufgabe zu erledigen, bevor Sie den Rest der Übung lesen.

Nicht alle Ratschläge, Empfehlungen und Übungen, die in den nächsten sechs Kapiteln stehen, werden Ihren Bedürfnissen angemessen oder dienlich sein. Übernehmen Sie die, die passen; teilen Sie mit anderen, was besser zu denen paßt. Es ist leicht, einige oder alle Übungen als einfältig oder unter Ihrer Würde abzutun oder sie einfach passiv zu lesen, ohne sie aktiv durchzuführen. Aber es ist natürlich auch leichter, schüchtern zu bleiben, als sich zu ändern, und es ist leichter, aus diesen Vorschlägen Übungen in Sinnlosigkeit zu machen, als sie zu einem wesentlichen Bestandteil Ihres persönlichen Plans zur Änderung Ihres Lebens werden zu lassen.

Mein Interesse beschränkt sich darauf, schüchternen Menschen zu helfen, Hindernisse zu beseitigen, die einer größeren Freiheit, einer stärkeren Teilnahme am Leben und einem Vertrauen in den eigenen Wert und die eigenen Fähigkeiten im Wege stehen. Das sind keine Gaben, die Ihnen jeder schenken kann. Man muß sich um sie bemühen, sie sich erarbeiten und - wenn man sie einmal erworben hat - an ihnen festhalten. Nun kommt es ganz auf Sie an, aber ich hoffe, Sie können sich zu einem ernsthaften Versuch entscheiden.

7.
Sich selbst begreifen

Nachdem wir so viele Jahre mit uns selbst gelebt haben, sollte man annehmen, daß wir uns ziemlich gut kennen. Überraschenderweise ist das aber nur bei wenigen von uns der Fall. Wir nehmen uns nicht die Zeit, um herauszufinden, wie wir wirklich sind. Wir machen uns oft nicht die Mühe, unsere Wertmaßstäbe, unsere Vorlieben und Abneigungen, unsere Glaubensgrundlagen oder unseren Lebensstil systematisch zu analysieren. Wir machen einfach im alten Trott weiter und tun heute mehr oder weniger das, was wir gestern taten, und rechnen damit, auch morgen und übermorgen nichts anderes zu tun.

Was für ein Bild geben Sie ab? Haben Sie dieses Bild unter Kontrolle – das heißt, sehen andere Sie so, wie Sie das gerne möchten? Neigen Sie dazu, sich für die Mißerfolge in Ihrem Leben verantwortlich zu fühlen? Und wenn Ihnen etwas Gutes zustößt, ist das dann eher Schicksal, Glück oder ein Ergebnis Ihrer eigenen Anstrengungen? Gibt es etwas, für das Sie bereit wären, Ihr Leben zu opfern? Dies sind nur einige der Fragen, die Sie sich selbst stellen sollten, um den Prozeß der Selbst-Entdeckung einzuleiten.

Die Übungen in diesem Kapitel werden Ihnen Gelegenheit geben, sich ehrlich mit Ihrem Leben auseinanderzusetzen. Sie sollen dazu angeregt werden, Ihre Gedanken und Gefühle unter die Lupe zu nehmen und genauer zu betrachten. Sie werden aufgefordert werden, sich an Ihre Kindheit zu erinnern und sich zu überlegen, welchen Einfluß Ihre Eltern und andere auf Sie ausgeübt haben. Sie werden zu unterscheiden haben, was in Ihrem Leben wichtig ist, und was nicht. Sie werden die Botschaften und Gebote entdecken, nach denen Sie Ihr Leben einrichten. Und Sie werden die Möglichkeit bekommen, festzustellen, wo Sie waren, wo Sie jetzt sind, und wo Ihr Weg hinführt.

Alle diese Übungen zielen darauf ab, daß Sie sich Ihrer selbst stärker bewußt werden, denn das ist der erste Schritt zu einer positiven Veränderung.[1] Wir haben wiederholt darauf hingewiesen, daß der Kern der Schüchternheit eine übertriebene Beschäftigung mit dem eigenen Selbst ist, eine übergroße Sorge, andere könnten einen negativ bewerten. Die meisten der Übungen hier werden anfänglich dazu führen, daß Sie sich Ihrer selbst *noch stärker bewußt* werden, daß Sie vielleicht noch unsicherer werden, noch empfindlicher gegen die eigene Schüchternheit. Sie sind praktisch in der Situation dessen, der gerade lernt, Auto zu fahren, Wasserski zu laufen oder ein Musikinstrument zu spielen. Zunächst einmal wird Ihnen schmerzlich bewußt, daß Sie inkompetent und ungeschickt sind, daß Sie nicht imstande sind, mit Ihrem Körper die Befehle des Gehirns auszuführen – „einparken", „im Wasser aufrichten", „diesen Ton spielen". Sie haben zwei linke Hände, sind entsetzlich schwerfällig, sind völlig unmusikalisch. Sie sind sich Ihres krampfhaften Ernstes bewußt, all Ihrer Fehler, oder der Diskrepanz zwischen dem, was Sie sich tun sehen und hören, und dem Idealverhalten, das Ihrem inneren Auge vorschwebt. Mit etwas Übung erst gehen Ihre separaten, ruckartigen Bewegungen in einen eleganten, mühelosen Bewegungsablauf über.

Genauso wird es aussehen, wenn Sie sich konzentriert bemühen, Ihre Schüchternheit zu überwinden. Sie müssen Geduld haben und damit rechnen, daß es gelegentlich Rückschläge und Mißerfolge und beklemmende Situationen geben wird und daß *Sie* sehr viel stärker im Rampenlicht stehen werden. Wir können jedoch viel aus unseren Mißerfolgen lernen, wenn wir bereit sind, sie als unvermeidliche – wenn auch nur vorübergehende – Folgen für den zu akzeptieren, der etwas Neues ausprobiert.

Diese Übungen zur Steigerung der „Selbst-Bewußtheit" verlangen ziemlich viel, doch Sie können auch Spaß machen. Ihr Ziel ist einfach, Sie mit Ihrem inneren Selbst vertraut zu machen und Ihnen gleichzeitig das öffentliche Selbst, das Sie projizieren, stärker ins Bewußtsein zu rücken. Letztlich geht es uns darum, daß Sie eine positivere Einstellung zu Ihrem inneren Image gewinnen und bei anderen eine positivere Einstellung zu Ihrem äußeren Image durchsetzen.

Zeichnen Sie sich selbst

Diese Aufgabe wird Ihnen helfen, zu erkennen, wie Sie sich selbst sehen. Nehmen Sie ein großes Blatt Papier und eine Reihe verschiedener Farbstifte und zeichnen Sie ganz nach Belieben ein Bild von sich selbst. Es kann eine symbolische oder eine konkrete Darstellung sein, in Kleidern oder nackt, ein Porträt oder eine Ganzfigur. Geben Sie Ihrer Zeichnung einen Namen.
(Führen Sie das zu Ende, bevor Sie weiterlesen.)

- ○ Füllen Sie die Fläche ganz oder nur teilweise aus?
- ○ Ist Ihre Umrißlinie scharf, verschwommen, unterbrochen?

- Fehlen Teile Ihres Körpers? Wenn ja, welche? Gibt es unproportionierte oder verborgene Körperteile?
- Sind Sie in Kleidern oder nackt? Ist die Zeichnung offensichtlich zum Vorzeigen? Zum Berühren?
- Welche Farben dominieren?
- Drücken Sie auf der Zeichnung ein Gefühl aus? Welche(s)?
- Empfinden Sie etwas, was die Zeichnung nicht enthüllt?
- Sind Sie aktiv oder passiv?
- Sind Sie eine isolierte Figur, oder existieren Sie in irgendeinem Kontext?

Blicken Sie in den Spiegel

Hier ist eine weitere gute Übung zur Selbsterkenntnis. Schauen Sie sich im Spiegel an. Tun Sie das zehn Minuten lang. Sehen Sie sich sorgfältig jeden Körperteil an. Mustern Sie ihn genau. Was sehen Sie?

- Welches ist ihr bestes Merkmal? Welche Selbst-Beschreibung würden Sie einem Fremden geben, der Sie am Flughafen oder Bahnhof abholen soll?
- Stellen Sie sich vor, Sie träfen sich selbst zum erstenmal.
- Was wäre Ihr erster Eindruck?
- Wie könnten Sie einen positiveren Eindruck machen?
- Welches ist Ihr schlimmstes körperliches Merkmal?
- Stellen Sie sich dieses Merkmal möglichst schlimm, möglichst häßlich vor.
- Lachen Sie nun über dieses Bild, so wie Sie lachen, wenn Sie Ihren verformten Körper in einem Zerrspiegel auf dem Jahrmarkt sehen.
- Sehen Sie sich, falls Sie bereit dazu sind, ohne Kleider an. Mustern Sie sich erst im Spiegel und schauen Sie sich dann Ihren Körper direkt an.
- Mit welchen Teilen Ihres Körpers sind Sie zufrieden?
- Welche Teile ließen sich verbessern?
- Welche Körperteile würden Sie gerne eintauschen? Wogegen?

Der Film über Ihr Leben

Bei dieser Aufgabe werden Sie Einblicke in Ihr bisheriges Leben erhalten. Legen Sie sich bequem hin und machen Sie die Augen zu. Stellen Sie sich vor, Sie sähen einen Film von einer Stunde Länge über Ihr Leben.

- Wo spielt der Film?
- Wie ist der Verlauf der Handlung?
- Welches sind die Hauptpersonen?
- Wer spielt die Nebenrollen?
- Wer ist der Regisseur des Films?
- Wie verhält sich das Publikum, das den Film sieht?
- Hat die Geschichte einen oder mehrere Wendepunkte? Und wie sehen die aus?
- Wie endet die Geschichte?
- Läßt sich irgendeine Moral daraus ableiten?
- Wie verhält sich das Publikum nach dem Ende des Films?

Charakterisieren Sie sich selbst

Stellen Sie eine Liste aus zehn Wörtern, Phrasen und Charakterzügen zusammen, die Sie am genauesten beschreiben.

	Rang
Ich bin ______________________	_____
Ich bin ______________________	_____
Ich bin ______________________	_____
Ich bin ______________________	_____
Ich bin ______________________	_____
Ich bin ______________________	_____
Ich bin ______________________	_____
Ich bin ______________________	_____
Ich bin ______________________	_____
Ich bin ______________________	_____

Stellen Sie eine Rangfolge auf, von der wichtigsten Eigenschaft (1) bis zu der am wenigsten wichtigen (10).

Wie viele dieser Punkte stellen positive Werte, negative Werte oder neutrale Beschreibungen dar? Zählen Sie in diesen drei Kategorien die Punkzahlen zusammen.

_____ positiv (z. B. glücklich, intelligent, erfolgreich)

_____ negativ (z. B. bedrückt, fett, impotent)

_____ neutral (z. B. Student, männlich, 44jährig)

Welche dieser Punkte wären wohl nach Meinung Ihres besten Freundes die zwei, die Sie am besten, und die zwei, die Sie am schlechtesten charakterisieren? Würden Sie dieselben Punkte auswählen? Vielleicht bitten Sie Ihren Freund oder Ihre Freundin, eine Rangfolge aller zehn Punkte aufzustellen.

Beschützen Sie Ihr geheimes Selbst

Kommen Sie Ihren einmaligen Eigenschaften auf die Spur, indem Sie die folgende Aufgabe versuchen: Sie erfahren vom finsteren Plan eines verrückten Wissenschaftlers, eine genaue Kopie von Ihnen in Form eines Roboters zu schaffen. Es ist geradezu unheimlich, wie Ihnen Ihr Zwilling in jedem Detail gleicht. Da Ihr Zwilling böse Absichten hat, möchten Sie nicht, daß andere Leute ihn für das Original halten.

- Was an Ihnen ist so einmalig, daß es nicht kopiert werden könnte?
- Woran könnten Leute, die Sie am besten kennen, die Kopie erkennen?
- Gibt es einen Menschen, der ein Geheimnis mit Ihnen teilt und Sie an dessen Preisgabe erkennen würde?
- Ihr Roboter-Zwilling kann alles, was Sie preisgeben, sofort lernen und perfekt nachahmen. Welches persönliche Geheimnis würden Sie bis zu allerletzt aufheben, um sich beweisen zu können, daß Sie wirklich Sie selbst und nicht die Imitation sind?

Das Beste und das Schlimmste im Leben

Unser aller Leben wird durch Ereignisse und Menschen beeinflußt. Hier ist eine Übung, die Ihnen helfen soll, diesen Einflüssen in Ihrem Leben auf die Spur zu kommen.

Zählen Sie die fünf besten Dinge auf, die Ihnen in Ihrem Leben passiert sind:

1. ______________________________
2. ______________________________
3. ______________________________
4. ______________________________
5. ______________________________

Schreiben Sie neben jeden Eintrag, wer oder was dafür verantwortlich war.

Schreiben Sie nun die fünf schlimmsten Dinge auf, die Ihnen in Ihrem Leben passiert sind:

1. ______________________________
2. ______________________________
3. ______________________________
4. ______________________________
5. ______________________________

Schreiben Sie neben jeden Eintrag, wer oder was dafür verantwortlich war.

Für wie viele Punkte in jeder Rubrik waren *Sie selbst* verantwortlich?

Ihre persönliche Zeitmetapher

Jeder von uns hat sein eigenes Sinnbild für die Zeit. Das Stundenglas ist eine solche Zeitmetapher: der durchlaufende Sand ist die Gegenwart;

was noch nicht durchgelaufen ist, ist die Zukunft; und die Vergangenheit befindet sich unten, wo das Sandhäufchen größer wird. Zeichnen Sie unten Ihre persönliche Zeitmetapher oder -perspektive auf und kennzeichnen Sie Vergangenheit, Gegenwart und Zukunft:

Zeigen Sie die relative Wichtigkeit der folgenden drei Abschnitte, indem Sie die Linie unten entsprechend aufteilen: a) Gedanken an die Vergangenheit, wie früher alles war, Ihre Herkunft, Kindheit, frühere Zeiten; b) das Leben in der Gegenwart, Erfahrungen im Hier und Jetzt, Verstrickung in gegenwärtige Prozesse und Handlungen; und c) die Zukunft, Gedanken über Ziele, Träume, Erzeugnisse, künftige Ereignisse.

Markieren Sie mit einem Pfeil, wo Sie im Augenblick stehen. Wie groß ist der Teil Ihres Lebens, der bereits hinter Ihnen liegt? Wieviel Liegt noch vor Ihnen?

Welche der folgenden Zeichnungen gibt Ihren Lebenszyklus am besten wieder? Warum?

Wie Sie sich Ihre Zeit einteilen

Wie verbringen Sie Ihre Zeit? Überlegen Sie sich zunächst, wieviel Zeit Sie für jede der folgenden Kategorien aufwenden:

Arbeiten, die Sie erledigen müssen, aber nicht gerne tun

(z. B. ______________________________________)

Arbeiten, die Sie gerne erledigen (z. B. ______________)

Rituale (z. B. ________________________________)

Intime Kontakte (z. B. _________________________)

Unangenehme Spiele (z. B. ______________________)

Befriedigende Tätigkeiten (z. B. _________________)

Zukunftspläne schmieden (z. B. _________________)

Mußestunden (z. B. ____________________________)

Anderes, nämlich ______________________________

Teilen Sie nun jeden Kreis unten in Abschnitte ein, die dem jeweiligen Zeitaufwand entsprechen.

Ein Typischer Tag aus der letzten Woche

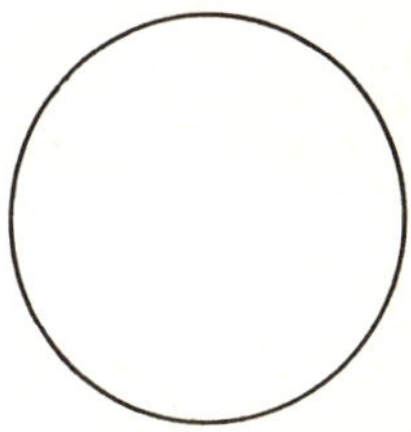

Ihr idealer Tag

Das Haus, in dem Sie einmal lebten

Zeichnen Sie einen genauen Grundriß von einer Wohnung, in der Sie vor Ihrem zehnten Lebensjahr lebten. Gehen Sie durch die einzelnen Räume und stellen Sie sich die Möbel, Bilder, Gerüche und Ereignisse vor, die Sie mit jedem Raum verbinden.

- Welches war Ihr Lieblingsraum?
- Wo waren Ihre geheimen Verstecke?
- Gibt es Räume, die Sie nicht betreten können? Warum?

Pläne

Sie sind beauftragt worden, einen umfassenden Fünfjahresplan zur Änderung Ihres Lebens zu erstellen. Die Öffentlichkeit möchte Ihre drei Hauptziele für das nächste Jahr wissen.

1. ______________________________
2. ______________________________
3. ______________________________

Was tun Sie im Augenblick, oder was beabsichtigen Sie zu tun, um jedes dieser Ziele zu erreichen?

1. ______________________________
2. ______________________________
3. ______________________________

Welche fünf Ziele möchten Sie in fünf Jahre erreicht haben, das heißt: wie soll Ihr Leben dann nach Ihren Vorstellungen aussehen?

1. ______________________________
2. ______________________________
3. ______________________________
4. ______________________________
5. ______________________________

Überlegen Sie sich, wie Sie von Ihrem derzeitigen Leben zu Ihrem geplanten Leben kommen wollen. Wie spezifisch bzw. vage sind Ihre Mittel zu diesem Zweck? Was können Sie tun, um ihnen mehr Gewicht zu verleihen?

Einstimmung auf die eigenen Gefühle

Wenn Sie an die Schmerzen denken, die Ihnen zugefügt worden sind, an Ihre Enttäuschungen, Ihren Kummer und Ihre schlimmsten Zeiten, sind Sie dann traurig oder wütend? Falls Sie traurig sind: ist Ihnen dann nach Weinen zumute? Können Sie jetzt weinen?

Wenn Sie wütend sind: ist Ihnen nach Schreien zumute? Können Sie jetzt schreien?

Wenn Sie an die vergnügten Stunden denken, die Sie erlebt haben, an die Freuden, Erfolge und guten Zeiten, sind Sie dann in einer euphorischen Stimmung? Wenn ja: wie zeigen Sie das? Oder wenn Sie glauben, daß Sie dessen unwürdig sind: wie teilen Sie das mit?

Wertmaßstäbe in der Familie

Welche zehn Gebote fassen am besten die Vorschriften, Ideale und Tabus zusammen, die in Ihrer Familie galten? Zählen Sie sie auf:

1. ____________________________
2. ____________________________
3. ____________________________
4. ____________________________
5. ____________________________
6. ____________________________
7. ____________________________
8. ____________________________
9. ____________________________
10. ____________________________

Welche Witze/Geschichten wurden immer und immer wieder erzählt?

Die Spannung und Zerrissenheit, der wir alle ausgesetzt sind, kann zum Teil auf widersprüchliche Botschaften zurückgehen, die wir als

Kinder empfangen haben. Können Sie einige dieser zwiespältigen Botschaften identifizieren, die Ihnen Ihr Vater vermittelt hat? Können Sie sich an die erinnern, die Ihnen Ihre Mutter vermittelt hat?

In vielen Familien gibt es Wärter und Gefangene, manchmal auch einen Oberaufseher. Wer hat in Ihrer Familie diese Rollen gespielt? Falls Sie heute eine eigene Familie haben: Sind Sie der Wärter oder der Gefangene, oder wechseln Sie die Rollen?

Ihr Fantasieleben

Wenn Sie als Tier wiedergeboren werden könnten, welches Tier möchten Sie dann sein? Warum gerade dieses Tier?

Wenn Sie eine Woche lang die Stelle eines anderen Menschen einnehmen könnten, welcher Mensch wäre das dann? Warum?

Wenn die gute Fee Ihnen drei Wünsche gewähren würde, was wären das dann für Wünsche?

1. ______________________________

2. ______________________________

3. ______________________________

Wenn Sie einen Tag lang unsichtbar sein könnten, wie würden Sie das ausnützen?

Wenn Sie die außersinnliche Begabung hätten, die Gedanken und tiefsten Geheimnisse einer anderen Person wahrzunehmen, für welche Person würden Sie sich dann entscheiden?

Wenn Sie die Möglichkeit hätten, mit einem fliegenden Teppich jeden beliebigen Punkt auf der Welt oder im Weltraum oder in einer anderen Zeitepoche anzusteuern, wohin würden Sie dann fliegen?

Wenn Sie sich irgendeinen Menschen auf der Welt für eine Liebesnacht aussuchen dürften, für wen würden Sie sich dann entscheiden?

Noch einen Monat zu leben

Angenommen, Sie haben eine tödliche Krankheit und nur noch einen Monat zu leben. Sie haben unbegrenzte Geldmittel zur Verfügung, und Ihre Gesundheit ist noch ganz gut.

- Wie verbringen Sie Ihren letzten Monat?
- Wohin gehen Sie?
- Was werden Sie tun?
- Wer wird bei Ihnen sein?
- Wie werden Sie Ihren letzten Tag verbringen?
- Wie werden Sie sterben?
- Wer wird bei Ihnen am Sterbebett sein?
- Was werden Ihre letzten Worte sein? Ihre Grabschrift?
- Wer wird Ihren Nachruf sprechen? Was wird darin gesagt werden?

Gute Nachricht! Sie haben Aufschub bekommen! Sie haben noch zehn, zwanzig, sechzig Jahre zu leben. Wie werden Sie jetzt diese Jahre verbringen?

Imaginäres Testament

Machen Sie ein imaginäres Testament, in dem Sie Ihren persönlichen/finanziellen Besitz aufteilen. Achten Sie darauf, welche Dinge Ihnen am meisten wert sind.

Welche persönlichen Eigenschaften würden Sie gerne an Familie und Freunde weitergeben? Welche möchten Sie lieber mit Ihnen begraben sehen?

Welche persönlichen Eigenschaften sind Geschenke von Menschen, die in Ihrem Leben eine Rolle spielen? Wem eifern Sie in Ihrem Leben nach?

Schreiben Sie sich einen Brief

Eine Technik, der sich ein schüchternes junges Mädchen mit Erfolg bediente, bestand darin, daß sie sich hinsetzte und an sich selbst einen Brief schrieb. Sie sagt:

> Was meine Fähigkeit, mich selbst auszudrücken, betrifft, so habe ich das Gefühl, einen großen Schritt vorwärts gemacht zu haben. Oft habe ich einfach Lust, mir selbst einen Brief zu schreiben. Da stehen dann meine Gefühle drin, und es liest sich vielleicht wie ein Traumbrief oder ein Haßbrief. Da diese Briefe an mich gerichtet sind, tue ich meinen Gefühlen keinen Zwang an. Mancher mag so etwas für verrückt halten, aber solange mir das meine Probleme erleichtern hilft, ist es mir wirklich gleichgültig, was andere darüber denken. Manchmal glaube ich fast, ich bin irgendwie ein bißchen zu weit gegangen, denn ich habe mich wirklich geändert – eine ganze Menge. Heute bin ich stolz darüber und sehr dankbar.

Schreiben Sie sich jetzt einen Brief und gewöhnen Sie sich an, das immer dann zu tun, wenn Sie das Bedürfnis haben, starke Gefühle auszudrücken oder sich über irgendwelche problematischen Reaktionen klarzuwerden.

Sie könnten auch von Zeit zu Zeit eine Art „Rechenschaftsbericht in eigener Sache" auf Tonband sprechen und dann beim Abhören sowohl auf den Inhalt als auch auf den Stil der Darbietung achten. Was für Hoffnungen und Ängste, Erfolge und Mißerfolge usw. hören Sie? Sind diese Botschaften an die eigene Adresse uneinheitlich?

8.
Die eigene Schüchternheit begreifen

Inzwischen sollten Sie aus dem ersten Teil des Buches eine ganze Menge über die Schüchternheit wissen. Doch was wissen Sie über Ihre eigene persönliche Variante der Schüchternheit? Oder wie gut sind Sie mit der Schüchternheit derer vertraut, mit denen Sie zusammenleben und -arbeiten? Wodurch werden diese Gefühle der Schüchternheit ausgelöst? Wie oft stellen sie sich ein? Wie stark sind sie? Was empfinden und denken Sie, wenn die Schüchternheit Sie packt? Welche Verhaltensweisen verraten nach außen, was Sie im Inneren erleben? Was haben Sie seither getan, um mit solchen Reaktionen fertigzuwerden?

Im vorhergehenden Kapitel wurden Sie aufgefordert, Ihre Aufmerksamkeit der eigenen Person im allgemeinen zuzuwenden, Ihren Wurzeln, Ihrer augenblicklichen Lebenslage und Ihrem künftigen Weg. Hier nun wollen wir uns auf einen Einzelaspekt Ihrer Natur konzentrieren – Ihre Schüchternheit. Die folgenden Kapitel liefern Strategien und Taktiken, die Ihnen helfen sollen, Schüchternheit zu überwinden, zu meistern und zu verhindern. Das wird Ihnen besser gelingen, wenn Sie zuerst diagnostizieren, was Ihnen die Schüchternheit eigentlich bedeutet. Wenn Sie über die Ursachen, Zusammenhänge und Folgen Ihrer eigenen Schüchternheit nachdenken, haben Sie davon einen doppelten Nutzen. Zum einen schaffen Sie damit die Grundlage für einen zweckmäßigen Plan des Eingreifens, der Behandlung oder der Änderung. Zum anderen fangen Sie mit einer genauen Analyse des Wesens und der Dimension der eigenen Schüchternheit bereits an, sie zu verjagen, denn dadurch, daß Sie sie konkretisieren, gewinnen Sie Distanz von ihr. Auf diese Weise bekommen Sie ein besseres Bild von diesem Problem, dem Sie ausweichen oder entkommen wollen. Ich möchte, daß Sie Ihre Schüchternheit mit der kühlen Sachlichkeit des Chirurgen betrachten, der einen Patienten sorgfältig untersucht, bevor er festlegt, wo und wie er die Operation in Angriff nehmen wird.

Mit dieser ersten Einschätzung der eigenen Schüchternheit ist dann auch der Grundstock gelegt, an dem sich spätere Änderungen der Schüchternheit – als Ergebnis der durchgeführten Übungen – messen lassen. Es ist unerläßlich, daß Sie diese Übungen aktiv mitmachen, die Fragen der Stanford-Umfrage beantworten und Ihre Antworten bei all den anderen Übungen niederschreiben. Sie werden in einem Monat, in einem halben Jahr oder in einem Jahr auf diese Antworten zurückgreifen wollen, um zu sehen, ob sich in Ihrer Selbst-Einschätzung und an Ihren Ansichten zur Schüchternheit etwas geändert hat.

Wenn Sie sich die Zeit nehmen, die Auswirkungen Ihrer derzeitigen Schüchternheit genau aufzuzeichnen, sind Sie nachher viel eher in der Lage, von Ihrer Kenntnis dessen, was ist und was war, zu profitieren. Es ist das eigentliche Fundament für Ihre neue Einsicht in das, was sein kann und sein wird.

Stanford-Umfrage zur Schüchternheit

Dies ist eine Version der Umfrage, die wir unter 5000 Menschen auf der ganzen Welt gemacht haben. Füllen Sie den Fragebogen schnell aus und sehen Sie ihn dann noch einmal etwas sorgfältiger durch, um festzustellen, wie sich die Schüchternheit im einzelnen auf Ihr Leben auswirkt.

_____ 1. Halten Sie sich für schüchtern? 1 = ja 2 = nein

_____ 2. Wenn ja: Sind Sie schon immer schüchtern gewesen?
1 = ja 2 = nein

_____ 3. Falls Sie bei Frage 1 mit „nein" geantwortet haben: Hat es *irgendwann* in Ihrem Leben eine Zeit gegeben, in der Sie schüchtern waren? 1 = ja 2 = nein

Bei einem „nein" ist die Umfrage für Sie erledigt. Vielen Dank. Wenn Sie auf eine der bisherigen Fragen mit „ja" geantwortet haben, fahren Sie bitte fort.

_____ 4. *Wie schüchtern* sind Sie, wenn Sie sich schüchtern fühlen?
1 = extrem schüchtern 4 = mäßig schüchtern
2 = sehr schüchtern 5 = etwas schüchtern
3 = ziemlich schüchtern 6 = kaum schüchtern

_____ 5. *Wie oft* haben (hatten) Sie dieses Gefühl der Schüchternheit?
1 = jeden Tag 4 = bis zu zweimal in d. Woche
2 = fast jeden Tag 5 = bis zu einmal in d. Woche
3 = fast jeden zweiten Tag 6 = bis zu einmal im Monat

_____ 6. Wie schüchtern sind Sie, gemessen an einem (nach Alter, Geschlecht und sozialem Hintergrund) *vergleichbaren* Personenkreis?

1 = viel schüchterner
2 = schüchterner
3 = etwa gleich schüchtern
4 = nicht so schüchtern
5 = nicht annähernd so schüchtern

_____ 7. Wie *erwünscht* ist Ihnen Ihre Schüchternheit?
1 = ganz unerwünscht
2 = unerwünscht
3 = weder noch
4 = erwünscht
5 = sehr erwünscht

_____ 8. Ist (oder war) Ihre Schüchternheit für Sie jemals ein persönliches *Problem*?
1 = ja, oft
2 = ja, manchmal
3 = ja, gelegentlich
4 = selten
5 = nie

_____ 9. Können Sie Ihr Gefühl der Schüchternheit *verbergen*, so daß andere glauben, Sie seien nicht schüchtern?
1 = ja, immer
2 = manchmal ja, manchmal nein
3 = nein, ich kann das gewöhnlich nicht verbergen

_____ 10. Halten Sie sich eher für *introvertiert* oder *extravertiert*?
1 = stark introvertiert
2 = mäßig introvertiert
3 = leicht introvertiert
4 = weder noch
5 = leicht extravertiert
6 = mäßig extravertiert
7 = stark extravertiert

(11-19) *Welche der folgenden Punkte könnten zu den Ursachen Ihrer Schüchternheit gehören? Kreuzen Sie alle Punkte an, die auf Sie zutreffen.*

_____ 11. Sorge, ich könnte negativ eingeschätzt werden

_____ 12. Angst vor Zurückweisung

_____ 13. Mangel an Selbstvertrauen

_____ 14. Mangel an spezifischen sozialen Fertigkeiten (machen Sie nähere Angaben): _____________________

____

____

_____15. Angst vor intimen Beziehungen

_____16. Ich ziehe es vor, allein zu sein

_____17. Ich lege mehr Wert auf nicht-soziale Interessen, Hobbys usw.

_____18. Persönlicher Mangel, Handikap (machen Sie nähere Angaben): ______________________________

____

_____19. Andere Gründe (machen Sie nähere Angaben): __________

____

(20-27) *Ihre Schüchternheit in der Sicht anderer*

Glauben die folgenden Leute, daß *Sie* schüchtern sind? Für wie schüchtern werden Sie wohl von diesen Leuten gehalten? Benützen Sie zur Antwort diese Skala:

1 = extrem schüchtern	5 = etwas schüchtern
2 = sehr schüchtern	6 = kaum schüchtern
3 = ziemlich schüchtern	7 = nicht schüchtern
4 = mäßig schüchtern	8 = weiß nicht
	9 = nicht zutreffend

_____20. Ihre Mutter

_____21. Ihr Vater

_____22. Ihre Geschwister (Brüder und/oder Schwestern)

_____23. enge Freunde

_____24. Ihr fester Freund/Freundin/Ehepartner

_____25. Ihre Schulkameraden

_____26. die Person, mit der Sie sich derzeit die Wohnung teilen

_____27. Lehrer oder Arbeitgeber; Arbeitskollegen, die Sie gut kennen

_____28. Welche der folgenden Tatsachen lag Ihrer Entscheidung zugrunde, sich selbst als schüchtern oder nicht-schüchtern einzustufen?
1 = Sie sind (waren) immer und in allen Situationen schüchtern

2 = Sie sind (waren) in mehr als der Hälfte aller Situationen schüchtern

3 = Sie sind (waren) nur gelegentlich schüchtern, aber diese Gelegenheiten sind (waren) nicht so wichtig, als daß Sie sich als schüchtern bezeichnen müßten.

____ 29. Ist Ihnen Ihre Schüchternheit schon mal falsch ausgelegt worden, etwa als „Gleichgültigkeit", „Hochnäsigkeit" oder „Ausgeglichenheit"?
1 = ja

Machen Sie nähere Angaben: ____________________

____

____

2 = nein

____ 30. Fühlen Sie sich je schüchtern, wenn Sie *allein* sind?
1 = ja 2 = nein

____ 31. Ist Ihnen manchmal etwas *peinlich,* wenn Sie allein sind?
1 = ja 2 = nein

____ 32. Wenn ja, beschreiben Sie bitte, wann, wie oder warum:

____

____

____

(33–36) Was macht Sie schüchtern?

33. Wenn Sie aus eigener Erfahrung mit der Schüchternheit vertraut sind, geben Sie bitte an, welche der folgenden Situationen, Tätigkeiten und Menschen Sie schüchtern machen. (Kreuzen Sie *alle* zutreffenden Punkte an.)

Situationen und Tätigkeiten, die mich schüchtern machen:

____ soziale Situationen im allgemeinen

____ große Gruppen

_____ kleine Gruppen mit einer gemeinsamen Zielsetzung (z. B. Seminare an der Universität, Arbeitsgruppen im Betrieb)

_____ kleine soziale Gruppen (z. B. auf Partys, Tanzveranstaltungen)

_____ Einzelbegegnungen mit einer Person meines Geschlechts

_____ Einzelbegegnungen mit einer Person des anderen Geschlechts

_____ Situationen, in denen ich verwundbar bin (z. B. wenn ich andere um Hilfe bitte)

_____ Situationen, in denen ich an Status unterlegen bin (z. B. wenn ich mit Vorgesetzten oder Autoritäten rede)

_____ Situationen, die ein selbstsicheres Auftreten erfordern (z. B. wenn ich mich über den schlechten Service in einem Restaurant oder über die schlechte Qualität eines Produktes beschweren soll)

_____ Situationen, in denen ich im Mittelpunkt stehe, vor einer großen Gruppe (z. B. wenn ich einen Vortrag halte)

_____ Situationen, in denen ich im Mittelpunkt stehe, vor einer kleinen Gruppe (z. B. wenn ich vorgestellt oder direkt um meine Meinung gebeten werde)

_____ Situationen, in denen ich bewertet oder mit anderen verglichen werde (z. B. wenn ich interviewt oder kritisiert werde)

_____ ganz allgemeine Situationen, in denen ich neuen Leuten begegne

_____ wenn sexuelle Intimitäten möglich sind

34. Gehen Sie nun bitte die von Ihnen angekreuzten Punkte noch einmal durch und geben Sie jeweils an, ob Ihre Schüchternheit durch diese Situation oder Tätigkeit innerhalb des *letzten Monats* ausgelöst worden ist:

0 = im letzten Monat nicht, aber davor

1 = ja, sehr stark	4 = geringfügig
2 = ja, stark	5= überhaupt nicht
3 = mäßig	

35. Menschen, die mich schüchtern machen:

_____ meine Eltern

_____ meine Geschwister (Brüder und/oder Schwestern)

_____ andere Verwandte

_____ Freunde

_____ Fremde

_____ Ausländer

_____ Autoritäten (kraft ihrer Rolle – Polizisten, Lehrer, Vorgesetzte am Arbeitsplatz)

_____ Autoritäten (kraft ihres Wissens – intellektuell Überlegene, Fachleute)

_____ ältere Leute (viel älter als Sie)

_____ Kinder (viel jünger als Sie)

_____ Personen des anderen Geschlechts, in einer Gruppe

_____ Personen Ihres Geschlechts, in einer Gruppe

_____ eine Person des anderen Geschlchts, allein

_____ eine Person Ihres Geschlechts, allein

36. Gehen Sie nun bitte die von Ihnen angekreuzten Personen noch einmal durch und geben Sie jeweils an, ob Ihre Schüchternheit durch sie innerhalb des letzten Monats ausgelöst worden ist:
0 = im letzten Monat nicht, aber davor
1 = ja, sehr stark
2 = ja, stark
3 = mäßig
4 = geringfügig

(37–40) *Reaktionen des Schüchternen*

_____ 37. Woran erkennen Sie, daß Sie schüchtern sind, d. h., was sind Ihre Fingerzeige?

1 = nur meine innersten Gefühle, Gedanken und Symptome (privat)
2 = nur mein offenes Verhalten in einer gegebenen Situation (öffentlich)
3 = ich orientiere mich an einer Mischung aus inneren Reaktionen und offenem Verhalten

Körperliche Reaktionen

38. Wenn Sie mit Gefühlen der Schüchternheit aus eigener Erfahrung vertraut sind, welche der folgenden *körperlichen Reaktionen* verbinden Sie dann mit solchen Gefühlen? Markieren Sie die, die für Sie ohne Bedeutung sind, mit 0 und ordnen Sie dann den Rest, angefangen bei der typischsten, häufigsten, schwerwiegendsten Reaktion (1) über die zweithäufigste (2) und so fort.

____ Erröten
____ erhöhter Puls
____ flaues Gefühl im Magen
____ Kribbeln auf der Haut
____ Herzklopfen
____ trockener Mund
____ Zittern
____ Schwitzen
____ Ermattung
____ andere, nämlich:

____

____

____

Gedanken, Gefühle

39. Welche spezifischen *Gedanken und Empfindungen* verbinden sich mit Ihrer Schüchternheit? Markieren Sie die, die für Sie ohne Bedeutung sind, mit 0 und ordnen Sie dann den Rest, angefangen bei den typischsten, häufigsten, schwerwiegendsten (1) über die zweithäufigsten (2) und so fort. (Sie können mehreren Punkten den gleichen Rang geben.)

____ positive Gedanken (z. B. fühle ich mich mit mir selbst zufrieden)

____ keine spezifischen Gedanken (z. B. träume ich in den Tag hinein, denke an nichts Spezifisches)

____ Befangenheit (z. B. bin ich mir meiner selbst und meiner Handlungen in extremem Maße bewußt)

____ Gedanken, die sich auf die unerfreulichen Seiten einer Situation konzentrieren (z.B. denke ich, die Situation ist schrecklich, ich möchte raus aus der Situation)

____ Gedanken, die Ablenkung bieten(z. B. denke ich an andere Dinge, die ich tun könnte, oder ich denke, daß das Erlebnis bald vorbei sein wird)

____ negative Gedanken über mich selbst (z. B. komme ich mir unzulänglich, unsicher, minderwertig, dumm vor)

____ Gedanken darüber, wie mich andere einschätzen (z. B. frage ich mich, was die Leute um mich her von mir denken)

____ Gedanken über die Art und Weise, wie ich mich anderen gegenüber gebe (z. B. frage ich mich, welchen Eindruck ich mache und welchen Einfluß ich darauf nehmen könnte)

____ Gedanken über die Schüchternheit im allgemeinen (z. B. denke ich über das Ausmaß meiner Schüchternheit und die Folgen nach, und ich wünsche mir, ich wäre nicht schüchtern)

____ andere, nämlich: ______________________________

____

Handlungsweisen

40. Wenn Sie mit Gefühlen der Schüchternheit aus eigener Erfahrung vertraut sind, welches sind dann die *offenkundigen Verhaltensweisen,* aus denen andere schließen könnten, daß Sie schüchtern sind? Markieren Sie die, die für Sie ohne Bedeutung sind, mit 0 und ordnen Sie dann den Rest, angefangen bei den typischsten, häufigsten, schwerwiegendsten (1) über die zweithäufigsten (2) und so fort. (Sie können mehreren Punkten den gleichen Rang geben.)

____ leise Sprechstimme

____ Meiden anderer Menschen

_____ Unfähigkeit, eine Blickverbindung herzustellen

_____ Schweigen (ein Widerwille gegen das Reden)

_____ Stottern

_____ weitschweifiges, unzusammenhängendes Gerede

_____ Körperhaltung

_____ mangelnde Initiative

_____ Fliehen aus der Situation

_____ andere, nämlich: ______________________________

____

(41–42) *Folgen der Schüchternheit*

41. Wie sehen die *negativen* Folgen des Schüchternseins aus? (Kreuzen Sie alle an, die auf Sie zutreffen.)

_____ keine negativen Folgen

_____ die Schüchternheit schafft soziale Probleme; es ist schwer, neue Leute kennenzulernen, neue Freunde zu gewinnen, potentiell gute Erlebnisse zu genießen

_____ sie hat negative emotionale Folgen; es kommt zu Gefühlen der Einsamkeit, Isolation, Bedrücktheit

_____ sie verhindert positive Bewertungen durch andere (z. B. können sich meine guten Eigenschaften nie gegen meine Schüchternheit durchsetzen)

_____ sie macht es einem schwer, selbstsicher aufzutreten, Meinungen zu äußern, Gelegenheiten zu nutzen

_____ sie ermöglicht falsche negative Bewertung durch andere (z. B. werde ich zu Unrecht vielleicht als unfreundlich, snobistisch oder schwächlich angesehen)

_____ sie schafft Probleme beim Erkennen und Formulieren; sie macht es einem schwer, in Gegenwart anderer klar zu denken und sich mit ihnen einwandfrei zu verständigen

_____ sie ermuntert zu einer übertriebenen Beschäftigung mit dem eigenen Selbst

42. Wie sehen die *positiven* Folgen der Schüchternheit aus? (Kreuzen Sie alle an, die auf Sie zutreffen.)

_____ keine positiven Folgen

_____ sie macht auf andere einen bescheidenen, gewinnenden Eindruck; sie läßt einen besonnen und selbstkritisch erscheinen

_____ sie hilft zwischenmenschliche Konflikte vermeiden

_____ sie bietet eine bequeme Art der Anonymität und des Schutzes

_____ sie bietet einem die Gelegenheit, sich zurückzuhalten, andere zu beobachten, sich sorgfältig und intelligent zu verhalten

_____ sie verhindert negative Bewertung durch andere (z. B. wird ein Schüchterner nicht für aufdringlich, aggressiv oder anmaßend gehalten)

_____ sie gibt einem die Möglichkeit, sich die Leute auszuwählen, mit denen man zu tun haben will

_____ sie gibt einem persönlichen Freiraum und das Vergnügen des Alleinseins

_____ sie wirkt sich auf die zwischenmenschlichen Beziehungen positiv aus, denn Schüchterne stoßen andere nicht vor den Kopf, ängstigen oder verletzen sie nicht

_____ 43. Glauben Sie, daß sich Ihre Schüchternheit überwinden läßt?
1 = ja   2 = nein   3 = bin nicht sicher

_____ 44. Sind Sie bereit, sich ernsthaft um ihre Überwindung zu bemühen?
1 = ja. bestimmt   3 = bin mir noch nicht sicher
2 = ja, vielleicht   4 = nein

Wie hat sich Ihre Schüchternheit entwickelt?

Schreiben Sie mir in einem Brief, wie sich Ihre Schüchternheit entwickelt hat. Berücksichtigen Sie dabei die folgenden Punkte:

- Wann haben Sie sich Ihres Wissens das *erste* Mal schüchtern gefühlt? Schildern Sie die Situation, die beteiligten Leute und Ihre Gefühle.
  a) Welche persönlichen Entscheidungen haben Sie auf Grund dieser Erfahrung getroffen?
  b) Haben andere etwas zu Ihnen gesagt, was Sie auf den Gedanken brachte, Sie seien schüchtern? Was haben Sie genau gesagt? Welche persönlichen Entscheidungen haben Sie zu dem Zeitpunkt auf Grund dieser Aussagen getroffen?
  c) Ist Ihnen heute klar, daß dabei eine Fehldeutung (von Motiven, Verantwortlichkeiten oder verpaßten Signalen) im Spiele war? Schildern Sie, was sich wirklich abspielte und wie das verzerrt wurde.
  d) Hat irgendjemand irgendwie dazu beigetragen, daß Sie sich besser (weniger schüchtern) oder schlechter fühlten? Wer? Womit?
  e) Haben sich die persönlichen Entscheidungen, die Sie getroffen haben, im Lauf der Jahre geändert, oder sind sie im wesentlichen gleich geblieben?
- Wann haben Sie sich, soweit Sie sich erinnern können, das zweite Mal schüchtern gefühlt?
- Besinnen Sie sich auf drei weitere Gelegenheiten, bei denen Sie sich sehr schüchtern fühlten: einmal während Ihrer Kindheit, dann in den Teenager-Jahren und schließlich während des vergangenen Jahres. Sind es immer noch die gleichen Dinge, die Sie schüchtern machen?
- Sagen die Leute heute noch Dinge zu Ihnen, die dazu führen, daß Sie sich für schüchtern halten? Was sind das für Dinge?
- Lassen Sie andere Leute wissen, daß Sie schüchtern sind? Wie geben Sie das zu erkennen, und wie frühzeitig tun Sie das, wenn Sie jemand kennenlernen?
- Tun oder sagen Sie jemals Dinge, die andere Menschen in Ihrem Leben schüchtern werden lassen?

Verlust und Gewinn

Was hat Sie das Schüchternsein gekostet? Welche Gelegenheiten und Erfahrungen sind Ihnen entgangen, weil Sie schüchtern sind oder waren? Stellen Sie in einer spezifizierten Kostenrechnung all die Dinge zusammen, die Sie verloren, aufgegeben oder nicht voll ausgeschöpft haben. Benützen Sie dazu die folgenden Rubriken.

Kosten der Schüchternheit

Zeitpunkt in Ihrem Leben	Wichtige Ereignisse, Handlungen, Gelegenheiten und Personen, die Sie ausließen, verpaßten, übergingen usw.	Persönliche Folgen für Sie
1.		
2.		
.		
.		
.		

Überlegen Sie nun ganz genau, welche kleinen Dinge Sie dadurch gewonnen haben, daß Sie sich das Etikett der Schüchternheit umhängten. Die meisten von uns lernen, selbst dem Unglück noch etwas Positives abzugewinnen. Wie profitieren Sie von Ihrer Schüchternheit? Da wir uns normalerweise nicht zu diesem „sekundären Gewinn" aus unseren „primären Unzulänglichkeiten" bekennen, seien ein paar Beispiele für die Vorteile des Schüchternen genannt: er findet leichter eine Entschuldigung, er geht auf Nummer Sicher, riskiert nichts, vermeidet Kritik, hält sich aggressive Menschen vom Leib, engagiert und verstrickt sich nicht so sehr in das Leben anderer usw. Führen Sie all diese Gewinne im einzelnen auf.

Nutzen der Schüchternheit

Situation	Vollbrachte oder unterlassene Leistungen	Erzielter Nutzen	Irgendwelche langfristigen Nachteile?
1.			
2.			
.			
.			
.			

Zurückweisung

Schreiben Sie einige sehr schmerzliche Zurückweisungen aus Ihrer Vergangenheit auf. Notieren Sie dann die Bereiche, in denen Sie gegen Zurückweisungen am empfindlichsten sind. Was ist das Schlimmste, was Ihnen in jedem dieser Bereiche passieren kann? Wodurch hätte die Zurückweisung noch schlimmer sein können? In welchen Bereichen können Sie eine Zurückweisung ertragen, eine Brüskierung achselzuckend hinnehmen? Gibt es einen grundlegenden Unterschied zwischen diesen beiden allgemeinen Bereichen der Verletzbarkeit und Unverletzbarkeit?

Versuchen Sie sich Szenen vorzustellen, in denen sich einige dieser unangenehmen Zurückweisungen hinterher als gar nicht so schlimm herausstellten – das heißt, die Zurückweisung war gar nicht so gemeint, wurde von Ihnen falsch verstanden, war komisch oder erteilte Ihnen eine wertvolle Lektion. Schreiben Sie kurze Drehbücher, in denen mehrere solcher Zurückweisungsepisoden geschildert werden.

Wenn Sie Angst haben . . .

Was *tun* Sie, wenn Sie Angst haben?

_____ auf- und abgehen

_____ eine Zigarette rauchen

_____ die Hände ringen

_____ einen Freund anrufen

_____ mich irgendwie ablenken, etwa durch _______________

_____ einen Dauerlauf machen, Radfahren, den Rasen mähen, Hausputz machen oder mich sonst irgendwie körperlich betätigen

_____ etwas trinken

_____ eine Beruhigungspille schlucken

_____ einen Joint rauchen

_____ ins Kino gehen

_____ eine Platte auflegen

_____ andern was vorjammern

_____ bis zum Überdruß essen

_____ Kopfschmerzen bekommen

_____ Einkaufen gehen

_____ den Ärger gegen mich selbst lenken

_____ in Feindseligkeit gegen andere verwandeln

_____ abhängig und passiv werden

_____ mir vorstellen, wie Woody Allen damit fertigwerden würde

_____ einen Brief oder Tagebucheintrag schreiben

_____ andere Verhaltensweisen: _______________

Welche dieser Tätigkeiten helfen wirklich, und welche sind nutzlose Rituale? Welche dämmen die Angst ein, ohne aber das zugrunde liegende Problem lösen zu helfen, das die Angst überhaupt erst auslöste? Welche dieser Tätigkeiten machen auf lange Sicht alles nur noch schlimmer?

Was könnten Sie tun, um positive, dauerhafte Folgen zu erreichen?

Prüfungsangst

Stellen Sie sich vor, Sie werden ohne Vorwarnung mit einem der folgenden Ereignisse konfrontiert: a) in Ihrem Lieblings- und Hauptfach wird überraschend eine Arbeit geschrieben, doch Sie haben nicht alle Hausaufgaben gemacht; b) Sie erfahren in einem Telefonanruf, daß Sie dazu ausgelost worden sind, in einer Quiz-Sendung im Fernsehen die 100 000-Dollar-Frage zu beantworten.

Mit welchen Gefühlen reagieren Sie in diesem Augenblick? Was für negative Gedanken und Empfindungen haben Sie?

Man könnte diese Reaktion „Prüfungsangst" nennen, die dann entsteht, wenn man öffentlich geprüft wird und sich im Augenblick nicht kompetent genug fühlt, den eigenen Erwartungen und Idealen gerecht zu werden.

Sie sollen nun diese Gefühle genau untersuchen und feststellen, in welcher Hinsicht sie Ihren eigenen sozialen Hemmungen ähnlich sind und wo sie sich unterscheiden.

Riskieren Sie etwas

Sie haben die Wahl, nach dem 100 000-Dollar-Preis zu greifen – der Gewinner bekommt alles, der Verlierer nichts –, oder Sie können darauf verzichten, um sichere 5000 Dollar mit nach Hause zu nehmen. Entscheiden Sie sich für das Risiko, oder gehen Sie auf Nummer Sicher?

Sie können sich mit einer leidlich netten Person verabreden, von der Sie wissen, daß sie mit Sicherheit akzeptieren wird, oder Sie können die Person, die Ihren Idealvorstellungen entspricht, wissen lassen, daß Sie gerne mit Ihr ausgehen würden, haben aber keine Ahnung, wie sie reagieren wird. Geben sie sich mit Ihren zwei Paaren zufrieden, oder setzen Sie auf ein Full house?

Schreiben Sie eine Liste aller Chancen, Risiken und Wetten, die Sie in Ihrem Leben eingegangen sind. Geben Sie jeweils an, ob es sich hinterher als klug oder unklug erwiesen hat.
(Schließen Sie das ab, ehe Sie weitergehen.)

Gehen Sie nun hinaus und riskieren Sie etwas. Tun Sie etwas „Furchterregendes", das Sie gerne tun möchten oder tun sollten, das Sie aber bisher nicht riskiert haben. Tun Sie in dieser Woche jeden Tag etwas Furchterregendes, nachdem Sie erst schriftlich festhalten, was Sie beabsichtigen und warum es für Sie furchterregend ist. Zeichnen Sie hinterher auf, ob Sie es nun getan haben oder nicht, und was dabei geschehen ist. Ich meine natürlich die Furcht vor anderen Menschen; sie sollen nun nicht etwa eine Bank überfallen oder von der Golden-Gate-Brücke springen.

Einsamkeit

- Fühlen Sie sich oft einsam?
- Wann fühlen Sie sich am einsamsten?
- Wer oder was ist (war) für Ihre Einsamkeit verantwortlich?
- Genießen Sie je die Abgeschiedenheit des Alleinseins?
- Was können Sie gegen Ihre Einsamkeit unternehmen und haben es bisher noch nicht getan?

Stellen Sie sich vor, Sie sind das ganze Wochenende in Ihrem Haus eingeschneit, Sie können nicht hinaus, Sie können niemand erreichen, und Hilfe kommt erst am Montag. Sie sind allein und haben keinerlei Verpflichtungen, nichts, womit Sie Ihre Zeit verbringen müssen. Erstellen Sie einen Plan, wie aus diesem Notfall ein erfreuliches Wochenende werden kann, an dem Sie ausschließlich mit sich selbst beschäftigt sind. Sie haben jede Menge gutes Essen, Wein, Musik, Bücher, Spielkarten, Gesellschaftsspiele, heißes Wasser, Schreibgerät und Papier, aber weder Fernsehen noch Radio.

Skizzieren Sie einen Plan für Ihr Überleben in der Einsamkeit und stützen Sie sich dabei auf sinnliche, hochgeistige oder unkomplizierte Strategien, die ein solches Alleinsein mit Sicherheit versüßen werden. *(Schließen Sie das ab, ehe Sie weitergehen.)*

Warum also warten, bis Ihnen der Schnee den Gefallen tut? Machen Sie sich's gemütlich und unterhalten Sie sich gut; wer hätte es schließlich mehr verdient als Sie?

Lernen Sie die folgende Aussage über das Alleinsein (von dem griechischen Philosophen Epiktet) auswendig und machen Sie sich den profunden Gehalt dieses Wortes zu eigen:

Wenn du deine Tür verschlossen und dein Zimmer verdunkelt hast, dann sag nie, du seiest allein; denn du bist nicht allein, sondern Gott ist in dir, und dein eigener Geist ist in dir.

Aus den *Diatriben* des Epiktet

Schüchternheitsbarrieren

Zwischen Ihnen und einigen Ihrer Ziele liegen Schüchternheitsbarrieren die Sie daran hindern oder es Ihnen schwer machen, zu diesen Zielen zu gelangen. Wählen Sie ein höchst erstrebenswertes Ziel aus das durch die von Ihnen selbst errichteten Schüchternheitsbarrieren verstellt ist. Tragen Sie in die Zeichnung unten dieses Ziel ein und deuten Sie dann auf dem Weg, der zu diesem Ziel führt, die einzelnen Barrieren an, die im Weg stehen.

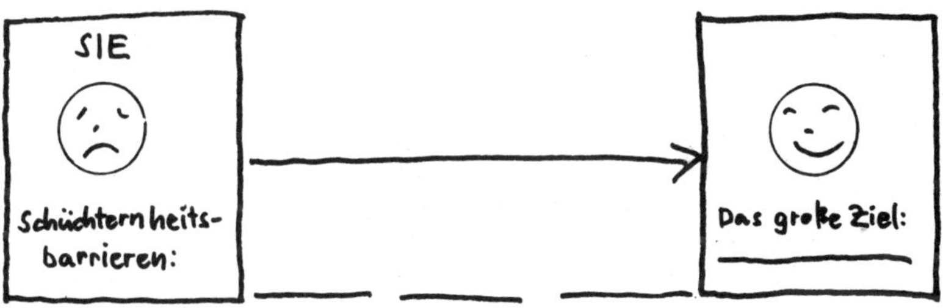

Machen Sie es wie ein Feldherr in der Schlacht und stellen Sie einen Plan auf, mit dem sich diese Barrieren, die die Bewegungsfreiheit Ihrer Truppen einengen, beseitigen und überwinden lassen. Können Sie einige umgehen, andere neu definieren, vorübergehende Verluste hinnehmen, einige durch Bluff überwinden, andere mit zusammengebissenen Zähnen umrennen, hier und da ein besseres Minensuchgerät einsetzen oder Ihre Stärken herauskehren und die Schwächen Ihrer Truppen dabei verbergen? Entwickeln Sie für jede Ihrer Schüchternheitsbarrieren einen eigenen Schlachtplan.

Schüchternheitsjournal

Führen Sie ein Journal über Ihre Schüchternheit.

Notieren Sie darin:
die Uhrzeit
was geschehen ist (Situation und Umgebung)
Ihre Reaktion
die Folgen für Sie

Führen Sie einen kleinen Schreibblock in Ihrer Tasche oder Handtasche mit sich, damit Sie nach einer Erfahrung mit Ihrer Schüchternheit möglichst umgehend die wichtigste Information festhalten können. Tun Sie das eine Woche lang und übertragen Sie dann Ihre Beobachtungen in ein schematischeres Journal, so wie in dem unten dargestellten Muster.

Achten Sie auf immer wiederkehrende Abläufe und Themen, die die Episoden Ihrer Schüchternheit charakterisieren. Notieren Sie Ihre Beobachtungen jede zweite Woche, bis Ihre Aufzeichnungen vier Wochen wiedergeben.

Prüfen Sie nun, wie oft Sie Schüchternheit empfinden. Sehen Sie irgendwelche Veränderungen in bezug auf die Häufigkeit dieser Emfindungen, die Intensität, die Art der Reaktion oder die getroffenen Entscheidungen? Haben Sie Situationen eingetragen, die Sie ganz gemieden haben?

Man hört mit Überraschung, daß sich der prominenteste Talkmaster und Gastgeber der *Tonight-Show,* Johnny Carson, für schüchtern hält. Carson bemüht sich erst gar nicht, seine Schüchternheit zu überwinden oder zu verbergen, denn er kennt das Geheimnis, wie er sie für sich anstatt gegen sich arbeiten lassen kann. „Ich wehre mich nicht dagegen, ich ziehe meinen Nutzen daraus", sagte er kürzlich in einem Interview.[1] „Ich beziehe während der Show eine Menge Energie daraus, daß ich meine Schüchternheit kompensiere." Angesichts der Energiemengen, die Johnny Carson jeden Abend in seiner Show einsetzt, wäre es vielleicht angebracht, daß er uns andere in sein Geheimnis der Energieumwandlung einweiht.

Muster eines Schüchternheitsjournals

Zeit	Situation und Umgebung	Symptome
Tageszeit	Wo bin ich? Was tue ich? (Oder was will oder muß ich tun?) Mit wem?	Wie erfahre ich die Schüchternheit?
Beispiele:		
Mittag	Mittagessen im Wohnheim. Fremder setzt sich neben mich, stellt sich vor und fängt an, Fragen zu stellen usw.	Herzklopfen, nervös, unsicher, weiß nicht was sagen. Fange an, ihm in die Augen zu sehen.
15 Uhr	In der Bibliothek, habe zum erstenmal dort zu tun. Machte eine Führung durch die Bibliothek mit, weiß aber nicht mehr, was ich zu tun habe. Muß die Dame, die die Führung machte, um Hilfe bitten.	Nasse, zitternde Hände. Erröten, Bauchschmerzen. Ich wollte, ich könnte da raus.

Name (Muster) *Datum* ____________

Reaktionen	Folgen
Wie sehen meine Gedanken und Gefühle aus? (Was verursacht diese Gefühle? Was denken andere? usw.)	Was tu ich oder tu ich nicht, als Folge davon? Gewinne oder verliere ich etwas oder jemand? Was hätte ich tun sollen, oder was hätte ich gerne gedacht?
Warum setzt er sich neben mich? Was will er von mir? Ich finde, er ist zu aggressiv. Wahrscheinlich hält er mich für langweilig. Ich hoffe, er erzählt das nicht überall rum. Sie wird mich erkennen und sich über meine Unaufmerksamkeit ärgern. Warum werde ich so nervös, daß ich alles vergesse? Ich fürchte, ich werde es auch diesmal vergessen. Vielleicht hätte ich einen anderen Kurs belegen sollen. Dieser Kurs ist doof, die Hausarbeit lächerlich – und ich bin es auch.	Esse nicht zu Ende. Gehe weg und wünsche mir, ich wäre interessanter gewesen. Es hätte vielleicht Spaß gemacht, ihn kennenzulernen. Fühle mich irgendwie einsam. Beschließe, mir ein Cola zu holen. Beschließe, einen älteren Studenten mit Erfahrung zu beobachten. (Nützt nichts.) Versuche stattdessen, ein Buch in der Buchhandlung zu kaufen. Kann einfach die Bibliothekarin nicht fragen. Meine Unfähigkeit macht mir Sorgen. Habe Angst, mit der Arbeit nicht rechtzeitig fertig zu werden. Ich habe Zeit eingebüßt. Habe meine Selbstachtung verloren, ärgere mich. Bitte um Hilfe, sie kann sich nicht an mich erinnern, sagt mir, was ich brauche. Das war eigentlich gar nicht schlimm.

9.

Die Selbstachtung stärken

Die Art und Weise, wie wir über uns selbst denken, hat weitreichende Auswirkungen auf alle Aspekte unseres Lebens. Leute mit einem positiven Selbstwertgefühl wirken ausgeglichen und strahlen als äußeres Zeichen ihrer inneren Zufriedenheit Zuversicht aus. Solche Leute sind nicht auf das Lob und die soziale Bestätigung durch andere angewiesen, da sie gelernt haben, ihr eigener bester Freund und eifrigster Fürsprecher zu sein. Sie sind immer mit vorne, ergreifen Initiativen, halten die soziale Maschinerie in Gang, und sie bekommen den Löwenanteil von allem, was die Gesellschaft zu bieten hat.

Leute aus meinem Bekanntenkreis, die diese hohe Selbstachtung haben, gehen an Kritik nicht zugrunde und fühlen sich bei einer Zurückweisung nicht gleich am Boden zerstört. Statt dessen danken Sie einem für den „konstruktiven Rat". Sie bauschen ein „Nein" nie auf, sehen darin nie eine Zurückweisung *ihrer selbst.* Statt dessen erwägen sie mehrere Alternativen: ihr Auftritt ist noch verbesserungsfähig, sie waren zu schnell, zu grob, zu subtil, zu kompliziert; die Situation und der Zeitpunkt waren falsch gewählt; der Neinsager hat ein Problem, er braucht Hilfe und Verständnis. Auf jeden Fall liegt die Ursache des „Nein" nicht in ihnen, sondern außerhalb; eine Analyse wird eine neue Strategie nahelegen, und sie werden es wieder versuchen. Es fällt ihnen nicht schwer, optimistisch zu sein; denn in der Mehrzahl der Fälle bekommen sie, was sie wollen.

Wie man sich selbst der schlimmste Feind ist

Im Gegensatz dazu scheint ein Mensch mit geringer Selbstachtung vom Unglück verfolgt. Er ist in aller Regel passiver, leichter zu überreden und weniger beliebt. Diese Leute sind gegen negative Kritik überempfindlich, da sie ihrer Ansicht nach ihre Unzulänglichkeit bestätigt. Es fällt ihnen schwer, ein Kompliment entgegenzunehmen („Du meinst doch nicht mich, aber nein, das war doch nichts, nicht der Rede wert, du sagst das nur aus Höflichkeit"). Wenn man sich all diese Probleme vor Augen hält, überrascht es nicht, daß – wie Forschungsergebnisse zeigen – Leute mit geringer Selbstachtung häufiger neurotisch sind als die mit hoher Selbstachtung.[1]

Einer meiner Studenten teilte mir zehn Minuten vor seiner mündlichen Doktorprüfung hysterisch mit, er könne nicht weitermachen, er sei nicht vorbereitet, er werde sich zum Narren machen. Da es mich die letzten Nerven gekostet hatte, fünf Professoren zur gleichen Zeit für zwei Stunden zusammenzubekommen, und da ich wußte, daß Gabe begabt war, übte ich sanften Druck auf ihn aus. Tatsächlich schlug er sich auch prächtig und machte ein glänzendes Examen. Als ich ihm erzählte, wie sehr er die Prüfer beeindruckt hatte, sagte er über diese hervorragenden Professoren: „Ich werde überdenken müssen, was *ich* von *ihnen* halte, wenn sie an meiner schrecklichen Darbietung etwas Gutes fanden."

Dieser Fall verdeutlicht einen wichtigen Punkt: ein objektiv positives Feedback muß einer zu geringen Selbstachtung nicht unbedingt auf die Beine helfen; der Betreffende kann weiterhin ein Selbstbild haben, das von der Wirklichkeit stark abweicht. Selbst sehr intelligente und begabte Individuen können sich selbst die schlimmsten Feinde sein, wenn sie erst mal ihre Selbstachtung zu tief sinken lassen.

Wenn du nicht viel von dir hältst, warum sollte ich dann mehr von dir halten? Schließlich kennst du dich selbst besser als jeder andere. Und wenn ich auf meinem Irrglauben bestehe, daß deine Bekanntschaft lohnend und interessant ist, wirst du dich dann so verhalten, daß ich meinen Irrtum einsehe und mit dir übereinstimme, daß du wertlos bist? Ich habe das oft genug erlebt, sei es bei den extrem schüchternen Studenten in meinem Seminar oder bei Patienten in unserer Beratungsstelle. Sharon, eine pathologisch schüchterne junge Frau, die ihr attraktives Gesicht hinter einem Wust ungekämmter Haare verbarg, ließ sich nicht gern sagen, sie solle ihre Haare aus der Stirn kämmen. Wir hatten schon zehn Sitzungen hinter uns, als ich mit der Fernsehkamera ihr Gesicht in einer Großaufnahme einfing und zufällig entdeckte, wie attraktiv sie war. Selbst in der engen therapeutischen Beziehung hatte sie das geheimgehalten. Doch sie rebellierte gegen den Vorschlag, sie solle sich eine andere Frisur zulegen, damit man ihr Gesicht besser sehen könne. „Verdammt noch mal, so *ist* mein Haar nun mal, ich hatte noch nie eine andere Frisur."

Schüchternheit und geringe Selbstachtung gehen Hand in Hand. Die Untersuchungen, die Paul Pilkonis und andere im Rahmen unseres Schüchternheitsprogramms durchführten, deckten eine wichtige Wechselbeziehung zwischen den beiden auf; wenn die Schüchternheit groß ist, ist die Selbstachtung gering; und wenn die Achtung groß ist, verschwindet die Schüchternheit von der Bildfläche.

Die Selbstachtung ist eine Einstufung ihres eigenen Wertes, die davon ausgeht, wie Sie sich selbst im Vergleich mit anderen sehen. Doch wenn Sie diese Vergleiche anstellen, müssen Sie sich mehrerer potentieller Probleme bewußt sein.

Erstens müssen Sie sich Ihre Vergleichsmodelle mit Bedacht auswählen. Es ist zwar nichts dagegen einzuwenden, daß Sie gewisse andere „ideal" finden, aber Sie dürfen nicht Ihr einziger Bezugspunkt sein, wenn Sie Ihren eigenen Wert taxieren. Manche Leute eignen sich nicht zum Vergleichsmodell, weil eine einzelne Eigenschaft sie auszeichnet: sie sehen blendend aus oder sind blitzgescheit oder haben eine sagenhafte Figur oder irgendeine andere ererbte Eigenschaft. Ich würde auch gerne aussehen wie Robert Redford, denken wie Einstein, reden wie Richard Burton und so viel und gut schreiben wie Isaac Asimov. Idealen kann man nacheifern, doch man sollte in ihnen keine festen Maßstäbe des Erfolges, des Status oder der Leistung sehen.

Zweitens werden Sie, wenn Sie sich an die unpassenden Vergleichsmodelle halten, nicht nur leicht frustriert, sondern sie nähren möglicherweise auch den Neid, wenn das Kämpfen um den Status zum Selbstzweck wird, und der *Prozeß* der Veränderung macht Ihnen dann vielleicht keinen Spaß mehr, denn Sie sind nur am *Ergebnis* interessiert.

Mir wurde selber unlängst bewußt, wie ich immer mehr vom Prozeß selbst und von der Lebensfreude abkam, weil ich nach und nach die Werte einer in hohem Maße auf Wettbewerb beruhenden und zielstrebigen Umwelt akzeptiert hatte. Auf der Fahrt von meinem Haus in San Franzisko zur Stanford-Universität im 50 Kilometer entfernten Palo Alto nahm ich einen Anhalter mit. Er war ein gutaussehender, robuster junger Mann Anfang zwanzig. Wir redeten über das Studentenleben, über Campingplätze und über Ferienreisen – er machte offensichtlich gerade eine. Als ich ihn fragte, wo er hin wolle, sagte er: „Nach Süden." „Los Angeles?" fragte ich weiter. „Nein." „Bis nach Mexiko?" „Nein, einfach nach Süden."

Mir wurde bewußt, daß sich ein verärgerter Ton in meine Stimme schlich. Da hat man eine gute Unterhaltung, und dann will einem dieser undankbare Hippie nicht sagen, wo er hinfährt. Als ich ihn an der Ausfahrt nach Palo Alto aussteigen ließ, machte ich noch einen Versuch, denn ich war neugierig und fühlte mich überdies ungerecht behandelt:

„In welche Stadt fahren Sie denn nun?" Seine Antwort versetzte mich in die schöne Vergangenheit zurück, als mein Leben noch nicht so von Terminen bestimmt war.

„Ich habe kein bestimmtes Ziel. Ich habe zwei Wochen frei und fahre einfach nach Süden. Ich fahre so weit, wie mein Geld reicht und wie ich mitgenommen werde und drehe dann wieder um. Sehen Sie, so brauche ich mir keine Sorgen zu machen, ich könnte nicht ans Ziel kommen. In gewissem Sinne bin ich bereits da."

Ihm blieb die Frustration erspart, nicht ans Ziel gekommen zu sein. Er konnte den Augenblick genießen, da seine Zufriedenheit nicht von irgendwelchen Zielen in der Zukunft abhing. Er war der Modellfall eines Menschen, für den der Prozeß auch schon das Produkt war.

Drittens sind Ihnen vielleicht die versteckten Kosten des Erfolgs nicht bewußt. Der Vertreter aus Ihrer Abteilung mit seinen stolzen Verkaufszahlen verspielt vielleicht alle Chancen, mit seinen Kindern einen engeren Kontakt herzustellen, denn er kann nicht gleichzeitig zuhause sein und durch die Lande fahren, um all die zusätzlichen Abschlüsse zu tätigen. Oder die perfekte Hausfrau und Gastgeberin, die Sie so bewundern, hat vielleicht nie Zeit, ein gutes Buch zu lesen oder die Natur zu genießen oder sich an Dingen zu erfreuen, die nicht zur „großen Welt" gehören. Wenn Sie sich über diesen Preis des Erfolgs immer im klaren wären, wären Sie wahrscheinlich oft nicht bereit, ihn zu bezahlen.

Viertens muß man Erfolg, Leistung, Verstandeskraft, Schönheit und die meisten anderen so hoch im Kurs stehenden Ziele immer relativ zu den Normen einer bestimmten Zeit, Umwelt und Gesellschaft sehen. Wir neigen jedoch dazu, sie eher absolut zu sehen, als Besitztümer, die wir entweder haben oder nicht haben. Dieses absolute Denken kann Sie in Schwierigkeiten bringen, wenn sich die Normen ändern. Für Sie gelten nun andere Vergleichsmaßstäbe, doch Sie glauben, Sie selbst hätten sich geändert. Es ist die typische Erfahrung des großen Stars aus der Bezirksliga, der nun in der Bundesliga spielt.

Der Starschauspieler auf Provinzbühnen kann sich am Broadway nicht behaupten. Der Superstar aus der Schulmannschaft ist kein Anwärter für die Unimannschaft, da er mit seinen neunzig Kilo nicht kräftig genug ist. Man denke nur an die zahllosen Mädchen, die sich um den Titel der „Miss America" bewerben, ohne je eine Chance auf den Sieg zu haben. Ihr ganzes Leben lang waren sie in ihrer Umgebung die schönsten Mädchen, und plötzlich kommen sie nicht mal unter die ersten zehn.

Jahr für Jahr erlebe ich als Universitätslehrer, welch hoher Zoll dieser gefährlichen, jedes Selbstvertrauen verhindernden Fehleinschätzung zu zollen ist. Die Stanford-Universität nimmt nur Studenten mit hervorragenden Zeugnissen auf. Doch schon nach wenigen Monaten stellt die Hälfte der Erstsemestrigen fest, daß ihre studentischen Leistungen unter dem Durchschnitt liegen. Sie sind nicht auf einmal dümmer geworden, sondern sie sind Opfer statistischer Durchschnitte und der praktizierten Notengebung, bei der die Hälfte der Klasse über dem mittleren Leistungsniveau liegt und die andere Hälfte laut Definition unter dem Durchschnitt liegen *muß*. Sie sind nun gezwungen, gegen einen Strom ehrgeiziger Mitbewerber zu schwimmen, die praktisch alle einmal „hervorragende Schüler" waren.

Fünftens müssen Sie erkennen, in welchem Ausmaß Sie die Rollen spielen, die für andere Leute geschrieben worden sind. Sie können kein gut entwickeltes Selbstwertgefühl haben, wenn Sie sich an Programme halten, die für andere entworfen wurden. Nachdem Sie diese fremden Programme erkannt haben, müssen Sie versuchen, sich direkt mit ihnen auseinanderzusetzen. Sie müssen den Mut finden, sich ihnen zu stellen, damit Sie sie zurückweisen können, falls Sie von ihnen eingeschränkt werden, oder sie so abändern können, daß sie zu Ihren eigenen Bedürfnissen und Werten passen.

Oft ist uns nicht klar, wie dieses fremde Programm überhaupt erst in unseren Kopf gelangt ist. Oft betätigen sich allgegenwärtige Kulturwerte als Ghostwriter – zum Beispiel: Männer weinen nicht, Frauen können ihre Wut nicht äußern, Jungen müssen hart und männlich sein, Mädchen müssen zärtlich und mütterlich sein. Eltern, Lehrer und andere wohlmeinende Vermittler sozialer Kontrollen schreiben offenkundig alle oder doch die meisten Rollen für uns, solange wir noch jung sind. Die meisten dieser Rollen sind ziemlich gut, so daß wir sie uns bereitwillig zu eigen machen, wenn wir das Alter erreicht haben, in dem wir vernünftig denken können. Die Gefahr lauert für uns in Rollen, die die unerledigten Angelegenheiten unserer Eltern enthalten. Die Frustration einer ungeliebten Frau wird zur Grundlage einer „Männer-wissen-Frauen-nicht-zu-schätzen"-Rolle für die Tochter. Und dann sind da die Väter, die möchten, daß ihre Jungen all das werden, was sie selbst einmal sein wollten – aus irgendeinem Grund aber nicht sein konnten.

Während meiner Zeit an der „New York University" drohte mir einer dieser Väter einmal, er werde mich um meine Stellung bringen, nachdem sein Sohn Mark David meinen Rat befolgt hatte und mit dem Friedenskorps als Lehrer nach Nigeria gegangen war. „Er müßte Arzt sein, oder zumindest Zahnarzt", schäumte der wütende Vater. „So war das geplant. Ich habe ihm den Namen Mark David gegeben, damit er vor *und* nach seinem Namen ein M. D. haben würde." („M. D." entspricht dem deutschen Dr. med. und wird dem Namen nachgestellt. *Anm. d. Ü.)* Es kümmert den lieben Vati überhaupt nicht, daß sein Sohn als Lehrer in Afrika glücklich war, daß er zum erstenmal in seinem Leben eine Aufgabe vor Augen hatte und daß er die Medizin haßte. Bis zu einem gewissen Grad waren Marks schlechte Zeugnisse vielleicht seine Auflehnung dagegen, die Rolle des Mark David, M. D., spielen zu müssen. Doch selbst Auflehnungsprogramme gehen immer noch auf das Programm anderer zurück.

Um eine selbständige Person mit einem Gefühl der Integrität zu werden, müssen Sie sich Ihrer Rolle bewußt werden und dann all die Programme, die ihr Leben vorzeichnen, selber schreiben, umschreiben oder zumindest aktiv mitschreiben. Das können neue und aufregende Programme sein oder – wie im Fernsehen während des Sommers – nur aufgewärmte alte Programme. Es hängt alles davon ab, einen wie großen oder – bei Schüchternen – wie kleinen Teil Ihrer Zeit Sie auf der Bühne verbringen wollen, ehe der Schlußvorhang fällt.

Sie müssen das Positive hervorheben

Wenn Sie nur dieses eine Leben haben, dann sollten Sie es mit großer Selbstachtung leben! Das liegt allein bei Ihnen – die Entscheidung wird nicht im Himmel getroffen, sondern in Ihrem Kopf. Ganz allein aus *Ihrer* Buchführung geht hervor, ob Ihre Selbstachtung hoch oder niedrig ist. Wenn Sie schüchtern sind, haben Sie sich wahrscheinlich das Etikett der geringen Selbstachtung umgehängt. Doch wenn Sie es nicht gerade in Granit gemeißelt haben, werden wir uns daran machen, es zu ändern. Denken Sie positiv von sich, setzen Sie sich sinnvolle Ziele, die ohne ein gewisses Maß an Ehrgeiz, Fleiß und Hartnäckigkeit nicht zu erreichen sind. Lernen Sie daraufhin, Ihre Leistungen in einer ehrlichen und realistischen Weise zu bewerten.

Dorothy Holob ist eine dynamische Frau, die in Kalifornien Kurse abhält, die Studenten und Geschäftsleuten helfen sollen, ihr sinkendes Selbstvertrauen aufzubauen. Sie strahlt eine unbändige Energie und eine ansteckende Begeisterung aus; man fühlt sich einfach wohl in ihrer Gegenwart. Das Ungewöhnliche an dieser Reaktion besteht darin, daß Dorothy einen Sprachfehler hat und daß Narben ihr Gesicht entstellen – Eigenschaften, die wir normalerweise als bedrückend empfinden. Angenommen, Sie müßten mit Dorothy Holob tauschen. Würden Sie angesichts der bitteren Wirklichkeit, der sie sich stellen mußte, aufgeben, oder würden Sie aus einem tragischen Vorfall als ein neuer und besserer Mensch hervorgehen? Sie erzählt uns, wie das war, als sie eines Tages so entstellt wurde, und wie sie ihren Selbstekel und ihre Depression überwand.

> 1963 kam ich von einer schweren Operation an einem bösartigen Gehirntumor heim. Mein Äußeres war stark beeinträchtigt, mein Gesicht war nicht mehr das alte, und ich erkannte meine eigene Stimme nicht wieder. Beim Gehen torkelte ich. Ich wußte einfach, so würde mich die Gesellschaft nie akzeptieren, und dauernd dachte ich: „Warum mußte das mir zustoßen?"
> Hatte ich das Mitgefühl meiner Familie? Nein. Stattdessen begannen sie mit mir ein Programm umgekehrter Psychologie. Sie bestanden darauf,

daß ich mich im normalen Reden übte – ja, sie ließen mich sogar wissen, wenn ich ein Mitglied der Familie bleiben wolle, müsse ich den Mund aufmachen oder verschwinden. Ich weinte viel und faßte dann schließlich den Entschluß, ihnen zu zeigen, daß ich keineswegs klein beigeben würde.

Um mir Abwechslung zu bieten, überredete mich meine Familie, sie zu Einkaufszentren, zum Essen oder zu Konzerten zu begleiten. Mit viel Nachsicht und Geduld halfen sie mir über Bordsteine und Rolltreppen und Straßen und gingen mit mir durch das Gewühl von Menschen, die mich neugierig anstarrten. Sie drängten mich, auf meinen eigenen zwei Beinen zu stehen und mich der Welt allein zu stellen. Ich versuchte, um meinen Straßenblock zu gehen, aber ich hielt das spöttische Lachen von Kindern und das Gekicher einiger Nachbarn einfach nicht aus. Wenn ich allein einkaufen ging, wurde ich von oben herab behandelt. Gelegentlich rief mich irgendein Spinner an, um mich am Telefon zu verspotten. Meine Reaktion auf die Sticheleien und sarkastischen Bemerkungen? Gewöhnlich kam ich nach Hause und heulte, und manchmal genoß ich sogar meine Qualen. Monatelang lebte ich daraufhin wie ein Einsiedler. Eines Tages überlegte ich mir: „Warum verschwendest du deine ganze Energie darauf, dir selbst leid zu tun – für so was hast du keine Zeit. Das, was die Leute in dir sehen – ein häßliches Wrack nämlich –, kannst du ohnehin nicht ändern." Ich verzieh mir also meine äußere Erscheinung, und die Leute begannen mir leid zu tun, die für das Problem eines anderen kein Mitgefühl empfinden konnten. Ich hielt mich an ruhige, traurig aussehende Menschen auf der Straße, in Geschäften, im Bus. Ich redete sie an, wir verbrachten einen schönen Tag zusammen, erfreuten uns gemeinsam am Zwitschern eines Vogels, an einem Regenschauer – an allen möglichen Dingen. Plötzlich wurden die Tage immer freundlicher, ich konnte wieder lächeln – ganz wie der Arzt mir vorausgesagt hatte –, ich fand eine neue Art zu lächeln. Ich übte eine Methode, Begeisterung in meine Worte zu legen. Ich entwickelte sogar einen ganz guten Sinn für Humor.

Wir können alle aus Dorothy Holobs Geschichte wertvolle Erkenntnisse gewinnen. Sie schaffte es nicht nur, eine schwere körperliche Beeinträchtigung zu überwinden, sondern darüber hinaus auch ein viel ernsteres psychologisches Problem – den Selbsthaß, der uns letztlich alle Hoffnungen nimmt und uns nur noch dahinvegetieren läßt.

Die in diesem Kapitel geschilderten Aufgaben können dazu beitragen, daß Sie einen Mangel an Selbstachtung überwinden und ein stärkeres, zuversichtlicheres Selbst entwickeln. Versuchen Sie, jeden der folgenden Schritte nachzuvollziehen. Sie werden alle helfen, Ihnen zu einem positiveren Selbst-Bild den Weg zu ebnen. Vielleicht bilden diese fünfzehn Schritte eine brauchbare Grundlage für Ihre Anstrengungen.

Fünfzehn Schritte zur Stärkung des Selbstvertrauens

1. Erkennen Sie Ihre Stärken und Schwächen und setzen Sie sich entsprechende Ziele.
2. Legen Sie fest, was Ihnen etwas bedeutet, woran Sie glauben, wie Sie sich selbst – realistisch – Ihr Leben wünschen. Stellen Sie eine Liste aller Ihrer bisherigen „Rollen" und „Programme" zusammen und bringen Sie auf den neuesten Stand, in Übereinstimmung mit dem psychologischen Raum, in dem Sie sich jetzt bewegen, damit Sie auf Ihrem weiteren Weg einen Nutzen daraus ziehen können.
3. Bestimmen Sie Ihre Wurzeln. Achten Sie bei Beschäftigung mit Ihrer Vergangenheit auf kontinuierliche Entwicklungen und Entscheidungen, die Sie dorthin gebracht haben, wo Sie im Augenblick stehen. Versuchen Sie, die Leute, die Ihnen wehgetan und Ihnen ihre Hilfe verweigert haben, zu verstehen und Ihnen zu vergeben. Verzeihen Sie sich selbst alte Fehler, Sünden, Versäumnisse und Peinlichkeiten. Begraben Sie endgültig alle negativen Erfahrungen aus Ihrer Vergangenheit, nachdem Sie Ihre konstruktiven Lehren daraus gezogen haben. Schlechte Erfahrungen leben in Ihrer Erinnerung nur so lange weiter, wie Sie das zulassen. Werfen Sie sie hinaus, damit es in Ihrer Erinnerung Platz für positive Erfahrungen gibt, und seien sie noch so klein.
4. Schuld- und Schamgefühle sind für Ihre Bemühungen, Ihr Verhalten auf positivere Ziele auszurichten, nur von begrenztem persönlichen Wert. Lassen Sie solche Gefühle nicht aufkommen.
5. Suchen Sie die Ursachen für Ihr Verhalten in physischen, sozialen, wirtschaftlichen und politischen Aspekten Ihrer derzeitigen Situation und nicht in *Mängeln* Ihrer Persönlichkeit.
6. Denken Sie immer daran, daß es mehrere Möglichkeiten gibt, ein Ereignis zu beurteilen. „Realität" ist nie mehr als das Erlebnis einer Absprache, auf die sich verschiedene Menschen einigen, anstatt daß jeder seine eigene Ansicht vertritt. Dies gibt Ihnen die Möglichkeit, etwas toleranter zu sein, wenn Sie die Absichten

anderer deuten, und etwas großzügiger, wenn Sie sich von anderen zurückgewiesen oder herabgesetzt fühlen.

7. Sagen Sie nie Schlechtes über sich selbst; schreiben Sie sich insbesondere nie irgendwelche unwiderruflichen negativen Eigenschaften zu, etwa „häßlich", „dumm", „phantasielos", „ein Versager", „unverbesserlich".
8. Lassen Sie nie zu, daß andere *Sie als Person* kritisieren; es sind Ihre *spezifischen Tätigkeiten*, die bewertet und verbessert werden können – lassen Sie sich solche konstruktiven Kritiken freundlich gefallen, wenn Sie davon profitieren können.
9. Vergessen Sie nicht, daß Mißerfolge und Enttäuschungen in Wirklichkeit oft ein Segen sind, denn sie machen Sie vielleicht darauf aufmerksam, daß Ihre Ziele nicht angemessen waren und daß sich die Mühe nicht lohnte; damit läßt sich dann eine noch größere Enttäuschung in der Zukunft vermeiden.
10. Geben Sie sich nicht mit Menschen, Jobs und Situationen ab, die Ihnen ein Gefühl der Unzulänglichkeit vermitteln. Wenn Sie sie oder sich selbst nicht in positivem Sinne verändern können, sollten Sie sie links liegen lassen. Das Leben ist zu kurz, als daß man seine Zeit mit deprimierenden Dingen vergeuden darf.
11. Nehmen Sie sich die Zeit, zu entspannen, zu meditieren, nach innen zu horchen, sich Hobbys und Tätigkeiten zu widmen, die Sie allein tun können. Auf diese Weise können Sie besser zu sich selbst finden.
12. Üben Sie sich in Ihrer Rolle als „geselliges Wesen". Freuen Sie sich, wenn Sie die Energie spüren, die andere ausstrahlen; freuen Sie sich über die Einzigartigkeit und die Vielfalt unserer Brüder und Schwestern. Stellen Sie sich vor, wie ihre Ängste und Unsicherheiten aussehen könnten und wie sie Ihnen helfen könnten. Legen Sie fest, was Sie von den anderen brauchen und was Sie selbst den anderen geben können. Geben Sie danach zu verstehen, daß Sie bereit sind, zu teilen.
13. Geben Sie Ihre übertriebene Fürsorge für das eigene Ich auf; es ist zäher und widerstandsfähiger als Sie glauben. Es wird angeschlagen, aber nie ausgezählt. Wenn es gelegentlich verletzt wird, weil sich ein emotionales Engagement nicht auszahlt, dann ist das besser, als wenn es durch emotionale Isolierung und Zurückhaltung abgestumpft wird.

14. Entwickeln Sie langfristige Lebensziele und daneben ganz spezifische kurzfristige Nebenziele. Finden Sie realistische Wege zur Durchsetzung dieser Nebenziele. Überprüfen Sie Ihre Fortschritte regelmäßig und seien Sie der Erste, der Ihnen Anerkennung und Lob zollt. Eine übertriebene Bescheidenheit ist nicht angebracht, denn es hört Sie ja niemand prahlen.
15. Sie sind kein Objekt, dem schlechte Dinge einfach zustoßen, keine passive Null, die wie eine Gartenschnecke darauf hofft, von niemandem zertreten zu werden. Sie sind der Gipfelpunkt der langen Evolution unserer Art, der Träume Ihrer Eltern, des Ebenbildes Gottes. Sie sind ein einzigartiges Individuum, das als aktiver Mitspieler im Drama des Lebens Dinge geschehen lassen kann. Sie können, wenn Sie wollen, Ihrem Leben jederzeit eine neue Richtung geben. Mit dem entsprechenden Selbstvertrauen werden für Sie Hindernisse zu Herausforderungen, und Herausforderungen zu besonderen Leistungen. Die Schüchternheit tritt dann in den Hintergrund, da Sie nun nicht mehr ständig darüber nachdenken, wie Sie Ihr Leben leben sollen, sondern so im Leben aufgehen, daß Sie sich selbst vergessen.

Wie Sie Ihr Selbstvertrauen entwickeln können

Mit der erfolgreichen Bewältigung schwieriger Aufgaben können Sie beginnen, Ihr Selbstvertrauen zu entwickeln. Fangen Sie mit kleinen Aufgaben an, und arbeiten Sie sich dann zu größeren Zielsetzungen vor.

Als erstes müssen Sie sich überlegen, was Sie erreichen wollen. Schreiben Sie drei Ziele auf, die Sie gerne innerhalb eines Monats erreichen möchten. Seien Sie dabei so spezifisch und praxisbezogen wie möglich.

Die beste Gastgeberin in ganz Boston zu werden, ist kein realistisches Ziel. Eine Party zu besuchen und mit zwei Leuten dort zu reden, ist dagegen realistisch. Nehmen Sie nun eines Ihrer Ziele und gliedern Sie es in kleinere Einzelteile. Was müßten Sie zuerst in Angriff nehmen? Was käme dann? Und so weiter. Legen Sie eine Tabelle an, so daß Sie jeden Teil, den Sie erreicht haben, abhaken können. Formulieren Sie einen Plan, wie Sie den ersten Teil Ihres Zieles erreichen wollen. Wenn es Ihnen beispielsweise darum geht, sich im Unterricht zu Wort zu melden, müssen Sie genau festlegen, was Sie sagen wollen. Schreiben Sie das auf und üben Sie es.

Sobald Sie den ersten Teil Ihres Zieles erreicht haben, belohnen Sie sich mit einem Kompliment, einem Bad, einem Kinobesuch, einer Tasse Kaffee, der Lektüre eines Romans oder einer Zeitschrift oder irgendeiner anderen angenehmen Beschäftigung, die Sie verdient haben.

Gehen Sie daraufhin zum zweiten Teil Ihrer Aufgabe über. Und so fort, bis Sie das ganze Ziel erreicht haben.

Kosten Sie das Gefühl aus, etwas vollbracht zu haben. Loben Sie sich ruhig laut für Ihre gute Leistung.

Wenden Sie sich nun Ihrem nächsten Ziel zu, gliedern Sie es in kleine Teile und machen Sie sich an die Verwirklichung. Alles, was Sie in Ihrem Leben tun wollen, läßt sich in kleinere Teile aufspalten und Stück um Stück verwirklichen.

Einige der Übungen in Kapitel 10, „Die sozialen Fertigkeiten entwickeln", könnten Ihnen helfen, Ihr Ziel zu erreichen.

Schluß mit dem negativen Denken

Achten Sie einmal darauf, was bei Ihnen die negativen Selbstäußerungen auslöst und zeichnen Sie das zwei Wochen lang in einer Tabelle auf. Gibt es denn etwas, was immer wieder geschieht und dazu führt, daß Sie sich selbst herabsetzen?

Werden Sie sich Ihrer negativen Selbstäußerungen aktiv bewußt. Sagen Sie jedesmal „Halt", sobald Sie sich selbst herabsetzen. Üben Sie das, bis Sie aufhören, sich ständig herabzusetzen.

Führen Sie Buch darüber, wie oft es Ihnen am Tag gelingt, dieses negative Denken zu stoppen. Belohnen Sie sich für diese Erfolge.

Gegenkräfte

Legen Sie eine Liste Ihrer Schwächen an. Schreiben Sie sie auf die linke Seite des Blattes Papier. Stellen Sie dem nun die konträren positiven Aussagen auf der rechten Seite gegenüber. Zum Beispiel:

Schwäche	*Gegenmeinung*
Keiner, der mich kennt, mag mich.	Jeder, der mich wirklich kennt, mag mich.
Ich habe kaum attraktive Punkte aufzuweisen.	Ich habe eine Menge attraktiver Punkte.

Erweitern Sie Ihre Aussagen in der Spalte der „Gegenmeinungen". Nennen Sie Beispiele. Beurteilen Sie sich immer mehr im Sinne der rechten anstatt der linken Spalte.

Andere Bezeichnungen für Schüchternheit

Wir sind oft nur in einer oder zwei Situationen schüchtern, und doch glauben und sagen wir, wir seien schüchtern.

Sagen Sie sich und anderen nicht mehr: „Ich gehöre zu den schüchternen Menschen", sondern fangen Sie an, spezifischer zu werden; beschreiben Sie spezifische Situationen und spezifische Reaktionen. Sagen Sie: „Ich werde nervös, wenn ich vor einem Publikum sprechen muß", oder: „Auf Partys fühle ich mich immer fehl am Platz, sie schlagen mir auf den Magen", oder: „Ich fühle mich in Gegenwart unseres Firmenchefs gehemmt", oder noch spezifischer: „Ich bekomme Herzklopfen und ein flaues Gefühl im Magen, wenn ich merke, daß mich ein Mädchen mustert."

Fertigen Sie eine möglichst vollständige Liste dieser situationsbedingten Reaktionen. Fassen Sie dann einen Plan, wie Sie diese Reaktionen beherrschen und ändern können. Zum Beispiel: *Wenn* Ihnen bei einem Gespräch mit einem Mädchen die Hände zittern, *dann* falten Sie die Hände, legen sie flach auf den Oberschenkel, stecken sie in die Hosentaschen.

Sitzungen auf zwei Stühlen

Stellen Sie eine Liste all der Leute zusammen, die bei Ihnen ein Gefühl der Schüchternheit auslösen oder Sie zurückweisen. Stellen Sie dann zwei Stühle einander gegenüber. Setzen Sie sich auf den einen Stuhl und stellen Sie sich vor, die erste Person auf Ihrer Liste sitze auf dem anderen Stuhl.

Reden Sie auf den „anderen" ein, schreien Sie ihn an, schieben Sie ihm alle Ihre Probleme mit der Schüchternheit in die Schuhe. Wechseln Sie nun auf den anderen Stuhl und antworten Sie so, als seien Sie der „andere". Gehen Sie nun wieder zu Ihrem ersten Stuhl und erklären Sie, warum Sie sich in Gegenwart des anderen schüchtern fühlen. Wechseln Sie erneut auf den zweiten Stuhl und geben Sie die Antwort, die Sie von dem „anderen" erwarten würden.

Wenn ich bloß nicht schüchtern wäre . . .

Machen Sie es sich bequem und schließen Sie die Augen. Denken Sie an eine Person oder Situation, die Sie wiederholt schüchtern gemacht hat. Gehen Sie das in allen Einzelheiten durch – jedes Wort, jede Aktion.

Stellen Sie sich nun vor, was Sie in dieser Situation tun würden, wenn Sie nicht schüchtern wären. Was hätten Sie getan? Gesagt? Was wäre passiert?

Denken Sie jeden Tag an diesen positiven Eindruck, eine Woche lang.

Wenn Sie sich nun das nächstemal in dieser Situation schüchtern fühlen, denken Sie an Ihr positives Selbst-Bild. Versuchen Sie, entsprechend zu handeln.

Was mir an dir wirklich gefällt . . .

Machen Sie die folgende Aufgabe mit einem Freund, dem Sie vertrauen. Jeder von Ihnen sollte eine Liste von Dingen aufschreiben, die er an dem anderen wirklich mag. (Versuchen Sie, zehn Punkte zusammenzubringen.) Erklären Sie nun abwechselnd, warum Sie den jeweiligen Punkt aufgeschrieben haben. Beginnen Sie Ihre Erklärung mit den Worten: „Was mir an dir wirklich gefällt, ist . . ."

Wie ist Ihnen zumute, wenn Ihnen Ihr Freund (oder Ihre Freundin) ein Kompliment macht? Lernen Sie, diese Komplimente zu akzeptieren (sagen Sie zumindest Dankeschön), und überlassen Sie sich den positiven Gefühlen, die von Komplimenten ausgelöst werden.

Lernen Sie, Ihrem Freund unverhüllte Komplimente zu machen. Übernehmen Sie dies in Ihr alltägliches Leben und machen Sie Leuten selbst für kleine, gewöhnliche Dinge ein Kompliment.

Eine Collage aus starken Punkten

Jeder von uns ist in zumindest einer Hinsicht allen anderen überlegen. Vielleicht kocht er das beste Käseomelette oder schreibt den besten Stil, ist im Witzemachen oder im Zuhören unschlagbar oder poliert die Schuhe wie kein anderer. Was ist Ihre größte Stärke? Haben Sie noch andere Stärken?

Nehmen Sie einen Stapel Zeitschriften und Zeitungen. Schneiden Sie all die Schlagzeilen, Bilder, Comics usw. aus, die Ihre Stärken verdeutlichen, und machen Sie daraus eine Collage.

Hängen Sie die Collage irgendwo hin, wo Sie und andere sie sehen können.

Selbstachtung – ein Rollenspiel

Denken Sie an jemanden, den Sie sehr bewundern. Es können Freunde, Verwandte, Filmstars oder Romanfiguren sein. Stellen Sie sich eine Situation vor, in der der Betreffende schüchtern ist. Was tut er? Was sagt er? Wie könnten Sie ihm helfen? Was sind die Stärken dieser Person?

Notieren Sie sie hier:

____

____

____

____

Wenn Sie all diese Stärken hätten, wie würde sich das auswirken? Was würde das für Ihre Schüchternheit bedeuten? Machen Sie die Augen zu und stellen Sie sich die verschiedenen Situationen vor, in denen Sie nicht schüchtern wären. Was ist das für ein Gefühl?

Tabelle der positiven Erfahrungen

Führen Sie ständig einen Notizblock mit sich und schreiben Sie zwei Wochen lang jede positive Erfahrung auf. Tun Sie das in den Wochen, in denen Sie nicht über Ihre Schüchternheit Buch führen.

Stellen Sie für jeden Tag eine Liste der Momente auf, in denen sie sich gut fühlten. Untersuchen Sie diese Liste und gehen Sie dabei den folgenden Fragen nach:

- Wie viele dieser Vorfälle wurden von anderen ausgelöst?
- Wie viele wurden von Ihnen selbst ausgelöst?
- Wie oft waren Sie dabei allein?
- Wie können Sie Ihre Liste um mehr gute Gefühle erweitern?

Nehmen Sie positive Erfahrungen in Zukunft bewußt wahr und versenken Sie sich darin. Kosten Sie sie *wirklich* aus.

Werden Sie zum Experten

Entwickeln Sie eine Fertigkeit oder werden Sie eine Autorität auf einem Gebiet, das Sie mit anderen in einem geselligen Rahmen teilen können. Legen Sie sich wenigstens ein Attribut zu, das für andere vergnüglich, nützlich, unterhaltsam oder lehrreich sein kann. Wer Gitarre, Harmonika oder Klavier oder ein anderes populäres Instrument spielen kann, ist bei geselligen Anlässen meistens gerne gesehen. Sie könnten auch lernen, Witze gut zu erzählen oder Zauberkunststücke vorzuführen. Das Tanzen ist leicht zu erlernen und bringt viele Punkte ein, vor allem Männern, denn die sind immer knapp, wenn die Musik anfängt. Nehmen Sie sich die Zeit, sich gründlich über das Zeitgeschehen oder über eines der großen Themen unserer Tage zu informieren (Überbevölkerung, Ökologen gegen Fortschrittsgläubige, das Aussterben von Helden in Amerika und in der Welt usw.). Lesen Sie einige gute Bücher, so daß Sie mitsprechen können – und zwar Titel aus der belletristischen wie aus der allgemeinen Bestsellerliste.

Entspannen Sie sich

Es wird Ihnen schwerfallen, sich auf diese neuen positiven Selbst-Botschaften zu konzentrieren, wenn Sie durch Spannungen, Ermüdungszustände und nicht zu unterdrückende beklemmende Gedanken abgelenkt werden.

Die totale Entspannung ist der Schlüssel, der das eigentliche Potential Ihres Geistes freisetzt und unerwünschte Ablenkungen ausschaltet.

- Reservieren Sie fünfzehn bis zwanzig Minuten für diese Übung.
- Finden Sie einen ruhigen Ort, wo Sie ungestört sind.
- Setzen Sie sich in einen bequemen Sessel oder legen Sie sich auf eine Couch, auf das Bett oder auf den Fußboden. Legen Sie sich als Stütze ein Kissen ins Genick.
- Lockern oder entfernen Sie fest sitzende Kleidung und Schmuck. Nehmen Sie gegebenenfalls Ihre Kontaktlinsen heraus.
- Sie werden die Anspannung Ihrer Muskeln zuerst übertreiben, bevor Sie sie dann lockern. Führen Sie zunächst nacheinander die folgenden Schritte durch:

  a) machen Sie eine Faust ... fester ... noch fester ... entspannen.
  b) Ziehen Sie den Bauch ein; versuchen Sie ihn bis zur Wirbelsäule zurückzuziehen. Festhalten, entspannen.
  c) Beißen Sie auf die Zähne, bis sich der Kiefer verkrampft ... fester ... noch fester ... entspannen.
  d) Schließen Sie die Augen. Pressen Sie die Lider immer noch fester zusammen. Entspannen.
  e) Drücken Sie Kopf und Hals gegen die Schultern. Noch weiter nach unten. Entspannen.
  f) Atmen Sie ein. Halten Sie möglichst lange den Atem an. Entspannen.
  g) Strecken Sie Arme und Beine ... steif ... noch steifer ... entspannen.

- Versuchen Sie nun, alle sieben Schritte auf einmal auszuführen.

- Lockern Sie sich und lassen Sie eine warme, weiche Welle Ihren Körper überfluten, die nacheinander jeden Körperteil entspannt, wenn sie sich langsam vom Kopf nach unten bewegt und jeden Muskel überflutet und erfaßt. Insbesondere die Spannungen um Augen, Stirn, Mund, Hals und Rücken sollen sich lösen. Spannung raus, Entspannung rein. Lassen Sie die Welle sanfter Lockerung alle Muskelspannungen lösen.
- Öffnen Sie die Augen. Halten Sie einen Daumennagel im Abstand von wenigen Zentimetern vors Gesicht und fixieren Sie ihn konzentriert. Bewegen Sie nun Ihre Hand langsam nach unten. Lassen Sie dabei Ihre Augenlider schwer und Ihr Atmen ruhiger werden, bis Ihr ganzer Körper in einen Zustand tiefer Entspannung sinkt. Die Augen sind wieder geschlossen, die Hände hängen seitlich herunter oder liegen in Ihrem Schoß.
- Atmen Sie tief ein und aus und zählen Sie dabei mit: 1 ... tiefer, 2 ... tiefer, 3 ... tiefer, bis 10 (tiefste Entspannung).
- Stellen Sie sich nun in einer Situation vor, die Ihnen die größtmögliche Entspannung bietet. Versuchen Sie, diese Situation zu sehen, zu spüren, zu hören, zu riechen, zu berühren. Lassen Sie sich an einem heißen Sommertag auf einem Floß dahintreiben, aalen Sie sich in der Badewanne. Gehen Sie nach einem erfrischenden Morgenregen im Wald spazieren. Wie auch immer Ihr Entspannungsideal aussieht – geben Sie sich ihm ganz hin.
- Nun sind Sie mit Körper und Geist für die Botschaft des Tages vorbereitet. Sie sollten sich auf wichtige künftige Ereignisse dadurch einstellen, daß Sie sich den Rahmen vorstellen und sich selbst darin als erfolgreichen, kompetenten Akteur sehen. Sie werden keine Beklemmung spüren, Sie werden nicht angespannt sein. Sie werden nicht schüchtern sein. Sie werden an der Sache Spaß haben. Sie werden Herr der Lage sein. Dies sind die Botschaften, die Sie sich selbst mitteilen. Sie werden im Lauf der Zeit feststellen, daß Sie sogar noch spezifischer sein können, wenn Sie sich auf Ereignisse vorbereiten, die bei Ihnen sonst immer Angstzustände auslösten.
- Genießen Sie die gute Gemütsverfassung und die körperliche Entspannung.
- Bevor Sie aus dem Zustand der Entspannung zurückkehren (zählen Sie rückwärts 10, 9, 8 ... 1), sollten Sie noch einmal be-

wußt auskosten, wie gut das tut, wenn Sie wirklich *Sie selbst* sind und die eigenen Gedanken, Gefühle und Aktionen in den Griff bekommen. Sagen Sie sich, daß dieses Bewußtsein und die positiven Gefühle von Dauer sein werden. Vielleicht sagen Sie auch noch, daß Sie in der Nacht fest und tief schlafen werden, oder daß Sie jetzt hellwach und erholt und bereit sind, die Übungen zum Erlernen sozialer Fertigkeiten in die Tat umzusetzen.

Sie sind nun auf dem Weg zu einer besseren Selbstverwirklichung und persönlicher Zufriedenheit.[3] Je mehr Sie üben, desto vollständiger und leichter bekommen Sie die Entspannungsreaktionen in den Griff.[4]

10.
Die sozialen Fertigkeiten entwickeln

Wir haben bei unseren Streifzügen durch die Welt der Schüchternen immer wieder gesehen, daß schüchterne Menschen weder für die Aufnahme sozialer Beziehungen noch für die Aufrechterhaltung zwischenmenschlicher Kontakte verantwortlich sein möchten. Viele von uns haben – aus welchen Gründen auch immer – die Grundvoraussetzungen des sozialen Lebens nie erlernt. Wir wissen nicht, wie man Leute kennenlernt; wir bekommen in der Gruppe den Mund nicht auf; Partys machen uns nervös.

Wenn Sie Schwierigkeiten mit den sozialen Fertigkeiten haben, kann Ihnen ohne weiteres dadurch geholfen werden, daß Sie ganz einfach und direkt die Prinzipien der Verhaltensänderung anwenden. Dieses Kapitel wird vor allem hervorheben, was Sie tun können, um Ihre Verhaltensmuster zu ändern, damit Sie stärker in den Genuß der erwünschten sozialen Belohnung kommen. Sie werden lernen und üben müssen, sich wirksam mit anderen auseinanderzusetzen; dann bleiben auch die Belohnungen nicht aus. Und Sie werden von Techniken erfahren, mit denen Sie in Ihrer äußeren Erscheinung und in Ihrem gesellschaftlichen Auftreten für diejenigen attraktiver werden, denen Sie Eindruck machen und näherrücken möchten.

Viele der Ratschläge gehören in die Rubrik „Training des Durchsetzungsvermögens". Manches ist kalter Kaffee und gehört zum Allgemeingut, nach dem Motto „Wie man Freunde gewinnt und seine Mitmenschen beeinflußt". Andere Ratschläge entstammen jedoch wissenschaftlichen Forschungsergebnissen über die Prinzipien der Verhaltensänderung und Theorien über den Transaktionsprozeß, der sich jedesmal abspielt, wenn zwei Menschen denselben Lebensraum teilen.

Wenn ich von den Durchsetzungstechniken rede, mit denen wir schüchternen Menschen zu einer größeren Wirkung verhelfen, kommt unweigerlich der Einwurf, es gebe schon jetzt zuviel Aggression, zu viele Wichtigtuer. Selbstbewußt zu sein, heißt jedoch nicht, ein egoistischer und dickköpfiger Tyrann zu sein und auch nicht ein gefühlloser Grobian, der immer nur seinen Willen durchsetzen will. Selbstbewußte Menschen sichern sich nur ihren fairen Anteil am Angebot des Lebens, indem sie ihre Bedürfnisse mitteilen und sich auf die Bedürfnisse anderer einstellen und den Mut haben, ein Leben zu führen, das mit ihren Werten und der Ökologie ihres Lebensraumes in harmonischer Übereinstimmung steht. Man könnte sagen, ihr Erfolg beruht darauf, daß sie die allzu oft matt gewordene Goldene Sittenregel der Bibel

(„Alles nun, was ihr wollt, das euch die Leute tun sollen, das tut ihnen auch!") neu erstrahlen lassen und nach dem demokratischen Ideal leben. Das allein ist noch nichts Neues. Aber man hat uns immer wieder eingeredet, man müsse in dieser brutalen Welt ein aggressiver Tyrann werden, wenn man sich nicht mit der Rolle des passiven Sklaven zufriedengeben wolle. Wir haben dafür nur allzu viele Beispiele, etwa das Modell des Wärters und der Gefangenen, das wir an anderer Stelle untersucht haben. Meiner Meinung nach findet der Schüchterne das angemessene Modell in dem Beispiel, das ihm der angemessene selbstbewußte Mensch vorlebt.

Handeln oder nicht handeln

Hinter jedem Programm zur Verbesserung Ihres Durchsetzungsvermögens steht das Grundprinzip des *Handelns.* Wir haben immer wieder gesehen, daß das Nichtstun das herausragende Kennzeichen der Schüchternheit ist. Handeln oder nicht handeln – das ist die Frage, die sich dem Schüchternen stellt. Shakespeares Hamlet trödelte während des ganzen Dramas herum, ehe er endlich aufhörte, mit sich selbst darüber zu diskutieren, ob er das, was er tun wollte, wirklich tun sollte oder nicht. Als er dann schließlich tat, was er fünf Akte früher hätte tun sollen, war das Spiel für ihn aus.

Oft fehlt es jedoch an der Energie zum Handeln, denn Angst, Langeweile und Passivität erschöpfen mehr als die schwerste Arbeit. Sie müssen sich aber *von der Stelle bewegen.* Sie werden ungenützte Energiequellen entdecken, wenn Sie tun, was Sie tun wollen, und die Früchte Ihres Handelns ernten.

„Hallo", „Tag", „Wie geht's?", „Nett, daß Sie gekommen sind", „Was macht die Kunst?", „Was Sie da sagten, fand ich gut", „Schönes Wochenende!" – ein anerkennendes Nicken, ein Lächeln, eine flüchtige Handbewegung, ein Austausch von Blicken. Für den Anfang genügt das schon. Um weiterzukommen, werden Sie dann allerdings eine gewisse Energie aufbringen und gewisse Fertigkeiten entwickeln müssen.

Beginnen Sie mit kleinen Zielen, die Sie glauben, erreichen zu können, sofern es Ihnen nur gelingt, einige kleine Dinge zu tun. Widmen Sie sich zunächst Situationen und Menschen, bei denen Ihre Schüchternheitsbarrieren am niedrigsten und am wenigsten bedrohlich sind.

Am Anfang werden Sie sich leichter tun, wenn Sie nach einem „Drehbuch" handeln, das Sie vorher vorbereitet haben. (Ein Beispiel dafür finden Sie auf S. 244.) Später, wenn Sie kein Lampenfieber mehr haben, können Sie versuchen, spontaner zu handeln, zu improvisieren. Wenn Sie Ihren Auftritt vorher üben, erhöhen Sie die Chancen, daß er die erwünschte Wirkung haben wird. Stellen Sie sich im Geiste die spezifischen selbstbewußten Auftritte vor, die Sie planen; lassen Sie sie in Gedanken ablaufen. Üben Sie einzelne Sätze, Gesten und Bewegungen. Üben Sie vor einem Spiegel alles, was Sie sagen oder tun wollen.

Kann man Sie überhaupt verstehen? Sprechen Sie laut und deutlich! Entwickeln Sie einen Stil und eine Sprechweise, die der jeweiligen Szene angemessen sind – eindringlich, interessiert, besorgt, aufgebracht, verärgert oder zärtlich. Wie wichtig Stimmfall und Stil sein können, verdeutlichte uns vor kurzem ein Fall in unserer Beratungsstelle. Die meisten der Klienten hatten echte Schwierigkeiten, in einer kleinen Gruppe zu reden, und sie wollten sich darin üben. Nach einer ganzen Weile kam die Rede schließlich auf ein interessantes Thema, auf die

Außersinnliche Wahrnehmung nämlich, und zum erstenmal fingen die meisten Mitglieder der Gruppe an, ohne den Umweg über den Therapeuten direkt miteinander zu sprechen. „Was?" sagte Bob leise. Weiter ging die Diskussion, ohne sich um Bob zu kümmern. „Was?" murmelte Bob noch zurückhaltender. Nach einigen Minuten schob er seinen Stuhl vom Tisch zurück, seufzte gelangweilt und schlug eine Zeitung auf. Er glaubte sich ignoriert oder zurückgewiesen, sollten sie doch ihre blöde Diskussion ohne ihn fortsetzen.

Als wir hinterher erörterten, was geschehen war, ergab sich eine völlig andere Interpretation. Einige der anderen hatten Bobs Frage nicht mal wahrgenommen. Und die, die ihn gehört hatten, waren sich nicht sicher, worauf sich sein „Was?" bezog, und sie waren so sehr in ihr erstes vergnügliches Gespräch vertieft, daß sie sich nicht damit aufhalten wollten, seiner Frage auf den Grund zu gehen. Was Bob betrifft, so drückten sich in seinem leisen „Was?" die Hemmungen aus, die ihn befielen, weil er über das Gesprächsthema nicht viel wußte, denn die Parapsychologie war nicht sein Fachgebiet, und wenn er von einer Sache nicht schon sehr viel wußte, redete er nicht mit. Bob wollte sich auf keinen Fall selbst zum Narren machen. Als einer aus der Runde sagte: „Die ASW ist in wissenschaftlichen Versuchen nachgewiesen worden", hätte er zwar wirklich gerne gewußt, was damit gemeint war, doch er sagte nur: „Na und? Wen interessiert das schon?" Schließlich wurde aus seinem Abwehrmanöver ein offensives Verhalten, als er herablassend zu verstehen gab, die Unterhaltung liege unter seinem Niveau. Nur durch Übung und vorherige Planung kann man lernen, wie man sich in ein Gespräch einschaltet, ohne alles zu stören, und wie man Fragen stellen muß, um eine Antwort zu bekommen.

Das wirkliche Ich und das gespielte Ich

Schüchterne machen sich oft zu große Gedanken darüber, ob ihr Handeln ihr *wirkliches* Selbst wiederspiegelt oder nicht. Wie ein Schauspielschüler müssen Sie lernen, die Grenzen zwischen dem sogenannten wirklichen Ich und dem von Ihnen gespielten Ich aufzuheben. Wenn Sie Ihre Handlungen für sich sprechen lassen, werden diese letztlich für Sie, den Handelnden sprechen.

Ich habe festgestellt, daß man Schüchterne durch ein Rollenspiel dazu bringen kann, Initiativen zu ergreifen, die sie von sich aus nie in Angriff nehmen würden. Als Akteure in einer Rolle – z. B. als Interviewer in einer Umfrage – können selbst extrem Schüchterne eine überzeugende Vorstellung geben. Sie sind imstande, aus ihrem ängstlichen, verschämten, empfindlichen Selbst zu schlüpfen und die Rolle eines anderen zu spielen. Auf diese Weise sind *sie* nicht verletzbar, denn es ist ja nicht ihr *wirkliches Ich,* das bewertet wird. Wenn die Rolle dann außerdem noch durch die Umgebung oder irgendeine Autorität sanktioniert ist und das „Drehbuch" mitgeliefert wird, kann ihrem Selbst überhaupt nichts mehr passieren. „Was soll's, alles läuft wie am Schnürchen, da kann nichts schiefgehen. Warum also nicht?"

„Guten Tag, ich mache Interviews für das Schüchternheitsprojekt der Stanford-Universität. Ich würde gern einen Termin mit Ihnen vereinbaren, um mit Ihnen über Ihre Reaktionen auf den Fragebogen zu sprechen, den Sie ausgefüllt haben. Wann könnten wir uns denn für eine Viertelstunde oder so unterhalten? Schön. Danke. Dann bin ich also am Mittwoch um sieben Uhr bei Ihnen. Ich heiße übrigens Robert Rollenspieler, und ich danke Ihnen für Ihre Bereitschaft, mitzumachen."

Von einem derartigen Text ausgehend verabredeten sich schüchterne Studenten aus meinem Seminar für fast hundert Interviews. In ihrer Rolle als Interviewer gelang es ihnen nicht nur, diese normalerweise gefürchteten Telefonkontakte herzustellen, sondern sie hatten auch riesigen Spaß an den Interviews selbst. Diese dauerten oft ein, zwei Stunden und mündeten in einen nicht vorgesehenen geselligen Teil, etwa in einen Spaziergang oder eine Kaffeestunde. Für manche entwickelten sich sogar gute Freundschaften aus diesen ursprünglich im Rollenspiel hergestellten Kontakten. Sie hatten die Grenzen der Rolle überschritten und sie mit ihren anderen Rollen verschmelzen lassen (die nach Ansicht mancher Soziologen kollektiv das „wirkliche Ich" ausmachen).

Ein weiteres besonderes Merkmal des Aufgehens in einer bestimmten Rolle besteht darin, daß sich der Betreffende dabei „selbst vergißt". Im Folgenden erzählt der Bandleader Lawrence Welk über die Entwicklung seiner Schüchternheit, und er macht deutlich, wie entscheidend es für sein weiteres Leben war, daß er die Rolle des Musikers zu spielen hatte.

> Eine Kinderkrankheit und eine schwere Operation sorgten dafür, daß ich ein ganzes Schuljahr versäumte. Als ich im folgenden Jahr zurück-

kehrte, war ich einen Kopf größer als meine Klassenkameraden und gewann die Überzeugung, daß ich tatsächlich der „dumme Esel" war, den mir mein Vater manchmal an den Kopf warf. Diese Erfahrung schien meinen wohl angeborenen Minderwertigkeitskomplex noch zu verschlimmern. Kurz darauf ging ich nach dem vierten Schuljahr von der Schule.

Nachdem ich in einer deutsch sprechenden Familie aufgewachsen war, wurde mir sehr schnell mein schwerer Akzent bewußt, als ich mit einundzwanzig Jahren mein Zuhause auf der Farm verließ. Ich hatte panische Angst davor, in der Öffentlichkeit zu sprechen. Am liebsten spielte ich auf meinem Akkordeon, um die Leute zu unterhalten, und sobald ein paar Leute versammelt waren, hoffte ich insgeheim immer, dazu aufgefordert zu werden. Dabei war ich im Grunde genommen menschenscheu und hätte mich lieber in ein Loch verkrochen, als mich einem Publikum zu stellen.

Ein Mann namens George T. Kelly half mir ganz entscheidend, meine Schüchternheit zu überwinden und ein Selbstvertrauen zu entwickeln. George hatte eine kleine Kapelle, die in Varietés auftrat und sich „Unvergleichliche Musikanten" nannte, und er heuerte mich an. Er kündigte mich als den „größten Akkordeonspieler der Welt" an (offenkundig eine meisterhafte Übertreibung) und lehrte mich alles, was er über das Show Business wußte.

Als ich dann meine erste eigene Band hatte, wußte ich eine ganze Menge über die Wünsche des Publikums, aber der Gedanke, zum Publikum sprechen zu müssen, machte mir immer noch Angst. Ich brauchte annähernd zwanzig Jahre, bis ich auf der Bühne zum erstenmal etwas sagte. Diese Worte waren *„a-one and a-two . . . "*.

Im Radio (und später im Fernsehen) kämpfte ich weiter gegen meine Handicaps: den starken Akzent, eine begrenzte Schulbildung und die ständige Angst davor, in der Öffentlichkeit den Mund aufzumachen. Als wir zum erstenmal einen Vertrag für eine wöchentliche Fernseh-Show unterzeichneten, wäre ich vor Angst fast auf die Farm zurück geflüchtet, als man mir sagte, ich müsse auch den Conferencier spielen. Meine Reaktion war ein „Bei euch piept's wohl nicht richtig!" oder so etwas ähnliches.

Im Laufe der Zeit, nach sechsundzwanzig Jahren im Fernsehen, zahllosen Auftritten für die Amerikanische Krebsgesellschaft und für die Verleger meiner Bücher, habe ich wohl doch einen großen Teil meiner früheren Angst abgelegt und mir, wie ich hoffe, ein erhebliches Maß an innerer Ausgeglichenheit erworben. Außerdem kann ich heute meiner Band oder guten Freunden unbefangen gegenübertreten. Ich kann wohl sagen, daß das Erlernen meines Handwerks entscheidend zur Überwindung meiner Schüchternheit beigetragen hat . . .

Wenn es mir im Laufe der letzten fünfzig Jahre gelungen ist, einen Teil meiner Schüchternheit abzustreifen, dann ist das, glaube ich, weitgehend der Tatsache zuzuschreiben, daß ich mich bemühte, peinliche Situationen zu vermeiden, und mir vorher genau überlege, was ich sage. Natürlich kann ich, wenn es allzu schwierig wird, immer meine „Musikalische Familie" mit ihrem großartigen Singen und Spielen für mich sprechen lassen. Wenn das alte Gespenst der Schüchternheit seinen Kopf erhebt, kann ich mich immer darauf verlassen, daß mich diese wunderbaren Menschen herausholen.[1]

Das Rollenspiel ist ein wesentlicher Faktor in der Entwicklung sozialer Fertigkeiten. Wer eine Rolle spielt, muß handeln, und er erfährt, wie das ist, wenn man handelt. Das „Selbst" wird durch die „Rolle" ersetzt, so daß Verhaltensweisen erlaubt sind, die normalerweise tabu sind. Das Bewußtsein, das sonst alles überwacht und unterdrückt, ist ausgeschaltet. Und so kann ich demonstrieren, was ich tun könnte, wenn ich nicht *ich* wäre. Habe ich aber die Rolle erst gespielt, ist sie ein Teil von mir. Ich kann das Wissen nicht mehr auslöschen, daß ich tun und fühlen kann, was ich während des Rollenspiels getan und gefühlt habe. Untersuchungsergebnisse haben gezeigt, daß einer, der eine für seine Verhältnisse ungewöhnliche Rolle übernimmt, nachher auch in seinen persönlichen Einstellungen und Werten entsprechende Änderungen durchmacht.[2]

Eine fünfzigjährige schüchterne Frau beschreibt die Auswirkung eines dramatischen Rollenspiels folgendermaßen:

Ich stellte fest, daß sich meine Schüchternheit und Verlegenheit verloren, wenn ich eine Rolle in einem Stück übernahm. Ich habe eine echte dramatische Neigung und Begabung – schließlich war das nicht ich auf der Bühne, es war eine Rolle, ein Charakter, ein anderer Mensch – wieder mal eine Gelegenheit, mein unbehagliches Selbst abzustreifen, „mich zu verlieren". Mein leidenschaftliches Wesen hatte so manches Betätigungsfeld, und das bewahrte mein schüchternes Selbst vor ernsthaften emotionalen Störungen und verschaffte mir außerdem persönliche Befriedigung und das Gefühl, etwas Bedeutsames geleistet zu haben.

Es ist bei darstellenden Künstlern nicht selten, daß sie ihren Beruf zum Teil deshalb ergriffen haben, um unmittelbar gegen ihre Schüchternheit anzugehen. Richard Hatch, der in der Fernsehserie *Die Straßen von San Franzisko* Michael Douglas abgelöst hat, sagte in einem Interview: „Ich war immer so schüchtern. Ich hab mit der Schauspielerei angefangen, weil ich versuchen wollte, meine Unsicherheit und meine Hemmungen loszuwerden. Ehrlich, das Geld bedeutet mir nichts."[3]

Die Verhaltensweisen müssen sich ändern

Psychologen registrieren immer häufiger das Fehlen sozialer Fertigkeiten im Verhalten vieler Klienten und psychiatrischer Patienten. Früher glaubten Psychologen, die Probleme ließen sich auf tief wurzelnde pathologische Zustände im Gefühls- und Triebleben zurückführen. Doch eine neue Richtung interessiert sich weniger für die nicht zu überprüfenden inneren Mechanismen, als vielmehr für spezifische Verhaltensweisen und deren Folgen. Die Verhaltensweisen sind das Ziel der Veränderung, nicht die *Menschen*. Diese Analyse spricht nicht von Minderwertigkeitskomplexen, einem unterentwickelten Ego und ähnlichem. Vielmehr identifiziert sie Handlungsweisen, die die erwünschten Folgen haben und nicht haben. Dann macht sich diese Verhaltenstherapie daran, diese Verhaltensweisen zu ändern, damit sich mehr positive und weniger negative Folgen ergeben. Anstatt bei einem jungen Mann, der sich vor einem Job-Interview fürchtet, nach einem Ödipuskomplex zu suchen, konzentrieren sich Psychologen nun darauf, ihm die spezifischen Fertigkeiten zu vermitteln, die ein erfolgreiches Interview ermöglichen.

Die zwei Hauptgründe für die Unfähigkeit, sich in einer gegebenen Situation richtig zu verhalten, sind: eine mangelnde Beherrschung der erforderlichen sozialen Fertigkeiten und die durchschlagende Wirkung allzu großer Angstgefühle. Techniken zur Verringerung der Angst – Entspannung und Meditation etwa – sollen es dem Betreffenden ermöglichen, seine Angst unter Kontrolle zu bringen. Daneben hat sich aber gezeigt, daß ein erfolgreiches Programm zur Entwicklung sozialer Fertigkeiten (das in diesem Kapitel dargestellt werden soll) ebenfalls zu einer Verringerung der Angst führen kann, da das Selbstvertrauen gesteigert und das Durchsetzungsvermögen verbessert wird.[4]

Schließen Sie einen Vertrag mit sich selbst

Kein Gewerkschaftsführer, der wegen verbesserter Arbeitsbedingungen verhandelt, würde sich mit vagen, allgemeinen Versprechungen zufriedengeben. Er verlangt einen detaillierten Vertrag, der die Ziele nennt und spezifische Maßnahmen aufführt, mit denen diese Ziele zu erreichen sind. Nur so läßt sich der Fortschritt festschreiben und ein Schwindel aufdecken.

Wenn Sie beginnen wollen, Ihren Lebensstil zu verbessern, müssen Sie an sich selbst ähnliche Forderungen stellen. Es ist nun Zeit, einen detaillierten, ausführlichen Vertrag niederzuschreiben. Ihr Vertrag sollte die folgenden Punkte enthalten:

- *Die Änderungen, die Sie herbeiführen wollen*
  Entscheiden Sie sich für realistische Änderungen. Zu einem 400köpfigen Publikum zu sprechen, ist kein realistisches Ziel für jemanden, der sich schon vor der Begegnung mit einem einzigen Menschen fürchtet. Es wird oft nützlich sein, Ihr Ziel in kleinere, leichter zu bewältigende Teile aufzuspalten. Wenn Sie beispielsweise mehr Freunde gewinnen möchten, könnte der erste Schritt darin bestehen, daß Sie in dieser Woche vier neue Leute grüßen.
- *Wie Sie Ihren Fortschritt überprüfen werden*
  Sie können Ihre Fortschritte in einer Tabelle oder einem Journal festhalten. Oder Sie können Freunde bitten, Sie zu überwachen.
- *Wie Sie sich für die Erfüllung der einzelnen Vertragspunkte belohnen werden*
  „Jedesmal, wenn ich einen neuen Menschen grüße, werde ich ein gutes Gefühl haben und mich mit einem Bad oder einem langen Spaziergang oder einem Film belohnen." Sie müssen bereit, willens und imstande sein, sämtliche Verhaltensweisen, die Ihrem erwünschten Standard entsprechen (oder ihn übersteigen), zu untermauern. Es ist ganz besonders wichtig, mit diesen Belohnungen nicht geizig zu sein. Seien Sie mit der unmittelbar folgenden mündlichen Zustimmung großzügig. Sagen Sie sich: „Das hab ich gut gemacht." „Ich bin mit meinem Vorgehen sehr zufrieden." „Dieses Verhalten gefällt mir sehr gut an mir."
- *Wie Sie feststellen werden, daß der Vertrag erfüllt ist*
  „Ende nächster Woche werde ich vier Leute gegrüßt haben und bereit sein, auf dem Weg zu neuen Freundschaften den nächsten Schritt zu machen."
- *Was Sie bei Nichterfüllung des Vertrags tun werden*
  Wählen Sie eine wirksame Strafe. Keller aufräumen, Laub zusammenrechen, Besteck in der Schublade ordnen – das alles sind mögliche Strafen.

Oft empfiehlt es sich, den Vertrag schriftlich aufzusetzen. Er wird dadurch offizieller, und die Chancen, daß Sie ihn einhalten, sind besser.

Sie können jede einzelne der in diesem Kapitel aufgeführten Tätigkeiten vertraglich regeln. Sie sollen Ihren Bestand an sozialen Fertigkeiten erweitern, damit Sie sich mit den Menschen in Ihrem Leben erfolgreicher auseinandersetzen können. Wählen Sie die aus, die Ihnen am wichtigsten sind, und machen Sie für jede ein Aktionsprogramm. Mit Konzentration und Übung werden Ihnen diese Fertigkeiten bald in Fleisch und Blut übergehen.

Unbekannte ansprechen

Wenn es Ihnen *grundsätzlich* schwerfällt, jemanden anzusprechen, sollten Sie vielleicht einige dieser Übungen versuchen:

- Rufen Sie die Auskunft an und fragen Sie nach den Telefonnummern von Leuten, die Sie anrufen möchten. Es ist eine gute Übung, und außerdem haben Sie dann die erwünschten Nummern. Bedanken Sie sich beim „Fräulein vom Amt" und achten Sie auf ihre Reaktion.
- Rufen Sie ein Warenhaus an, um sich einen in einer Annonce aufgeführten Preis bestätigen zu lassen.
- Rufen Sie während einer Talkshow beim Sender an und sagen Sie, daß Ihnen das Programm gefällt; stellen Sie außerdem eine Frage.
- Rufen Sie ein Kino an und fragen Sie nach den Anfangszeiten der Filme.
- Rufen Sie die Sportredaktion der Lokalzeitung an und erkundigen Sie sich nach dem Ergebnis des letzten Fußball- oder Handballspiels.
- Rufen Sie die Stadtbibliothek an und bitten Sie um eine Auskunft, die Sie gerne hätten; fragen Sie zum Beispiel nach der Einwohnerzahl der USA.

Das Telefon gibt Ihnen die Möglichkeit, jemanden anzusprechen und selbst zunächst anonym zu bleiben. Nach und nach können Sie mit dieser Erfahrung im Rücken ganz bestimmte Leute anrufen, mit denen Sie Kontakt aufnehmen wollen, oder Sie können Leute auf der Straße grüßen, so wie Sie in der Übung „Guten Tag sagen".

Die äußere Erscheinung pflegen

Sehr wenige von uns sehen aus wie Lauren Hutton oder Paul Newman. Aber wir können alle aus unseren Möglichkeiten das Beste machen und sehen dann wahrscheinlich besser aus als sonst.

Lassen Sie sich einen Haarschnitt verpassen, der *Ihnen* steht – und nicht nur der neuesten Mode entspricht. Sorgen Sie stets für saubere Haare. Verwenden Sie Make-up (aber nicht zuviel), wenn Sie die guten Merkmale in Ihrem Gesicht hervorheben wollen.

Stellen Sie fest, welche Kleidung Ihnen am besten steht. Fragen Sie gegebenenfalls Ihre Freunde. Welches sind die besten Farben? Tragen Sie sie. Achten Sie immer darauf, daß Ihre Kleidung sauber und gebügelt ist. Wenn Sie sich selbstbewußt (und bequem) kleiden, werden Sie sich ganz natürlich auch selbstbewußter fühlen. Zumindest sollten Sie diese Quelle für allerlei Hemmungen verkleinern oder eliminieren.

Guten Tag sagen

Grüßen Sie in der nächsten Woche jeden, der Ihnen auf der Straße, in Ihrem Büro oder in der Schule begegnet. Lächeln Sie und sagen Sie etwa: „Tag, schön warm heute", oder: „Eine Menge Schnee dieses Jahr, was?" Da es die meisten von uns nicht gewohnt sind, auf der Straße gegrüßt zu werden, werden Sie vielleicht feststellen, daß viele Leute auf Ihren Gruß mit Überraschung reagieren. Nicht alle werden Ihren Gruß erwidern, aber in den meisten Fällen wird man Ihnen mit einer ähnlich freundlichen Bemerkung antworten.

Anonyme Unterhaltungen

Eine gute Möglichkeit, Ihre Sprachgewandtheit in Konversationen zu schulen, besteht darin, mit fremden Menschen in öffentlichen Situationen ein *sicheres* Gespräch anzuknüpfen, etwa:

in der Schlange im Supermarkt
in der Schlange vor der Kinokasse
bei einer politischen Demonstration
im Wartezimmer Ihres Arztes
bei einer Sportveranstaltung
in der Bank
im Elternbeirat
nach dem Gottesdienst
in der Bücherei

Sie können die Unterhaltung mit der *gemeinsamen Erfahrung* beginnen, die Sie im Augenblick machen. Zum Beispiel:

- „Bei der Schlange *muß* der Film ja gut sein."
- „Ich brauchte ewig, um einen Parkplatz zu finden. Wissen Sie vielleicht ein gutes Plätzchen in dieser Gegend?"
- „Lohnt es sich, dieses Buch (Waschmittel) zu kaufen? Ich kenne es nicht."
- „Das ist eine hübsche Jacke (Aktentasche usw.). Wo kauft man denn so was?"

Komplimente austeilen und entgegennehmen

Ein guter und für beide Teile angenehmer Einstieg in ein Gespräch ist ein hübsches Kompliment. Sie können sich beziehen auf:

- die Kleidung: „Ich mag Ihr Kostüm."
- die gepflegte Erscheinung: „Ihre Frisur sieht prächtig aus."
- eine Fertigkeit: „Was für ein guter Gärtner Sie sind!" (Oder: „Sie verstehen sich so gut auf Zimmerpflanzen!")
- einen Aspekt der Persönlichkeit: „Ich mag Ihr Lachen, es ist so ansteckend."
- Besitztümer: „Einen tollen Wagen haben Sie da."

Um ins Gespräch zu kommen, brauchen Sie nur eine Frage anzuhängen:

- „Einen tollen Wagen haben Sie da. Wie lange fahren Sie den schon?"
- „Was für ein guter Gärtner Sie sind! Wie halten Sie denn das Ungeziefer fern?" (Oder: „Ist es denn nicht sehr mühsam, diese herrlichen Glockenblumen durchzubringen?")

Lernen Sie, sich über die Komplimente zu freuen, die man Ihnen macht. Spielen Sie nie ein Kompliment herab, das Ihnen gemacht wird, etwa in der Art: „Ich mag Ihr Kostüm." – „Dieses alte Ding? Ich sollte es längst wegwerfen." Wenn Sie so reagieren, kommt sich der andere töricht vor und wird noch unsicherer. Sie sollten auf jedes Kompliment wenigstens mit einem „Danke schön" antworten. Am besten ist es, wenn Sie zu dem Kompliment Ihre eigenen positiven Gefühle hinzufügen: „Ich mag Ihr Kostüm." – „Danke. Ich mag es auch sehr gern, es trägt sich so gut." Oder: „Nett von Ihnen, das zu sagen."

Versuchen Sie zwei Wochen lang, täglich mindestens drei Komplimente zu machen – führen Sie Buch über die Komplimente, die Ihnen gemacht werden. Denken Sie stets daran, sie freundlich entgegenzunehmen. Freuen Sie sich, wenn Ihnen jemand ein Kompliment macht, und lassen Sie ihn spüren, daß Sie das wirklich zu schätzen wissen.

Vielleicht versuchen Sie auch, den Leuten ein Kompliment zu machen, die Sie bewundern, die aber wahrscheinlich auf Grund ihrer Position nicht oft ein Kompliment zu hören bekommen – etwa einem Lehrer nach einer guten Vorlesung, Ihren Eltern nach einer guten Tat, Ihrem Chef nach einer guten Entscheidung oder einer Änderung der Unternehmenspolitik. Eine Karte mit ein paar anerkennenden Worten ist leicht zu verschicken und macht dem Empfänger immer Freude. Versuchen Sie, einige solcher Karten an Leute zu schicken, die es verdient haben.

Mit Leuten zusammenkommen

Versuchen Sie, mit vielen Menschen zusammenzukommen. Zunächst kommt es auf die Masse an, nicht auf die Klasse. Was Sie brauchen, ist mehr Übung im allgemeinen geselligen Umgang.

Sie können Orte aufsuchen, an denen Sie sich wohl fühlen: den Supermarkt, eine Buchhandlung, die Bücherei, ein Museum. Fangen Sie überall, wo Sie hinkommen, wenigstens ein Gespräch an.

Sie können Orte aufsuchen, die Sie interessieren, die aber nicht so „sicher" sind, wie die eben genannten: ein Café, einen Kurs für angehende Schriftsteller, eine Wandergruppe, eine Arbeitsgruppe für Frauenfragen, eine Bürgerinitiative zur Rettung der Wale. Wenn Sie sich anfänglich unbehaglich fühlen, nehmen Sie einen Freund mit. Später sollten Sie dann allerdings allein hingehen. Knüpfen Sie wieder zumindest ein Gespräch an, das von gemeinsamen Interessen ausgeht: „Was trinken Sie denn für einen Kaffee? Ich habe einen Espresso, schmeckt hervorragend." Ein Wort der Warnung: Denkbar ungeeignet für derlei Begegnungen sind Bars, die nur von Leuten besucht werden, die Anschluß suchen. Solche ausgesprochenen „Singles"-Bars sind durch eine gewisse Spannung geprägt, und die Chancen, daß man zurückgewiesen wird, sind dort zu groß.

Sie können zusammen mit Freunden irgendwo hingehen: begleiten Sie sie, wenn sie zu irgendwelchen Kursen, Sportveranstaltungen oder auf Partys gehen und lassen Sie sich *ihren* Freunden vorstellen. Halten Sie nach anderen „Mitläufern" Ausschau; sie lassen sich meistens gerne ansprechen.

Stellen Sie nun einen Terminplan für die geplanten Unternehmungen auf. Gehen Sie im nächsten Monat mindestens dreimal wöchentlich aus. Legen Sie für jede Woche fest, wohin Sie gehen werden und mit wem. Wenn Sie Freunde mitnehmen wollen, holen Sie vorher deren Zustimmung ein. Beginnen Sie mit den Orten, an denen Sie sich wohl fühlen, und gehen Sie dann zu denen, die Ihnen weniger vertraut sind. Falls notwendig, schließen Sie mit sich selbst für jede Woche einen Vertrag ab (S. 229).

Schreiben Sie nach jeder Erfahrung auf, wohin Sie gegangen sind, was geschehen ist und wie Sie sich gefühlt haben. Ergründen Sie, weshalb Ihre Erfahrung positiv oder negativ war, damit Sie für künftige Unternehmungen Korrekturen vornehmen können.

Sie müssen etwas vorweisen und erzählen können

Um gut ins Gespräch zu kommen, müssen Sie etwas zu erzählen haben. Das geht am leichtesten, wenn Sie immer informiert sind.

- Lesen Sie die Zeitungen und/oder Nachrichtenmagazine.

- Informieren Sie sich über die politische Situation in Ihrer Stadt, im Land, oder auf Bundesebene.
- Lesen Sie Film- und Buchkritiken – und sehen Sie sich dann einige Filme an und lesen Sie einige Bücher.
- Befassen Sie sich mit einigen politischen, kulturellen oder anderen Themen und eignen Sie sich Kenntnisse auf diesen Gebieten an. Machen Sie sich gegebenenfalls schriftliche Notizen davon.
- Überlegen Sie sich vier oder fünf interessante oder erregende Dinge, die Ihnen in letzter Zeit zugestoßen sind. Machen Sie kurze interessante Geschichten daraus und üben Sie vor dem Spiegel oder mit dem Tonband.
- Schreiben Sie zwei oder drei interessante Geschichten auf, die andere Ihnen erzählt haben. Notieren Sie sich Witze, die Sie erzählen möchten. Wenn Sie Schwierigkeiten haben, sich an die Pointe zu erinnern, sollten Sie allerdings auf das Witzeerzählen verzichten.

Wenn Sie mit Leuten zusammenkommen, sollten Sie bereit sein, einige Geschichten zu erzählen oder interessante Kommentare abzugeben. Üben Sie das vorher mit Freunden oder mit einem leeren Stuhl oder vor dem Spiegel oder mit dem Tonband.

Überlegen Sie sich, wie viele Geschichten Sie in der nächsten Woche anderen Leuten erzählen können. Vergrößern Sie nach und nach Ihr Repertoire. Schätzen Sie immer vorher ab, ob Ihre Erzählungen dem Publikum angemessen sind. Nicht alle Zuhörer werden Ihre Geschichte mit der Jauchegrube lustig finden.

Wie man eine Unterhaltung anfängt

Da sind Sie nun also, in der Bücherei oder in einem Kurs für Geldanleger oder bei einem Essen oder auf einer Party. Wie fangen Sie nun eine Unterhaltung an? Suchen Sie sich zuerst einen ansprechbaren Partner, jemand, der Sie anlächelt oder allein dasitzt oder umherwandert. Gehen Sie nicht auf einen zu, der offensichtlich anderweitig beschäftigt ist.

Es gibt viele Möglichkeiten, ins Gespräch zu kommen. Entscheiden Sie sich für eine, die Ihrer Situation angemessen ist und die Ihnen am besten liegt.

- *Stellen Sie sich vor.* „Guten Tag, ich bin . . . .". Die beste Methode, wenn sich alle Anwesenden fremd sind. Tauschen Sie Informationen aus, über Ihr Zuhause, Ihre Arbeit, Ihre Familien usw.

- *Machen Sie Komplimente* (vgl. S. 233). Schließen Sie daran eine Frage an: „Der Drink ist Klasse. Was ist denn da alles drin?"

- *Bitten Sie um Hilfe.* Lassen Sie erkennen, daß Sie Hilfe brauchen und daß Sie glauben, Ihr Gegenüber könne Ihnen helfen:
  „Ich kann diesen Kommentar nicht finden, Wissen Sie, wo er steht?"
  „Können Sie mir diesen Tanzschritt zeigen?"
  „Ich weiß überhaupt nicht, was mit Gebrauchsgütern gemeint ist; können Sie mir das erklären?"

- *Versuchen Sie es mit einer Aussage über sich selbst.* Sie werden feststellen, daß Sie auf eine offensichtlich persönliche Bemerkung eine positive, wohlwollende Antwort bekommen. Sagen Sie beispielsweise:
  „Ich weiß gar nicht, was ich hier soll; ich bin im Grunde genommen sehr schüchtern."
  „Ich würde sehr gerne segeln, schwimmen, Skilaufen usw. lernen, aber ich weiß nicht, ob ich das schaffe."
  „Ich bin vor kurzem erst geschieden worden, das macht mir noch zu schaffen."

- *Bedienen Sie sich der üblichen höflichen Gesten:*
  „Darf ich Ihnen Feuer geben?"
  „Wie ich sehe, ist Ihr Glas auch leer. Kann ich Ihnen was mitbringen?"
  „Kommen Sie, ich helfe Ihnen was tragen."

- *Wenn Sie sich gar nicht mehr anders zu helfen wissen, versuchen Sie's mit einer der abgedroschenen, aber immer funktionierenden Phrasen:*
  „Glauben Sie, daß das Wetter hält?"
  „Hab ich Sie nicht schon mal irgendwo gesehen?"
  „Waren Sie schon öfter hier?"
  „Haben Sie Feuer?"

Üben Sie diese Sätze vor dem Spiegel oder mit Ihrem Tonbandgerät. Testen Sie mehrere davon gleich in der nächsten Woche. Finden Sie heraus, mit welchen Sie den besten Erfolg haben und warum.

Wie man die Unterhaltung in Gang hält

Nachdem Sie eine Unterhaltung angefangen haben, können Sie sich mehrerer Techniken bedienen, um sie in Gang zu halten.

- Fragen Sie nach einer *Tatsache:* „Wie ist denn das Spiel gestern ausgegangen?", oder holen Sie eine *persönliche Meinung* ein: „Was halten Sie davon, daß sich Präsident Carter für Cyrus Vance entschieden hat?"
- Geben Sie eine Ihrer eigenen Geschichten oder Meinungen zum besten (vgl. S. 235).
- Erreichen Sie, daß Ihr Gesprächspartner über sich selbst spricht: „Wo sind Sie aufgewachsen? Haben Sie Spaß an Ihrem Beruf?"
- Zeigen Sie sich an der Sachkenntnis des anderen interessiert: „Nach welchen Kriterien wird ein Buch veröffentlicht?" „Wie organisiert man eine Kinderkrippe?"
- Entscheidend ist, daß Sie Ihre Reaktion auf das, was sich während der Unterhaltung abspielt, mitteilen. Äußern Sie Ihre Gedanken und Gefühle über das, was der andere gesagt oder getan hat.

Aktiv zuhören

Werden Sie ein aktiver Zuhörer, indem Sie aufmerksam verfolgen, was die Leute um Sie her sagen. Sie können eine Menge über die Persönlichkeit anderer erfahren, wenn Sie den Unterhaltungen oder Diskussionen sorgfältig zuhören.

- Achten Sie darauf, was gesagt wird, und geben Sie zu erkennen, daß Sie aufmerksam zuhören: in Worten – „Ja", „Aha", „Verstehe", „Sehr interessant", „Unglaublich", „Tatsächlich?" – und durch Gesten – beugen Sie sich vor, setzen Sie sich auf, rücken Sie näher, nicken Sie zustimmend usw.

- Ziehen Sie keine vorschnellen Schlüsse über die Motive oder den Gemütszustand des anderen. Holen Sie sich die Bestätigung, etwa so: „Mir scheint, Sie fühlen sich wirklich gekränkt, weil Sie zu der Party nicht eingeladen worden sind. Hab ich recht?" Oder: „Heißt das, daß Sie verstimmt sind, weil ich Ihren Brief nicht beantwortet habe?"
- Aktiv zuhören, heißt auch, sich nach Möglichkeit mit der Situation des anderen identifizieren. Zumindest sollten Sie das, was Sie hören, auf eine ähnliche Situation anwenden, zu der Sie eine Beziehung haben: „Ich war zwar nie beim Militär, aber ich weiß, was es heißt sich kleinlichen Anordnungen fügen zu müssen, die sinnlos sind. Als Betreuer im Ferienlager habe ich ...".
- Wenn Sie in einem Gespräch etwas nicht verstehen, sollten Sie sich nicht scheuen, nachzufragen: „Wollen Sie damit sagen ...?" Oder: „Ich verstehe das nicht, könnten Sie das erklären?" Scheuen Sie sich nicht, zuzugeben, daß Sie etwas nicht wissen. Es macht den Leuten oft Spaß, anderen etwas zu erklären.

„Auf Wiedersehn, es war nett, mit Ihnen zu plaudern"

Rede und Gegenrede beim Abschiednehmen bilden ein kompliziertes Ritual, das für die zwischenmenschlichen Beziehungen von erheblicher Bedeutung ist.[5] Die Art und Weise, wie Sie sich von einem Menschen verabschieden oder wie Sie ein Gespräch beenden, kann entweder Ihr nächstes Zusammentreffen erleichtern oder alles kaputtmachen, was Sie mit viel Mühe in Gang gebracht haben.

Wenn Sie alles, was es zu sagen gibt, gesagt haben, oder wenn die Ihnen zur Verfügung stehende Zeit abgelaufen ist, müssen Sie zu verstehen geben, daß Sie aufbruchbereit sind. Drei Botschaften müssen vermittelt werden: Sie werden demnächst gehen; das Gespräch hat Ihnen Spaß gemacht (war irgendwie nützlich); und Sie hoffen, Ihr Gegenüber bald wiederzusehen. Sie haben dafür mehrere Möglichkeiten:

- *Verstärkung* – kurze Zustimmung zur letzten Aussage Ihres Gesprächspartners („Klar, O. K., ganz richtig usw.")

- *Anerkennung* – eine Bemerkung, daß die Unterhaltung Spaß gemacht hat („Es hat wirklich Spaß gemacht, mit Ihnen zu reden.")
- *Abschlußsatz* – „So könnte man es zusammenfassen."

Die Blickverbindung abbrechen, die Beine oder Füße Richtung Ausgang bewegen, sich vorbeugen, lächeln, nicken, die Hand schütteln – das sind einige der üblichen Gesten, mit denen man seinen Abschied signalisiert.

Achten Sie darauf, wie Ihre Freunde und Bekannten ihre Gespräche beenden. Schreiben Sie unmittelbar im Anschluß an eine Unterhaltung aus dem Gedächtnis alles auf, was Sie in der letzten Minute (oder in den letzten Minuten) gesagt oder getan haben.

Entscheiden Sie, welche Abschiedssignale am deutlichsten und für Sie selbst am angenehmsten sind und auf Ihren Gesprächspartner positiv wirken. Machen Sie sie zu einem Bestandteil Ihres persönlichen Abschiedrituals.

Wie man zum geselligen Wesen wird

Hier sind eine Reihe von Übungen, die Ihnen helfen werden, sich an geselligen Umgang zu gewöhnen. Nehmen Sie sich einige davon für die kommende Woche vor. Schließen Sie, falls das nötig ist, einen entsprechenden Vertrag mit sich ab. Beginnen Sie mit den einfachsten und gehen Sie dann zu denen über, die Ihnen schwerer fallen. Halten Sie sowohl Ihre Reaktionen auf diese Kontaktübung fest, als auch die Reaktionen, die Sie bei anderen damit auslösen.[6]

- Stellen Sie sich einer neuen Person in Ihrem Bürogebäude, im Lebensmittelgeschäft oder in einem Hörsaal vor.
- Fordern Sie jemand, der in Ihre Richtung geht, auf, neben Ihnen herzugehen.
- Wenn Sie das nächstemal eine Skat- oder Gesprächsrunde sehen, laden Sie sich selbst ein. Wenn Sie in einem Büro arbeiten, gesellen Sie sich zu einer Runde, die während der Kaffeepause zusammensteht.
- Führen Sie Ihre eigene Meinungsumfrage durch. Fragen Sie zehn Leute nach ihrer Meinung zu einem aktuellen Thema. Stellen Sie jeweils eine weitere Frage zu dieser Meinung.

- Bitten Sie jemand, den Sie nicht kennen, um zwei Groschen fürs Telefonieren. Legen Sie genau fest, wann Sie das Geld zurückgeben werden!
- Erkundigen Sie sich nach dem Namen einer Person (des anderen Geschlechts) in Ihrem Büro oder in Ihrer Klasse. Rufen Sie ihn oder sie an und erkundigen Sie sich nach der Hausaufgabe oder nach den Betriebsferien oder einem bevorstehenden Ereignis.
- Gehen Sie in ein Café. Lächeln und nicken Sie den ersten drei Leuten zu, die in Ihre Richtung blicken. Fangen Sie mindestens mit einer Person (Ihres Geschlechts) eine Unterhaltung an.
- Stellen Sie sich in die Schlange in einem Supermarkt, in einer Bank oder vor der Kinokasse. Beginnen Sie mit dem nächsten besten eine Unterhaltung über die Schlange.
- Unterhalten Sie sich mit dem Tankwart, während er Ihren Wagen volltankt und das Öl nachschaut.
- Setzen Sie sich neben eine Person des anderen Geschlechts, die interessant aussieht (im Bus, in einem Warteraum, im Hörsaal oder im Kino). Machen Sie irgendeine Bemerkung, die ein Gespräch einleiten könnte.
- Fragen Sie drei Leute nach dem Weg. Verwickeln Sie mindestens einen davon in eine kurze Unterhaltung.
- Gehen Sie zu einem Lauftreff, in ein Schwimmbad oder an den Strand. Unterhalten Sie sich mit zwei oder drei Fremden, denen Sie dort begegnen.
- Finden Sie jemand in Ihrer Nachbarschaft, an Ihrer Schule oder in Ihrem Büro, der Hilfe braucht. Bieten Sie Ihre Hilfe an.
- Tragen Sie einen Tag lang ein umstrittenes Buch mit sich herum. Zählen Sie, wie viele Leute daraufhin ein Gespräch mit Ihnen anknüpfen.
- Arrangieren Sie eine kleine Party (drei bis fünf Leute). Laden Sie mindestens eine Person ein, die Sie nicht gut kennen.
- Wenn Sie wieder mal ein Problem haben, suchen Sie jemand in Ihrem Wohnheim, in Ihrem Betrieb oder in Ihrer Nachbarschaft, der Ihnen nicht nahesteht, und fragen Sie ihn (oder sie) um Rat.
- Laden Sie jemand zum Essen in ein Restaurant ein – jemand, mit dem Sie noch nie essen waren.
- Üben Sie Ihre Eröffnungs- und Folgesätze vor dem Spiegel und nehmen Sie alles auf Band auf. Hören Sie das Band ab und machen

Sie eine neue Aufnahme. Bemühen Sie sich bei jedem neuen Versuch, noch mehr Leben und Begeisterung in Ihre Stimme zu legen.

- Sagen Sie heute fünf neuen Leuten „Guten Tag", die Sie normalerweise nicht grüßen würden. Versuchen Sie, diese Leute zu einem Lächeln und zu einer Erwiderung Ihres Grußes zu provozieren.

Aus Bekannten Freunde machen

Freundschaften ergeben sich gewöhnlich aus häufigem Zusammensein, gemeinsamen Tätigkeiten, ähnlichen Einstellungen, Werten, sozialen Verhältnissen, Interessen und persönlichen Eigenschaften und einer gewissen Zuneigung, die auch gezeigt wird.

Welche von den Leuten, die Sie nur beiläufig kennen, würden Sie gerne näher kennenlernen und zu Freunden haben? Wählen Sie mehrere Leute aus, um die Sie sich ernsthaft bemühen wollen, um Sie besser kennenzulernen – in der Hoffnung, aus beiläufigen Bekanntschaften neue Freundschaften machen zu können.

Schreiben Sie alles auf, was Sie über jede dieser Personen zu wissen glauben und was Sie mit ihnen gemeinsam haben.

Bereiten Sie sich auf ein erstes kurzes – eventuell auch telefonisches – Gespräch vor. Überlegen Sie sich mögliche Gesprächsthemen und die richtige Eröffnung. Vergessen Sie nicht, sich zu identifizieren. Sagen Sie, daß Sie nur ein kurzes Gespräch suchen, daß Sie Rat suchen, etwas fragen oder etwas erzählen möchten, was für ihn (oder sie) von Interesse sei. Enden Sie mit einer positiven Gefühlsäußerung und einem bekräftigenden „Auf Wiedersehen".

Lassen Sie innerhalb von ein paar Tagen eine Einladung zu irgendeinem zwanglosen Treffen folgen, etwa zu einer Tasse Kaffee, einer Pizza, irgendeiner Veranstaltung oder einfach zu einem Spaziergang.

Wenn Ihnen danach zumute ist, lassen Sie die Person eine gewisse Herzlichkeit spüren, indem Sie sehr interessiert, engagiert, ermutigend und offen sind und Ihre Zuneigung auch aussprechen. Erweitern Sie Ihren Freundeskreis dadurch, daß Sie sich bemühen, mehrere Leute auf diese Weise näher kennenzulernen.

Verabredungen mit dem anderen Geschlecht

Ein Rendezvous ist ein sozialer Kontakt, der Schüchternen oft Angst macht, weil es eine intime Angelegenheit werden kann und weil mehr als die übliche Gefühlsintensität beansprucht wird. Schüchterne fühlen sich sehr verwundbar, weil sie sich ständig vorstellen, sie könnten zurückgewiesen werden. Für viele wiegt diese Angst schwerer als die zu erwartenden positiven Erfahrungen, und so kommt es, daß sie sich nie verabreden. Vielleicht ist das auch ein Grund, weshalb Verabredungen immer mehr zu Gruppenangelegenheiten werden: „Einige von uns gehen heute abend kegeln. Haben Sie Lust, mitzukommen?"

Verabreden Sie sich telefonisch. Dann brauchen Sie sich wenigstens wegen der Körpersprache keine Gedanken zu machen. Planen Sie gut; Sie sollten zwei spezifische Aktivitäten in petto haben.

Wenn Sie die gewünschte Person am Apparat haben, identifizieren Sie sich deutlich mit Namen und erklären gegebenenfalls, wo Sie sich kennengelernt haben: „Hier ist John Simmons. Ich hab Sie auf der Fete bei den Clarks letzte Woche kennengelernt." Dann:

- Vergewissern Sie sich, daß man Sie erkennt; erklären Sie notfalls, wer Sie sind.
- Machen Sie der Person ein Kompliment, das sich auf Ihre letzte Begegnung bezieht und das erkennen läßt, daß Sie seine/ihre Ideen, Werte, Einstellung, Sinn für Humor usw. zu schätzen wissen – irgendein Attribut also, das nicht nur äußerlich ist.
- Steuern Sie selbstbewußt Ihr Ziel an, daß Sie nämlich eine Verabredung möchten: „Ich wollte Sie fragen, ob Sie Lust hätten, am Freitag mit mir ins Kino zu gehen." Äußern Sie präzise Vorstellungen: was Sie tun möchten und wann.
- Bei einem „Ja" einigen Sie sich zusammen auf einen Film und auf die Anfangszeit (halten Sie Alternativen bereit, damit der/die Angesprochene noch eine Wahl treffen kann). Beenden Sie das Gespräch ruhig, aber schnell, und natürlich höflich.
- Bei einem „Nein" müssen Sie abschätzen, ob die vorgeschlagene Tätigkeit oder die Zeit unpassend sind und dann für beides eine Alternative bereit haben. Oder Sie schlagen ein zwangloses Treffen vor, wenn Ihr unerwarteter Vorstoß die schüchterne Person am anderen Ende der Leitung zu sehr verunsichert: „Vielleicht

können wir uns mal nach der Arbeit auf eine Tasse Kaffee (oder einen Drink) treffen?" Wenn Sie wieder ein deutliches Nein zu hören bekommen, ist im Augenblick einfach kein Interesse vorhanden, und Sie sollten das Gespräch höflich beenden.

Wenn sich jemand nicht mit Ihnen verabreden will, heißt das nicht, daß *Sie* zurückgewiesen werden. Gesundheit, Arbeit, andere Verpflichtungen, übertriebene Schüchternheit usw. können die Ursache für die Absage sein.

Angenommen, *Sie* werden um ein Rendezvous gebeten, haben aber kein Interesse, die Person kennenzulernen. Willigen Sie nie ein, nur weil Sie Mitleid oder Schuld empfinden. Zögern Sie nicht, zu sagen: „Nein danke. Das ist zwar nett von Ihnen, aber ich möchte lieber nicht." Tun Sie dabei dem anderen nicht weh (er oder sie ist vielleicht auch schüchtern und hat vorher stundenlang geprobt). Sie haben das Recht, zu jedermann nein zu sagen, sich darüber zu freuen, daß jemand Sie begehrenswert findet – und Sie brauchen Ihre Weigerung nicht zu rechtfertigen.

Wie man mit zwischenmenschlichen Konflikten zurechtkommt

Sharon und Gordon Bower beschreiben in ihrem Buch *Asserting Yourself* eine ungewöhnliche Technik zur Bewältigung der meisten zwischenmenschlichen Konflikte – vom Automechaniker, der Sie „übers Ohr hauen" will, bis zu Ihrem Ehemann, der Sie vor anderen Leuten kritisiert. Sie nennen ihre Technik „BAPF-Programme". (BAPF ist ein Akronym für „Beschreiben, Ausdrücken, Präzisieren und Folgen".)[7]

Beschreiben Der erste Schritt besteht darin, daß Sie das Ihnen lästige Verhalten so spezifisch und objektiv wie möglich beschreiben:
„Sie sagten mir vorher, diese Reparaturen würden 35 Dollar kosten, und jetzt verlangen Sie von mir 110."
„Das ist nun schon das dritte Mal nacheinander, daß du mich vor anderen Leuten kritisierst."

Ausdrücken Äußern Sie Ihre Gefühle und Gedanken zu diesem Verhalten:

„Das ärgert mich, denn ich lasse mich nicht gern übers Ohr hauen." (zu dem Mechaniker)
„Ich fühle mich dadurch erniedrigt und verletzt." (zu dem Ehemann)

Präzisieren Präzisieren Sie, welches Verhalten Sie gerne hätten: „Ich möchte, daß Sie meine Rechnung dem ursprünglichen Kostenvoranschlag anpassen, es sei denn, Sie haben eine klare Begründung für diese zusätzlichen Kosten."
„Ich möchte, daß du aufhörst, mich zu kritisieren, und ich werde dich künftig darauf aufmerksam machen, sobald du damit anfängst."

Folgen Sprechen Sie ganz konkret und einfach aus, wie Sie eine Verhaltensänderung belohnen wollen. Manchmal werden Sie die negativen Folgen präzisieren müssen, die sich ergeben, wenn sich das Verhalten nicht ändert:
„Wenn Sie das tun, werde ich all meinen Freunden erzählen, wie gut ich in Ihrer Werkstatt bedient worden bin."
„Wenn du aufhörst, mich zu kritisieren, werde ich mich sehr viel wohler fühlen und dir deinen Lieblingskuchen backen."

Die beste Wirkung erzielen Sie mit diesen Programmen, wenn Sie vorher den Wortlaut aufschreiben und vor dem Spiegel üben. Wenn Sie das ein paarmal getan haben, wird es Ihnen künftig gelingen, spontan ein Programm zu entwickeln und durchzuziehen.

Schreiben Sie nun ein Programm für eine unangenehme Situation, die Sie gerne geändert sehen möchten. Üben Sie es, führen Sie es durch, halten Sie die Ergebnisse fest und arbeiten Sie an der Verbesserung Ihres Durchsetzungsvermögens.

Wie man mit Belastungen fertig wird

Hier sind einige Techniken, die Ihnen helfen sollen, mit Belastungen und/oder Beklemmungen fertigzuwerden. Sie können Sie anwenden, wenn Sie sich davor scheuen, auf eine Party zu gehen, ein Rendezvous auszumachen, einen Vortrag zu halten usw.:

- Seien Sie möglichst gut vorbereitet. Üben Sie vorher, falls nötig.
- Gönnen Sie sich nach Möglichkeit zwanzig Minuten der Entspannung oder Meditation.
- Legen Sie sich hin und lassen Sie die ganze bevorstehende Szene, Detail um Detail, vor Ihrem inneren Auge ablaufen. Halten Sie sich nirgends auf, sondern gehen Sie ohne Unterbrechung die ganze Szene durch.
- Denken Sie an Ihre Erholungszone. Das ist ein Ort, an dem Sie sich rundum wohl fühlen. Das kann an einem Strand oder in der Badewanne sein, oder auf einem Spaziergang durch grüne Wiesen. Wenn Sie sich gehemmt fühlen, stellen Sie sich diese Szenerie lebhaft vor – die Empfindungen, die Gerüche usw.
- Machen Sie sich Mut, indem Sie sich immer und immer wieder vorsagen: „Ich weiß, daß ich es schaffe. Ich schaffe das mit Bravour. Es wird mir Spaß machen."

Manchmal reichen eine oder zwei dieser Techniken aus. Gelegentlich werden Sie alle anwenden müssen.

Diese Fertigkeiten können dazu beitragen, daß Sie zu einem tauglicheren, selbstbewußteren geselligen Wesen werden. Sie müssen geübt werden, so wie alle neue Fertigkeiten, die Sie sich aneignen wollen. Sie mögen Ihnen anfänglich künstlich erscheinen, allzu geplant oder mechanisch. Nach einiger Übung und positiven Ergebnissen wird es Ihnen aber gelingen, sie Ihrem ganz eigenen, persönlichen Stil unterzuordnen. Sie werden dann keine von außen an Sie herangetragenen Strategien zur Selbstverbesserung mehr sein, sondern von Ihnen selbst ausgearbeitete Pläne, die zu einem befriedigenderen Zusammenleben mit anderen Menschen führen werden.

Es ist zu hoffen, daß Sie mit wachsendem Selbstvertrauen und verbesserten sozialen Fertigkeiten dazu übergehen können, nicht nur das eigene *Ich* sondern mehr und mehr die *anderen* zu beachten. Es gibt so viele Menschen dort draußen, die *Ihre* Hilfe brauchen, um mit ihrer Schüchternheit und ihren Gefühlen der Unzulänglichkeit fertigzuwerden. Wollen Sie nicht versuchen, diesen Menschen zu helfen?

11.
Anderen helfen ihre Schüchternheit zu überwinden

Bobby Kennedy war ein Politiker, den ich achten und offen bewundern konnte. Ich bewunderte die eindringliche Intelligenz hinter seinen Entscheidungen und seine unnachgiebige Haltung gegen das organisierte Verbrechen und die Rassendiskriminierung. Als ich ihn zufällig bei einer politischen Kundgebung in New York beobachten konnte, traf es mich wie ein kleiner Schock, daß mein kühner Held im Umgang mit anderen Menschen so ängstlich und schüchtern war. Ich habe tatsächlich kaum einmal jemanden erlebt, der sich inmitten von wohlwollenden Gratulanten so unbehaglich fühlte.

Seit ich von seiner Schüchternheit weiß, kann ich erst so richtig würdigen, was er leistete, als er einem anderen Menschen half, seine Schüchternheit zu überwinden. Der ehemalige Football-Star der New York Giants, Roosevelt Grier, der – wie wir im zweiten Kapitel gesehen haben – entsetzlich schüchtern war, erinnert sich, wie ihm Bobby Kennedy half, diesen überstarken Gegner zu besiegen:

> Bobby Kennedy war es, der mir schließlich meine Schüchternheit überwinden half, nicht nur aufgrund seiner politischen Haltung, sondern weil er der erste Mensch war, der je zu mir sagte: „Kommen Sie schon, Rosey. Sie schaffen das. Gehen Sie aufs Podium und sagen Sie, wie Ihnen zumute ist!"
>
> Es funktionierte. Ich erkannte damals – und nach 1968, weil ich so verzweifelt seine Arbeit für uns alle fortführen wollte –, daß ich sprechen konnte, daß ich aus mir herausgehen konnte, mehr noch: daß die Leute zuhörten. Ich bin, weiß Gott, groß und stark, aber in diesem geliebten Mann und seiner Lebensanschauung war noch etwas Größeres, und ich werde ihm ewig für das danken, was er mir gegeben hat – und uns allen.[1]

Wir alle können anderen auf die unterschiedlichste Art helfen, ihre Schüchternheit abzulegen oder besser damit zurechtzukommen, wenn wir nur bereit sind, aus uns herauszugehen und uns Mühe zu geben. Manchmal können wir mit dem helfen, was wir sagen und tun; manchmal geschieht es dadurch, daß wir eine zuträgliche Umwelt schaffen helfen; und häufiger, als wir denken, helfen wir indirekt durch das Beispiel, das wir geben.

Wir *können* nicht nur unseren schüchternen Kindern, Partnern, Freunden und Nachbarn helfen, wir sollten uns als soziale Gemeinschaftswesen *dazu verpflichtet fühlen.* Wenn wir einem anderen helfen, die Schüchternheit zu besiegen, helfen wir uns selbst. Wenn wir schüchtern sind und uns mit dem Problem eines anderen beschäftigen, reduziert das unsere übertriebene Selbstbetrachtung. Der Nicht-Schüchterne hat mehrere Vorteile, wenn er die Schüchternheit anderer besiegen hilft. Es wird nicht nur mehr umgängliche Menschen geben, sondern es wird auch eine Menge menschliches Potential freigesetzt, und mehr Menschen werden bereit sein, nützliche Rollen in allen Bereichen der Gesellschaft zu übernehmen. Das wichtigste aber ist, daß es überall weniger Einsamkeit und mehr Freude am Leben geben wird.

Viel von dem, was Sie bisher über die Natur der Schüchternheit gelernt haben, bildet die Grundlage für Ihre neue Rolle als Kämpfer gegen die Schüchternheit. Außerdem lassen sich viele der in Teil II beschriebenen persönlichen Übungen für die Leute übernehmen, denen Sie helfen wollen. In diesem Kapitel fügen wir einige neue Ideen, allgemeine Prinzipien und spezifische Übungen hinzu, die es Ihnen leichter machen sollen, Ihren Kindern, Ihrem Partner, Ihren Freunden und Arbeitskollegen und anderen Menschen Ihrer Umgebung zu helfen. Einige der Übungen sind für Einzelpersonen gedacht, andere für kleine Gruppen. Manche lassen sich leicht und zwanglos durchführen, während andere etwas sorgfältiger geplant und vorbereitet werden müssen. Mit etwas Phantasie, Findigkeit und der Bereitschaft, anderen zu helfen, können Sie nicht nur diese Ideen für sich nützen, sondern Sie können sie auch noch ausbauen und aus eigenen Überlegungen heraus noch bessere schaffen.

Bemühen Sie sich, anderen Leuten etwas zu bedeuten, was diese in die Lage versetzt, sich selbst mehr zu bedeuten als bisher.

Eltern und Lehrer

Weil Sie im Leben unserer jungen Leute eine so zentrale Rolle spielen, tragen Sie häufiger, als Sie glauben würden, dazu bei, Schüchternheit hervorzurufen und zu verstärken. Das geschieht oft völlig unabsichtlich, weil unsere Kinder und Schüler die Belohnungen, die wir geben können, so dringend brauchen. Wenn wir die individuelle Integrität jedes einzelnen jungen Menschen anerkennen, tragen wir zur Entwicklung ihres Selbstwertgefühls bei. Wenn wir für ihre Probleme Verständnis zeigen, erleichtern wir die Schwierigkeiten, die es ihnen bereitet, sich in einer komplexen, immer neuen Veränderungen unterworfenen Erwachsenenwelt zurechtzufinden. Wenn wir ihr Bestreben, zu wachsen und sich auszudehnen, unterstützen, machen wir ihnen Mut, etwas Besonderes zu sein und doch sich selbst treu zu bleiben. Am wichtigsten ist für sie vielleicht, daß sie unsere bedingungslose Liebe erhalten, damit sie akzeptieren können, was sie sind, während sie versuchen, mehr daraus zu machen.

Die Macht, die Sie in Händen halten, hat offensichtlich zwei Seiten: Sie haben die Macht, Schüchternheit auszulösen, wenn Sie die genannten Dinge nicht befolgen, und Sie haben die Macht, Schüchternheit einzudämmen, wenn Sie zu den Eltern und Lehrern gehören, die diese sehr wesentliche Belohnung gewähren. Sie müssen Ihre Macht auf die eine oder die andere Weise ausüben; machen Sie also vorher einen Plan, damit Sie die Ihnen zur Verfügung stehenden Mittel gewinnbringend einsetzen können. Seien Sie sich der Macht in Ihren Händen bewußt, aber auch der Tatsache, daß andere von dem, was Sie haben, etwas brauchen, und entscheiden Sie dann ganz bewußt, wie Sie diese Nachfrage mit Ihrem Angebot befriedigen können. Lassen Sie den Dingen nicht einfach ihren Lauf, denn die Verantwortung liegt – so oder so – bei Ihnen. Setzen Sie Ihre Mittel klug ein, damit sie für die kommende(n) Generation(en) und für Sie selbst etwas bewirken, was dem Leben förderlich ist, anstatt es einzuengen.

Wie man Liebe, Mitgefühl, Ungewißheit und Emotionen ausdrückt

Es ist Ihre Aufgabe, dafür zu sorgen, daß sich Kinder, Ihre Schüler und die Kinder Ihrer Nachbarn in ihrer Haut wohl fühlen. Tragen Sie dazu bei, daß sie alles entdecken, was attraktiv an ihnen ist. Fangen Sie gleich heute damit an, Ihren Kindern und Schülern Komplimente für all die Dinge zu machen, die sie tun und darstellen und die in Ihren Augen attraktiv sind. Sagen Sie: „Ich finde die Frisur, die du dir gemacht hast, sehr schön", und nicht: „Deine Frisur sieht gut aus." Oder: „Ich finde deinen Sinn für Humor (oder deine Art, Probleme zu lösen) wirklich prima. Ich halte das für eine sehr reizvolle Eigenschaft."

Ermutigen Sie auch andere, mit Komplimenten großzügiger zu sein, vielleicht indem Sie Ihrem Ehepartner oder Ihren Kollegen direkt klarmachen, wie angemessen gewisse Komplimente sind.[2] Zwingen Sie aber niemand dazu, denn ein falsches Kompliment ist so leicht zu erkennen, wie gestärkte Unterwäsche.

Bringen Sie Ihren Kindern oder Schülern bei, wie man Komplimente entgegennimmt, damit die ihrerseits den Komplimentierenden in seinem Tun bestärken.

Bemühen Sie sich darum, mit eigenen Augen zu sehen und mit eigenen Ohren zu hören, was ein Kind tut, sagt, ist. Zu oft sehen wir das Kind durch eine Brille, die uns andere aufgesetzt haben. Die Bewertung eines anderen sollte eben genau das sein und nicht mehr – ein Urteil, das zu anderer Zeit und an anderer Stelle gefällt wurde. Wenn der Lehrer aus dem letzten Schuljahr oder ein Nachbar oder der Ehepartner vom „schlechten" Benehmen des Kindes berichten, so sagen sie typischerweise nicht, welchen Beitrag sie selbst zur Entstehung oder Definition des schlechten Benehmens geleistet haben, und sie sagen auch nichts über die spezifischen Umstände, die die Reaktion des Kindes ausgelöst haben.

Das Verhalten gehört immer in einen Zusammenhang; versuchen Sie, den Zusammenhang zu verstehen, bevor Sie das Verhalten bewerten und beurteilen und darauf reagieren. Wir werfen einen Blick in ein Klassenzimmer und sehen, daß der kleine Alfred nicht aufpaßt, während die Lehrerin mit ihrer Unterrichtsstunde zum Thema „Liebe und Mitgefühl" beginnt. Was ist nur mit dem Kind? Lernschwäche? Verhaltensprobleme? Konzentrationsmängel? In Wirklichkeit gibt sich der kleine Alfred nur Rachefantasien hin. Er stellt sich vor, seine Lehrerin sei tot, und er sei der Leiter des Bestattungsunternehmens. „Wie schrecklich von diesem Kind!"

Dr. Alice Ginott, eine Psychotherapeutin, die sich insbesondere mit der Mißhandlung von Kindern durch Erwachsene befaßt, stellt Alfreds schrecklichen Racheakt in den richtigen Zusammenhang:

> Die Lehrerin sagte zu den Kindern: „Setzt euch!" Alle setzten sich, bis auf Alfred, der stehenblieb. Die Lehrerin wandte sich ihm zu und schrie: „Alfred, worauf wartest du? Eine Extraeinladung? Warum mußt du der Letzte sein! Warum dauert es bei dir so lange, bis du sitzt! Bist du von Natur aus langsam, oder hilft dir jemand dabei?" Alle anderen Kinder lachten, als sich Alfred hinsetzte.[3]

Wir sehen also, es ist nicht unbillig, daß Alfred die Lehrerin bestrafen will. Unglücklicherweise wird jedoch Alfreds berechtigte Wut nach außen wahrscheinlich in nicht gerechtfertigte Schuldgefühle umschlagen, und am Ende wird er wahrscheinlich über das eigene Verhalten unglücklich sein. Die Lehrerin wollte Alfred nicht ärgern. Sie tat nur, was sie für richtig hielt, war vielleicht spät dran, mußte sich durchsetzen usw.

Wenn man sich über das Benehmen eines Kindes äußert, ist es wichtig, daß man möglichst viel vom Zusammenhang mit einbezieht. Vergessen Sie nie, die Rolle zu berücksichtigen, die Sie selbst dabei gespielt haben. Bevor Sie einen solchen Bericht weitergeben oder gar schriftlich festhalten, sollten Sie auch die Version des Kindes selbst mit hereinnehmen. Sie sollten sich besonders um die Bereiche kümmern, in denen Ihre beiden Versionen nicht übereinstimmen. Vergessen Sie nicht, daß das Wort eines Erwachsenen im Zweifelsfall immer mehr Gewicht hat. Machen Sie das dadurch wett, daß Sie noch sorgfältiger hören, was die andere Seite zu sagen hat, und daß Sie Verständnis dafür haben, wie die Welt aus der Froschperspektive aussieht.

Reichen Sie mir bitte eine Emotion

Wie sehr wir aufgrund unserer Vorurteile und Erinnerungen wichtige Ereignisse verzerrt wahrnehmen und weitererzählen, läßt sich gut mit der telefonischen Gerüchtekette demonstrieren. Rufen Sie Ihre Familie zusammen oder teilen Sie eine Schulklasse in kleinere Gruppen ein.

Schreiben Sie einen kurzen Bericht über einen bemerkenswerten Vorfall. Lesen Sie ihn der ersten Person vor (ohne daß die anderen etwas hören können). Diese Person berichtet der nächsen davon, und so fort. Die letzte Person erzählt dann der ganzen Gruppe die Geschichte so, wie sie sie gehört hat. Daraufhin verlesen Sie den Bericht in der ursprünglichen Form.

Untersuchen Sie, wo und wie es zu den Veränderungen kam – wurden die Wörter und Bezeichnungen verzerrt, die Stereotypen, wurden Dinge vergessen oder falsch zusammengezogen, oder wurden die falschen Dinge hervorgehoben?

Lassen Sie nun eine nicht-verbale Kommunikation durch die Reihen gehen. Wieder geht es darum, zu demonstrieren, wie leicht man die Gefühle anderer und das, was sie über ihre Gefühle sagen, mißverstehen kann. Geben Sie der ersten Person die folgende schriftliche Anweisung:

Eine Menge schlechter Nachrichten sind in den letzten paar Tagen über Sie hereingebrochen – Familienmitglieder sind krank geworden, Sie haben Ihren Job verloren (oder eine wichtige Prüfung nicht bestanden), das Haus ist abgebrannt, Sie haben den Arm gebrochen, und Ihr Hund (Kind, Ehepartner) ist Ihnen weggelaufen. Sie fühlen sich gekränkt, niedergeschlagen und mutlos. Fühlen Sie es. Geben Sie die Emotion an die nächste Person weiter, ohne irgendwelche Worte zu gebrauchen.

Jeder gibt die Emotion an seinen Nebensitzer weiter, bis die Reihe durch ist. Der letzte sagt dann der Gruppe, was er/sie fühlt und erfindet dazu eine Geschichte, die diese Emotion rechtfertigen würde.

Vergleichen Sie die Emotionen und die dazugehörigen Geschichten und diskutieren Sie, wie die einzelnen Paare kommunizierten und wo sich die Verzerrungen einschlichen. Lassen Sie Paare, bei denen die Kommunikation nicht klappte, herausfinden, wo das Problem lag.

Manchmal besteht das Problem in einer Familie oder Schule oder am Arbeitsplatz nicht in der Genauigkeit der Kommunikation sondern in der Kommunikation selbst, in der Tatsache, daß etwas offen geäußert werden soll. Sie müssen herausfinden, was den Leuten Schwierigkeiten bereitet, ehe Sie daran gehen können, etwas zu verändern. Und das bedeutet, daß sie ihre Schwierigkeiten ausdrücken müssen. Eine effektvolle Übung zu diesem Zweck sieht so aus, daß alle „ihren Kropf leeren".

Nun raus damit, aber schön laut!

Alle sitzen mit geschlossenen Augen da. Auf das Kommando „Los!" fangen sie an, sich über eine alltägliche Angelegenheit zu beschweren (die Arbeit, die Fußballmannschaft, die Ferienpläne der Familie usw.), und zwar alle gleichzeitig und nachdrücklich. Sobald das Klagen etwas nachläßt, geben Sie Anweisung, die Augen zu öffnen. Nun wird das Ganze wiederholt, nur daß sich diesmal alle anschauen. Und diesmal *schreien* sie ihre Klagen hinaus, als seien alle anderen taub.

Stellen Sie danach fest, wie viele ähnliche Klagen es gegeben hat, und fangen Sie an, darüber zu diskutieren. Diskutieren Sie zum Schluß die speziellen Klagen, die nur von einem oder zwei in der Runde geäußert wurden.

Bei dieser Übung können alle Dampf ablassen, und die im Verborgenen schwelenden Wut- und Haßgefühle verwandeln sich in ein lautes und meistens komisches Gezeter. Die Leute erkennen dabei, daß auch andere unzufrieden sind, und so ergibt sich ganz natürlich eine Diskussion darüber, wie sich die Probleme lösen lassen.

Manchmal liegt die Schwierigkeit gar nicht darin, daß wir unsere Gefühle nicht äußern können, sondern daß wir Hemmungen haben, überhaupt etwas zu sagen. „Hast du die Zunge verschluckt?" sagen wir zu dem Kind, das nicht reden will. Doch wir werden das Eis kaum brechen, wenn wir das Kind auf diese Weise verunsichern. Vorschläge, wie sich die Zunge lösen läßt, enthalten die folgenden Übungen, die dem jeweiligen Alter des Betreffenden und dem Grad der „Verstocktheit" angepaßt werden können.

Brüllende Löwen und keuchende Lokomotiven

Um einer Gruppe von Kindern, die gehemmt und verschlossen scheinen, die Befangenheit zu nehmen, fordern Sie sie auf, wie Löwen zu brüllen und zu keuchen wie eine Dampflokomotive.

- „Wir sind alle Löwen in einer großen Löwenfamilie, und wir machen jetzt einen Brüllwettbewerb, um herauszufinden, wer der lauteste Brüller ist. Wenn ich sage: 'Brüllt, Löwen, brüllt!' dann sollt ihr so laut brüllen, wie ihr könnt."
- „Wer kann noch lauter? Auf geht's, Löwen, brüllt ... Das soll Löwengebrüll sein? Klingt wie ein kleines Kätzchen. Ein richtiges Gebrüll möchte ich hören!" Lassen Sie dann die Kinder in einer Schlange durchs Zimmer gehen, wobei jeder seinem Vordermann eine Hand auf die Schulter legt. Sie selbst spielen zunächst die „große Lokomotive". Fangen Sie langsam an und führen Sie die Kinder im Kreis herum, und dabei keuchen und tuten Sie wie eine Dampflokomotive. Wenn Sie wieder am Ausgangspunkt angekommen sind, gehen Sie als „Bremswagen" ans Ende des Zuges, und das nächste Kinde wird „Lokomotive". Es sollte *etwas* lauter fauchen und sich etwas schneller bewegen. Nach einer Runde wird wieder abgelöst, bis jeder einmal Lokomotive gespielt hat und der Zug gewaltig keucht und in Schwung ist. Am Ende kommt es zur Entgleisung, „und alle stürzen um".

Lassen Sie ein anderes Ich durchkommen

Eine übertriebene Beschäftigung mit dem eigenen Selbst läßt sich abstellen, wenn Bedingungen geschaffen werden, in denen Kinder sich durch eine andere Stimme, ein anderes Selbst ausdrücken können. Meine Untersuchungen und die meiner Kollegen haben gezeigt, daß Masken und Kostüme ein Verhalten freisetzen, das normalerweise unterdrückt und zurückgehalten wird. Wenn Sie eine Umgebung schaffen helfen, die zu fröhlicher und verspielter Ausgelassenheit, zu offenen Gefühlsäußerungen und zarten Empfindungen ermutigt, dann wird die Anonymität zum Gelingen beitragen. (Wenn Sie jedoch Feindseligkeiten und aggressive Spiele billigen, wird stattdessen die Hölle los sein.)

Stellen Sie Masken zur Verfügung oder lassen Sie die Kinder welche aus Papiertüten oder Pappmaché machen. Bringen Sie alte Kleider mit, damit sich die Kinder verkleiden können, insbesondere solche, die sie wie Erwachsene aussehen lassen. Jedes Kind darf sich einen neuen Namen aussuchen und sich damit identifizieren. Mit einem geschminkten Gesicht fällt es einem schüchternen Kind oft leichter, das zu sein, was es gerne sein möchte. Warten Sie nicht die Faschingszeit ab, um einen Vorwand für die Masken zu haben (für Erwachsene ebenso wie für Kinder).

Lassen Sie die Kinder auch Handpuppen verwenden, um ihre Gefühle auszudrücken. Wenn Ihre Puppe das Kind darstellt, und die Puppe des Kindes stellt Sie dar, kommt es oft zu interessanten Enthüllungen. Sie sollten bereit und imstande sein, wieder in die Rolle eines Kindes zu schlüpfen. Entgegen den Befürchtungen vieler Erwachsener werden Ihnen Ihre Kinder nicht weniger sondern mehr Achtung entgegenbringen.

Mit anderen teilen

Tragen Sie dazu bei, daß nicht nur Gefühle sondern auch Talente und Kenntnisse mit anderen geteilt werden. Sie brauchen nicht erst dem Friedenskorps beizutreten, um Ihre Fähigkeiten und Spezialkenntnisse in fernen Ländern mit anderen zu teilen; sie können das auch hier tun, und Ihre Kinder sollten gleichermaßen dazu ermuntert werden. Jedes Kind hat wertvolle Gaben, an denen alle teilhaben und sich erfreuen können. Hat sich ein Kind erst einmal diese Einstellung zu seinen eigenen Talenten zu eigen gemacht, dann löst ein entsprechender „Auftritt" keine Schüchternheit mehr aus. Es weiß dann, daß es darauf ankommt, mit anderen zu teilen, ihnen eine Freude zu machen oder zu helfen – und nicht nur darum, sich im Rampenlicht zu sonnen.

Zusammensetzspiele

Schaffen Sie Bedingungen, in denen Kinder lernen, in ihren Kameraden potentielle Helfer zu sehen, so daß sie sich gegenseitig um Hilfe angehen und helfen. Der Zweck der Übung ist, gemeinsame Zielsetzungen, Zusammenarbeit und Freundschaft zu fördern, indem eine demokratische Gemeinschaft aus Experten und Fachgelehrten geschaffen wird.[4]

Bereiten Sie Arbeitsmaterial vor, das sich in so viele gleiche Teile aufteilen läßt, wie Kinder da sind (in Gruppen von zwei bis sechs). Jedes Kind soll ein Teil des Gesamtmaterials bekommen, das sich dann nach Art eines Puzzlespiels zusammensetzen läßt. Gibt es mehrere solcher Gruppen, erhält jede Gruppe das gleiche Material. Es könnte sich dabei um allerlei Informationen über eine andere Gesellschaft handeln. Ein Kind bekommt zum Beispiel einen Abschnitt über die Geographie und das Klima, ein anderes über die Wirtschaft, ein drittes beschäftigt sich mit einem Artikel über die politischen Zustände, während ein viertes Mitglied dieses Teams Informationen über die Kindererziehung, den Sport oder andere Aspekte dieser Kultur erhält. Erst wenn alle Teile zusammengesetzt werden, entsteht ein vollständiges Bild dieser anderen Kultur.

Jedes Kind lernt seinen Teil und unterrichtet dann die anderen Kinder. Um festzustellen, wie gut die Kinder-Lehrer ihre Kinder-Schüler unterrichtet haben, stellt man hinterher jedem Kind Fragen aus dem ganzen Stoff. Die Kinder aus den verschiedenen Gruppen, die den gleichen Abschnitt vorbereiten, können sich erst besprechen, bevor sie ihren eigenen Gruppen über den Abschnitt berichten.

Offensichtlich eignet sich jeder Wissensstoff, der sich aufteilen läßt, insbesondere aber Geschichtslektionen, Erzählungen, Projekte im Kunstunterricht oder mechanisch-elektrische Demonstrationen. Darüber hinaus sollten auch Spielzeuge und Gesellschaftsspiele für zwei oder mehr Spieler zur Verfügung stehen, damit kooperatives Verhalten im Spiel geübt werden kann.

Wir leben (und überleben) als gesellige Wesen, die voneinander abhängig sind. Doch die Stärke der Gruppe hängt vom Selbstvertrauen jedes Individuums ab. Allzu bereitwillig fördern wir die Abhängigkeit in unseren Kindern, um das Gefühl zu haben, daß wir gebraucht werden. Doch die Folge ist, daß wir unsere Kinder zu Jasagern erziehen – „Ja Mama, ja Papa, ja Herr Lehrer, ja Welt, ja, ich werde so sein, wie ihr das wollt." Sie werden zu stillen, passiven „wohlerzogenen" Kindern, die von allen dafür belohnt werden, daß sie gehorsame Nullen sind. Belohnt, aber als selbstverständlich betrachtet und letztlich ignoriert. Sie werden Teil der Kulisse oder der reibungslos funktionierenden Maschinerie.

- Denken Sie daran, daß Passivität für Kinder und alle lebenden Wesen ein fremder Zustand ist.
- Fördern Sie nicht die Abhängigkeit in Ihren Kindern oder Schülern, nur weil Sie sie so besser kontrollieren und dirigieren können. Die Abhängigkeit ist wie ein Sahnebonbon: anfänglich schmeckt es gut, aber zuletzt hängt es immer in den Zähnen.
- Bringen Sie Ihren Kindern möglichst bald bei, daß sie für sich selbst verantwortlich sind.
- Machen Sie eine Liste aller Tätigkeiten, für die jedes Kind verantwortlich ist, und eine zweite Liste all der Dinge, die *Sie* für das Kind tun, die Sie aber in die Verantwortung des Kindes abgeben möchten. Versuchen Sie, Punkte von der „Soll"-Liste in die „Ist"-Liste zu übertragen. Erörtern Sie diese Verantwortlichkeiten mit Ihren Kindern. Stellen Sie fest, ob es Punkte gibt, die die Kinder von sich aus übernehmen möchten. Verhandeln Sie, wo Sie sich nicht einig sind. Es geht dabei nicht nur um Arbeiten im Haushalt. Das Kind muß auch die Verantwortung für seine äußere Erscheinung übernehmen, für den eigenen und den gemeinsamen Besitz, für die Vorbereitung bestimmter Unternehmungen und so weiter.
- Ermuntern Sie die Kinder dazu, auch für andere verantwortlich zu sein; sie sollen aber nicht nur älteren Damen über die Straße helfen, sondern auch ihren Brüdern und Schwestern bei den Hausaufgaben beistehen, bei Bedarf den Eltern aushelfen oder den Klassenkameraden, die Hilfe suchen.

- Gestehen Sie dem Kind das Recht zu, Fehler zu machen, und lassen Sie ihm genügend Zeit, sein Selbstvertrauen zu festigen. Schüchterne Kinder fürchten sich davor, etwas zu unternehmen, da sie Angst vor dem Versagen oder vor Fehlern haben. Lehren Sie die Kinder, kalkulierte Risiken einzugehen und mit Mißerfolgen fertigzuwerden. Es gilt, die Botschaft zu vermitteln, daß zwar die *Versuche* des Kindes, ein Ziel zu erreichen, danebengehen können, daß aber das *Kind selbst* nie ein Versager ist. Wenn etwas mißlingt, war entweder die Zielsetzung falsch, oder der Weg war falsch. Es kann natürlich auch sein, daß die Spielregeln das Kind benachteiligt haben und daß es sich andere Spielkameraden suchen sollte.
- Schauen Sie zu, daß sich Ihre Kinder wohl fühlen, wenn sie allein sind. Die Einsamkeit kann eine positive Erfahrung sein, wenn sie dazu genutzt wird, sich selbst näher zu kommen. Das bedeutet, daß Sie dem Kind genügend Freiraum und Freizeit für diesen Zweck gewähren müssen. Das bedeutet auch, daß Sie das Leben des Kindes nicht mit Gruppenaktivitäten verplanen dürfen. Vielleicht braucht das Kind gelegentlich auch eine Ermunterung, etwas allein zu unternehmen, etwa einen Spaziergang durch den Ort zu machen, ein Museum aufzusuchen, in die Bücherei oder ins Kino zu gehen oder – für ältere Kinder – eine Wanderung durch die Wälder zu machen.

Bereitschaft zur Zusammenarbeit

Welche Note stand einst in Ihrem Zeugnis für „Bereitschaft zur Zusammenarbeit"? Haben Sie schon einmal überlegt, wie lächerlich es ist, die Umgänglichkeit eines Menschen zu benoten?

Wir sollten sorgfältig registrieren, welches Verhältnis unsere Kinder zu ihren Alters- und Spielkameraden haben. Eltern und Lehrer müssen noch mehr auf die Bedingungen achten, unter denen das Kind bereit ist, mit anderen zusammenzuarbeiten und -zuspielen. (Ich habe vielleicht keine Lust, mit den anderen Kindern Fangen zu spielen, wenn ich immer der Fänger sein soll.) Wir müssen die Kinder selbst fragen. Lädt man sie zum Spielen ein? Entsprechen die Anforderungen in der Schule ihrem Leistungsvermögen? Und wir müssen die anderen fragen, warum sie unser Kind nicht eingeladen haben, oder warum sie seine schulischen Fortschritte ignorieren.

Soziogramm der Freundschaften

Lehrer bekommen einen besseren Einblick in die soziale Atmosphäre ihrer Klassen, wenn sie ein Soziogramm anlegen. Lassen Sie jedes Kind auf einer separaten Liste all die Kinder ankreuzen, mit denen es spielt (S). Dann soll es kenntlich machen, welches seine guten Freunde (GF) und welches einfach Freunde (F) sind. Mit diesen Angaben können Sie ein Diagramm anfertigen, das die Beziehungen innerhalb der Klasse widerspiegelt. Daraus wird hervorgehen, wer die „Stars" und die „Einzelgänger" sind, wessen Freundschaften nicht erwidert werden und wer als Mitspieler nicht erwünscht ist.

Mit diesen Informationen sind Sie in der Lage, Aktivitäten einzuführen, die einige der Bedürfnisse neu regeln können, so daß ein höheres Maß an gemeinsamen Interessen und gemeinsamer Fürsorge erreicht wird. Ein Soziogramm von sieben Kindern könnte so aussehen:

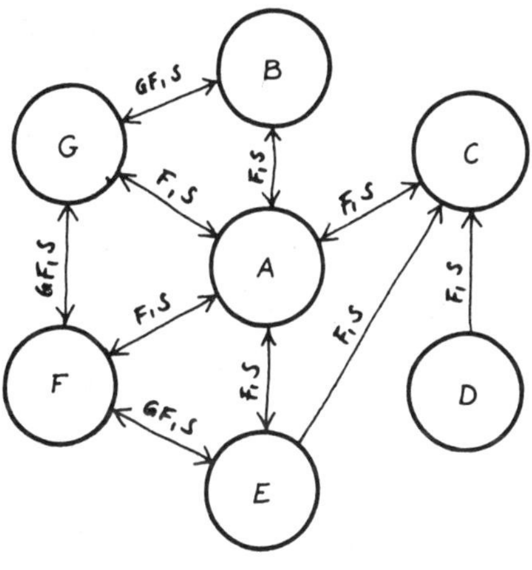

D ist ausgeschlossen, hat keinen Freund, spielt nur mit C; A ist der Freund von allen, aber für niemand ein guter Freund; F und G haben mehrere gute Freunde; C erwidert E's und D's Freundschaft nicht.

Sie können diese Übung auch mit Ihren eigenen Kindern und den Kindern in Ihrer Nachbarschaft durchführen.

Kinder brauchen die Gelegenheit, ihre sozialen Fertigkeiten zu üben, sich mitzuteilen, ihre Gefühle den anderen Kindern und Ihnen zu zeigen. Sie sollten schon möglichst früh Ihr Kind dazu ermuntern, mit anderen Kindern zu spielen, und sich immer Zeit für die Beschäftigung mit Ihrem Kind nehmen.

Nach Meinung des Sprachtherapeuten James White waren Erwachsene mit erfolgreichen Karrieren schon als Kinder sehr gesprächig – nicht das stille sondern das redende, verbale Kind setzt sich zuhause, in der Schule und draußen in der verbalen Welt der Karrieren und Berufe durch. „Das schüchterne, zurückhaltende Kind erreicht gewöhnlich bei Erwachsenen wenig", glaubt White. „Es gibt dem Erwachsenen nicht genügend Anhaltspunkte. Kinder, die nicht reden und reagieren, können meistens nicht sehr gut lesen und sind in der Schule generell nicht besonders gut. Es ist die Aufgabe des interessierten Erwachsenen, ein Kind aus der Reserve zu locken und ihm zu helfen, seine Gedanken und Gefühle in Worten auszudrücken."[5] Unter anderem empfiehlt White, der Erwachsene solle sich auf die Ebene des Kindes hinab begeben oder das Kind zu sich hochheben, damit während des Gesprächs eine bessere Blickverbindung besteht.

Schüchterne Kinder, die von dem geselligen Treiben ausgeschlossen bleiben, können lernen, sich so zu verhalten, daß sie besser akzeptiert werden. Man kann mit ihnen üben, sich besser mitzuteilen, zu kooperieren und für andere Kinder interessanter zu sein. Einige der in Kapitel 10 beschriebenen Übungen lassen sich auch auf Ihr schüchternes Kind oder den schüchternen Schüler übertragen. Ein Forschungsteam aus Rochester und Illinois wies nach, daß etliche von ihren Klassenkameraden nur unzureichend akzeptierte Schüler aus dem dritten und vierten Schuljahr viel stärker akzeptiert und befreundet wurden, nachdem sie sich einen Monat lang unter Aufsicht in sozialen Fertigkeiten geübt hatten.[6] Auch Sie können ähnliche Ergebnisse erzielen, wenn Sie bereit sind, sich über diese Dinge zu informieren und Ihrem Kind Anleitungen zu geben.

„Haben Sie heute schon Ihre Kinder umarmt?" Rosita Perez stellt diese Frage auf einem Autoaufkleber. Sie selbst umarmt ihre Kinder oft und meint, wir sollten das auch tun, weil es für das Wohlergehen der Kinder wichtig ist. Der Wissenschaftler James Prescott geht noch weiter und empfiehlt den körperlichen Kontakt als ein Mittel zur Verringerung der Gewalttätigkeit zwischen Menschen und Nationen. Seine Untersuchungen haben ergeben, daß Kulturen mit einem Minimum an körperlichen Berührungen aggressiver sind und daß Menschen, die den engen körperlichen Kontakt mit anderen nicht mögen, in ihrer Einstellung gegen Gesetzesbrecher strenger sind, für Kapitalverbrechen die Todesstrafe fordern und allgemein bigotter und autoritärer sind.[7]

Es hängt von der jeweiligen Gesellschaft ab, ob Berührungen und physische Liebesbeweise befürwortet oder tabuisiert werden. Menschen aus mediterranen und romanischen Ländern neigen eher dazu, ihre Gefühle offen zu zeigen, als die Angehörigen nordischer und orientalischer Kulturen. Wir in den Vereinigten Staaten halten uns an die anglo-nordischen Normen, die zärtliche Körperkontakte zwischen Männern verbieten und auch die öffentliche Zurschaustellung anderer zärtlicher Gefühle stark einschränken. Viele Menschen werden überhaupt nur berührt, wenn ihnen ein Arzt den Puls fühlt, wenn in der U-Bahn ein Gedränge herrscht oder wenn sie auf dem Fußballplatz gerempelt werden.

Die körperliche Berührung verbindet uns auf direkte und primitive Weise mit anderen. Sie verhindert, daß wir davontreiben und uns verlieren. Sie bereitet uns Vergnügen und bestätigt uns die physische Realität unseres Daseins. Ein Baby zu umarmen, ist ein besonderer Genuß, auf den viele Eltern verzichten, sobald das Kind etwas älter wird.

Beantworten Sie folgende Fragen und denken Sie dann über Ihre Antworten nach:

- ○ Berühren, tätscheln, umarmen, küssen Sie Ihren Partner, Ihre Eltern, Verwandten und engen Freunden? Bei einem Nein: Warum nicht?
- ○ Tun Sie das in Gegenwart Ihrer Kinder? Bei einem Nein: Warum nicht?
- ○ Ist oder war es für Sie normal, Ihr Baby zu umarmen, zu küssen, zu berühren?

- Wie oft?
- Wie oft tun Sie es heute?
- Wann und warum sind Sie dazu übergegangen, es seltener oder gar nicht mehr zu tun?
- Haben Sie es gern, wenn Sie berührt werden?
- Berühren Sie gern andere?
- Ist es Ihren Kindern angenehm oder nicht? Woher wissen Sie das?

Wenn Ihnen nicht gerade übel wird dabei, sollten Sie versuchen, mehr körperlichen Kontakt mit Ihren Kindern, vor allem mit den schüchternen, zu suchen. Wenn Ihnen dabei übel wird, nehmen Sie das entsprechende Medikament und versuchen Sie es noch einmal. Ich erinnere mich mit großem Vergnügen an die Samstagabende, an denen uns mein Onkel nach dem Baden kräftig frottierte. Versuchen Sie, in Ihrer Familie ein Massagezentrum einzurichten, wo Sie mit Wohlbehagen massieren und sich massieren lassen können.

Das *Vertrauen* ist vielleicht die wichtigste Dimension menschlicher Beziehungen. Es spült die Angst fort, die den Schüchternen ständig bedrängt, nämlich die Angst, zurückgewiesen, lächerlich gemacht oder verraten zu werden. Das Vertrauen ebnet den Weg zu Freundschaft und Vertrautheit, und es liegt jeder Liebe zu einem anderen Menschen und jeder Selbstachtung zugrunde.

Folgende Schritte führen zu einem Klima des Vertrauens in Ihrer Familie oder Schulklasse:

- Machen Sie deutlich, daß Sie die Kinder unterstützen und bedingungslos akzeptieren, obschon Sie einige ihrer Verhaltensweisen mißbilligen (machen Sie ihnen diesen Unterschied bewußt).
- Ermuntern Sie sie dazu, über sich selbst zu reden.
- Revanchieren Sie sich mit Ihrer eigenen Offenheit.
- Machen Sie keine Versprechungen, die Sie nicht halten wollen oder können.
- Seien Sie in Ihren Maßstäben und Ihrem Verhalten konsequent – aber nicht stur.
- Seien Sie immer bereit, zuzuhören und Wärme und Mitgefühl zu zeigen, wenn Sie mal keine Antwort, keine Lösung, kein übriges Kleingeld haben.

Verschiedene körperliche Übungen können dazu beitragen, das Vertrauen zu stärken und Kindern und Schülern die Erfahrung des Vertrauens ins Bewußtsein zu rücken.

Spring, Baby, spring!

Seit meine Tochter Zara ohne fremde Hilfe auf dem Wickeltisch stehen kann, spiele ich mit ihr „Spring, Baby, spring". Ich fordere sie auf, vom Tisch herunter in meine Arme zu springen. Anfänglich half ich etwas nach und zählte dazu: „Eins, zwei, drei, springen." Sobald sie das Spiel begriffen hatte, nahm ich meine Hände zurück und vergrößerte den Abstand zum Tisch, so daß sie richtig abspringen mußte. Mit wachsendem Vertrauen zu Ihnen legt das Kind sein anfänglich zaghaftes, nervöses Verhalten ab und wagt immer freiere, kühnere Sprünge – und quietscht dabei vor Vergnügen. Wichtig ist, daß Sie ein eindeutiges Signal zum Springen geben, damit das Kind weiß, wann Sie bereit sind. Das Kind darf ja nicht glauben, es könne jedesmal springen, sobald es auf einem Tisch steht – ob Sie nun bereit sind, es aufzufangen, oder nicht. Kinder begreifen das sehr früh, wenn Sie in Ihrem Verhalten konsequent sind.

Mit verbundenen Augen

Durch diese Übung soll ein Kinderpaar am eigenen Leib erfahren, wie sehr wir infolge unserer allzu großen Abhängigkeit vom Sehen unseren anderen, weniger beanspruchten Sinnen mißtrauen. Einem der Kinder werden für etwa zwanzig Minuten die Augen verbunden, während sich das andere Kind als Blindenführer betätigt. Die „blinde" Person wird durchs Zimmer geführt, dann den Gang entlang und hinaus ins Freie. Fragen Sie das Kind nach seinen Empfindungen. Der „Führer" soll ihm zu einem möglichst reichen Sinnenerlebnis verhelfen. An einem sicheren Ort, etwa auf einer großen Wiese oder in einem gut aufgeräumten Zimmer, soll der Führer den Blinden vorübergehend verlassen. Fordern Sie den Blinden auf, der Stimme des Führers entgegenzulaufen und dann dessen Kopf und Hände mit dem Tastsinn zu erforschen. Nun wird die Übung mit verkehrten Rollen wiederholt; zum Schluß äußern alle Beteiligten ihre Gefühle über:

- das Vertrauen zu ihren eigenen Sinnen
- das Vertrauen zu ihrem Führer
- die anfängliche Abhängigkeit vom Sehen und vom Führer
- die Frustrationen und Haßgefühle
- das Alleinsein
- die Wiedervereinigung mit dem Führer
- den Rollentausch

In verschiedenen Beziehungen hat *Zärtlichkeit* verschiedene Bedeutungen; für mich bedeutet es nie weniger, als daß man Gefühle der Zuneigung, der Wärme und der sanften Liebe ausdrückt. Es bedeutet nicht, daß man Kinder, Schüler oder Freunde wie zerbrechliche Porzellanfiguren behandelt. Zärtlich ist das Gegenteil von grob, aber in diesem Zusammenhang ist es auch das Gegenteil von kalt, gleichgültig, anspruchsvoll und lieblos. Die Zärtlichkeit ist der Sonnenschein menschlicher Wärme, der es uns allen möglich macht, zu wachsen und zu gedeihen und innere Zuversicht auszustrahlen. Und dieser Sonnenschein liegt unübersehbar auf den Gesichtern und im Betragen von Kindern, die Zärtlichkeit erfahren haben.

- Wie es in dem Lied heißt: versuchen Sie es das nächstemal mit etwas Zärtlichkeit.
- Scheuen Sie sich nicht, zu Ihren Kindern zu sagen: „Ich hab dich lieb", egal wie alt sie sind und wer zuhört. Sagen Sie es und zeigen Sie es.
- Versetzen Sie sie in die Lage, auch Ihnen gegenüber Zärtlichkeit zu demonstrieren. Gelingt Ihnen das nicht, dann sehen Sie darin ein Problem, mit dem *Sie* sich auseinanderzusetzen haben.

Liebende und Partner

Wenn Sie dem Menschen, der Sie liebt, bei der Überwindung seiner Schüchternheit helfen wollen, wird ein großer Teil unserer bisherigen Ausführungen Ihre Bemühungen unterstützen können. Wir wollen hier nur noch einige besondere Punkte hinzufügen, die zu größerer Vertrautheit, Freiheit und Autonomie führen sollen.

Mit einem Menschen vertraut zu sein, heißt, ihm in Körper und Geist nahe zu sein. Die Schüchternheit dient oft als ein Schutzschild, der schüchterne Menschen vor der Wärme der Vertrautheit abschirmt. Sie gehen deshalb seltener intime Beziehungen ein und errichten selbst in einer intimen Beziehung noch Schüchternheitsbarrieren, die einer totalen Vertrautheit im Wege stehen.

- Lassen Sie sich Zeit, damit sich das nowendige Vertrauen entwickeln kann, und zeigen Sie, daß Ihre Zuneigung der ganzen Person gilt.
- Geben Sie Rückenstärkung und emotionalen Halt.
- Geben Sie Ihrem Partner die Anerkennung und Aufmerksamkeit, die ihm das Gefühl vermittelt, in Ihren Augen etwas Besonderes zu sein – und zwar in der Öffentlichkeit wie privat.
- Seien Sie bereit, den ersten Schritt zu tun, wenn es darum geht, Gefühlsäußerungen zu machen, etwas zu unternehmen, sich auszuliefern, das Risiko einzugehen. Möglicherweise müssen Sie das nicht nur zu Beginn Ihrer Beziehung tun, sondern an jedem Punkt, an dem eine Schüchternheitsbarriere zu überwinden ist. Wieder wird Ihr Gefühl für den richtigen Zeitpunkt und für Zärtlichkeit verhindern, daß Sie allzu anmaßend und drängend erscheinen – vor allem, wenn Ihr schüchterner Partner ein Mann ist, der glaubt, Männer sollten stets das Kommando haben.
- Vermeiden Sie bewertende Urteile; vermeiden Sie es insbesondere, aus dem Sex eine Leistungsprüfung zu machen. Konzentrieren Sie sich auf das natürliche Vergnügen an der körperlichen Nähe, auf das Erleben dieses gemeinsamen Vergnügens.
- Äußern Sie Ihre Bedürfnisse, Ihre Unsicherheiten und auch Ihre Verwirrung angesichts dessen, was Ihr Partner will oder nicht deutlich genug ausdrückt.
- Helfen Sie eine Atmosphäre der Liebe zu schaffen, in der beide Partner zur sexuellen Vereinigung auch einmal nein sagen können, ohne vom anderen unter Druck gesetzt zu werden oder sich wegen der mangelnden Bereitschaft schuldig zu fühlen.
- Teilen Sie die Verantwortung, wenn die sexuelle Vereinigung für beide Teile befriedigend war – und auch, wenn sie es mal nicht war.

Freiheit und Autonomie

Von dem Dichter Khalil Gibran gibt es eine sehr schöne Darstellung der scheinbar paradoxen Erscheinung von Liebenden, die allein und doch zusammen sind:

> Singt und tanzt zusammen, bleibe aber jeder für sich,
> So wie die Saiten einer Laute allein sind,
> Auch wenn sie dieselbe Musik erklingen lassen.
> Gebt eure Herzen, aber liefert sie dem anderen nicht aus,
> Denn nur die Hand des Lebens kann eure Herzen umfassen.
> Und steht zusammen, aber nicht zu nahe zusammen,
> Denn auch die Säulen des Tempels stehen getrennt,
> Und die Eiche und die Zypresse wachsen nicht im
> Schatten des Nachbarbaumes.[8]

Ein schüchterner Partner ist kein Besitz; er ist weder ein seltenes Juwel, das Sie in Ihren Safe einschließen, noch eine Fußmatte, auf der Sie die Schuhe abstreifen können. Er braucht die Freiheit, um weiter wachsen und zu Ihrem Wachstum beitragen zu können. Er braucht eine selbständige Identität, um weiterhin das sein zu können, was überhaupt erst Ihre Liebe weckte – und um nicht nur zu einem stummen Spiegelbild Ihrer eigenen Person zu werden.

- Halten Sie sich an Freunde und Situationen, die für Sie beide angenehm sind, oder genießen Sie sie getrennt.
- Wie andere Ihren Partner bewerten, sollte für Ihr Image nicht so wichtig sein, daß Sie ihn zwingen, dem Wunschbild anderer zu entsprechen.
- Fördern Sie Unternehmungen, Hobbys und Freundschaften, die Ihr Partner unabhängig von Ihnen genießen kann – daraus werden neue Dinge entstehen, die Sie teilen können.
- Lernen Sie, mit Unterschieden fertigzuwerden, Gegensätze offen und fair auszutragen und Problemlösungen gemeinsam zu erarbeiten.
- Ihr schüchterner Partner hat es sich vielleicht angewöhnt, sämtliche Kommunikationskanäle zu schließen, sobald Angst oder Wut ihn übermannt. Lernen Sie, die Kommunikation sachte wieder in Gang zu bringen, und machen Sie nicht das Schweigen zu Ihrer eigenen Waffe.

- Bewahren Sie sich beide Ihren Sinn für Humor, so daß Sie über Fehler und menschliche Schwächen – etwa die Schüchternheit – lachen können.

Selbsthilfe-Gruppen für Schüchterne

In Selbsthilfe-Gruppen können Schüchterne zusammenkommen, ohne sich bedroht zu fühlen. Was die mögliche Form solcher Gruppen angeht, so würde ich mir am meisten davon versprechen, wenn sie nach einem vorrangigen Interesse organisiert werden würden, das den Mitgliedern bereits gemeinsam ist, also etwa Sport, Theater, Religion, Literatur, Freizeitgestaltung usw. Was sie von bereits existierenden Clubs und Gruppen unterscheiden würde, ist ihr gemeinsames Wissen, daß unter anderem auch die Schüchternheit ein wesentlicher Grund für ihren Zusammenschluß war.

Wenn beispielsweise durch einen Anschlag am Schwarzen Brett der Bibliothek bekanntgemacht würde, daß eine Theatergruppe für vorrangig schüchterne Studenten gebildet wird, so könnte das Leute mit gleichen Interessen und einem gemeinsamen Problem zusammenbringen. Andere Interessen und Hobbys eignen sich nicht weniger dazu, Schüchterne zusammenzubringen: Bibellesen, Kegeln, Camping, Fitness-Training, Magie, ASW, Zinnsoldaten und Spielzeugeisenbahnen, Gewehre und Science Fiction.

Beratungsstellen für Schüchterne

Es gibt eine handvoll Behandlungszentren, in denen Schüchternen therapeutische Hilfe angeboten wird. Drei davon sollen hier erwähnt werden. Am ambitioniertesten ist die „Friendship Clinic", geleitet von Dr. Gerald Phillips in University Park in Pennsylvanien. Dort wird vor allem Wert darauf gelegt, beim Schüchternen die Fähigkeit zur Kommunikation zu verbessern. Das Personal dort arbeitet mit vielen Elementen der Verhaltensänderung, um den schweigsamen Klienten zu helfen, ihr Lampenfieber, ihre Sprachschwierigkeien und „alles, was Leute vor einem öffentlichen Auftritt hemmt" zu überwinden.[9]

Ein ähnliches Programm führt die Psychologin Dorothy Smith am Beratungszentrum der „Claremont Colleges" in Claremont in Kalifornien durch. Sie stellte fest, daß ein „Schüchternheitsseminar" mehr Leute anlockte, als ein „Kurs zur Stärkung des Selbstbewußtseins", weil die Schüchternen das allgemeine Problem hatten, zu anderen keine Beziehung herstellen zu können, und nicht das spezifische Bedürfnis, in einem spezifischen Lebensbereich selbstbewußter aufzutreten. Wie in der „Friendship Clinic" gilt es auch in Claremont als besonders wichtig, die Fähigkeit zum Gespräch zu erlernen und zu üben.[10]

In unserer Beratungsstelle für Schüchterne an der Stanford-Universität verwenden wir spezifische Techniken, die den Klienten helfen sollen, mit den verschiedenen Komponenten ihrer Schüchternheit fertigzuwerden. Um eine allgemeine Angst und körperliche Anspannung zu bewältigen, führen wir ein progressives Entspannungstraining durch. Um ein negatives Selbst-Bild zu beseitigen und die Selbstachtung zu stärken, verwenden wir Techniken, die den Klienten helfen sollen, sich ihrer eigenen Selbst-Aussagen bewußt zu werden, deren Unangemessenheit zu erkennen und sie zu unterlassen und stattdessen für mehr positive Selbst-Aussagen und Selbst-Bilder zu sorgen.

Das Erlernen bestimmter Fertigkeiten nimmt in unserem Programm zur Beseitigung von Problemen in zwischenmenschlichen Beziehungen einen erheblichen Raum ein. Mit Hilfe von Video-Bändern zur Selbstkontrolle lernen unsere Klienten, zuzuhören, sich zu offenbaren, Gefühle auszudrücken (vor allem tabuisierte Gefühle wie Ärger, Wut und Zärtlichkeit), mehr Vertrauen zu haben und für ihre Mitmenschen attraktiver zu sein. Für Bereiche, auf denen sich der Betreffende unzulänglich fühlt und von anderen herabgesetzt wird (oder sich selbst herabsetzt) haben wir Übungen zur Stärkung des Selbstbewußtseins.

Ein Rollenspiel, das beklemmende Situationen realistisch simuliert – zum Beispiel einen Tanz, ein Einstellungsgespräch, eine telefonische Verabredung, höfliche Konversation, ein Interview mit einem Höhergestellten, oder gar einen selbstbewußten Auftritt auf einer Party –, gibt besonders wertvolle Gelegenheiten, all das Gelernte in die Tat umzusetzen.

Ein wesentlicher Teil unserer Arbeit mit Schüchternen sind „praktische" Hausaufgaben. Klienten, die auch weiterhin mitmachen wollen, müssen sich vertraglich verpflichten, Buch zu führen und allerlei Übungen zu machen (etwa die, die wir in Teil II dieses Buches schildern). Auf diese Weise läßt sich der Rückgang der Schüchternheit, den wir in der Beratungsstelle beobachten können, besser auf das übrige Leben des Betreffenden ausdehnen, so daß die Wirkung an Wert gewinnt.

Doch über spezifische Taktiken und therapeutische Strategien hinaus versuchen wir , unseren Klienten mehrere grundlegende Botschaften zu vermitteln, die im Verlaufe dieses Buches regelmäßig wiederholt worden sind.

- Sie haben die Kontrolle über Ihre Gefühle und Ihr Tun.
- Sie sind für diese Gefühle und Taten verantwortlich und auch dafür, daß es zu den Folgen kommt, die Sie wünschen.
- Sie haben sich dafür entschieden, schüchtern zu sein, und Sie haben gelernt, sich wie ein schüchterner Mensch zu benehmen. Sie können sich jetzt entscheiden, nicht schüchtern zu sein, wenn Sie bereit sind, diese alten Gewohnheiten abzulegen und durch solche zu ersetzen, die wirklich in Ihrem Interesse sind.
- Es steht Ihnen frei, X zu tun, selbst wenn andere sagen, Sie könnten das nicht; es steht Ihnen aber auch frei, sich zu weigern, X zu tun, selbst wenn andere sagen, Sie müßten es tun.

Und wir halten es – vielleicht ist das der entscheidende Punkt – für unerläßlich, daß die Isolation einer einsamen Existenz durch Menschlichkeit überwunden wird, damit sie über das narzißtische Überleben hinaus Sinn und Richtung erhält.

12.
Die Schüchternheit in der Gesellschaft verhindern

Mein Großvater erzählte oft eine Geschichte, die unserem Schlußkapitel über Wege zur Überwindung der Schüchternheit die Richtung weisen soll:

> Im Wartezimmer eines kleinen Krankenhauses in Sizilien stritten sich einmal drei Patienten über die Verdienste ihrer Ärzte.
> „Es gibt keinen besseren Chirurgen als meinen Doktor", verkündete Herr Ninni. „Er kann mir die Dornen und Kletten, in die ich beim Schafehüten trete, aus der Fußsohle entfernen, ohne daß ich etwas spüre."
> „Das ist doch gar nichts, gemessen an Doktor Baccigaluppi, der hat eine vorzügliche Salbe für die Verletzungen an meinen Händen entwickelt, die ich mir immer hole, wenn ich die Fischerboote mit dem Tau an den Strand ziehe."
> „Einfache Mittel gegen einfache Beschwerden", sagte der dritte junge Mann. „Wenn ich von Sorgen gequält werde, wie ich meine arme Familie ernähren soll, dann hat mir der gute Doktor Odrabmiz beigebracht, mich selbst zu hypnotisieren und all meine Sorgen zu vergessen, indem ich mir einfach vorstelle, daß wir alle im Schlaraffenland leben."
> Unfähig zu entscheiden, welcher ihrer Ärzte nun wirklich der fähigste sei, wandten sie sich an den alten Hausmeister, der ihrem Gespräch zugehört hatte. „Du hast die Geschichten gehört, alter Mann, welcher von den drei Ärzten ist nach deiner Meinung der beste?"
> „Alle drei sind hervorragende Spezialisten, gewiß, die ihre Patienten mit viel Können und Einbildungskraft behandeln. Als ein einfacher und ungebildeter Mann kann ich nicht entscheiden, welche Methode und welcher der großen Ärzte am besten ist. Ich kann nur Ihnen, Herr Ninni, ein Paar Schuhe anbieten, und dem Fischer dort meine Handschuhe und meinem hungrigen Freund da drüben für heute einen Teller Pasta und für morgen eine Stelle als mein Helfer."
> *Moral:* Manchmal ist eine einfache Vorbeugung klüger als eine höchst komplizierte Heilung.

Bisher haben wir uns in Teil II ausschließlich damit befaßt, was wir tun können, um uns selbst und andere von der Schüchternheit zu befreien. Viele Alternativen sind aufgezeigt und verschiedene Vorschläge gemacht worden, wie sich der unerwünschte Einfluß der Schüchternheit auf unser Leben reduzieren ließe. Allen gemeinsam ist jedoch der Gedanke, daß sich die *Menschen ändern* müssen – wie sie denken, fühlen, reden, handeln. Ein zweites gemeinsame Merkmal ist die Absicht, etwas gegen die Schüchternheit zu unternehmen, *nachdem* sie auftritt.

In diesem letzten Kapitel möchte ich Ihnen einen ganz anderen

Zugang zum Problem der Schüchternheit erörtern. Es geht darum, *die Schüchternheit von vornherein zu verhindern, indem man kulturelle Werte, soziale Normen und Situationszwänge ändert.* Eine große Aufgabe, gewiß, aber wenn sie sich bewältigen läßt, wird die Wirkung umfassender und dauerhafter sein.

Folgen oder Ursachen

Man kann ein unerwünschtes Verhalten auf zweierlei Art ändern: man ändert die Folgen, oder man ändert die Ursachen. Der erste Weg ist ein Grundsatz der Verhaltensänderung, der zweite bildet die Grundlage für Präventivmaßnahmen. Der eine will Ihre Beschwerden behandeln und heilen, der andere will Sie „impfen", damit erst gar keine Beschwerden auftreten. *Individuen* können vielleicht durch die passende Behandlung von Krankheiten befreit werden; eine ganze *Bevölkerung* kann vor einer Krankheit dadurch geschützt werden, daß man die *Bedingungen* ändert, die überhaupt erst die Krankheit auslösen. Welchen der beiden Wege man wählt, hängt nicht nur von der Entscheidung ab, ob man vor oder nach dem Auftreten von Schüchternheit aktiv werden soll. Es geht vielmehr um grundlegende Unterschiede in der philosophischen Einstellung zur Hilfe für bedürftige Menschen und in der Politik der sozialen Veränderungen.

Wenn man davon ausgeht, daß die Schüchternheit existiert und daß sie für die Schüchternen ein unerwünschtes Problem darstellt, dann besteht die Notwendigkeit, ihnen sofortige Hilfe anzubieten. Gleichzeitig können wir aber etwas tun, um zu verhindern, daß sich andere jemals diesem verheerenden Problem gegenübersehen. Beide Maßnahmen gegen die Schüchternheit können und sollten Hand in Hand gehen. Es ist natürlich nicht immer leicht, dieses Ideal in die Praxis umzusetzen.

In unserer Analyse der Schüchternheit haben wir uns eingehend mit dem schüchternen *Individuum* befaßt und den Schüchternen selbst für die Veränderungen verantwortlich gemacht, die zur Überwindung der Schüchternheit erforderlich sind. Was ist aber mit den sozialen und kulturellen Wurzeln als Ursachen der Schüchternheit? Wie ändern *sie* sich, wenn man an der Stärkung des Selbstbewußtseins arbeitet und progressive Entspannung und andere Übungen zur *Selbst*-Hilfe durchführt? Sie ändern sich natürlich nicht, und so bereitet sich jetzt schon die nächste Generation Schüchterner darauf vor, die Plätze all der „gegenwärtig Schüchternen" einzunehmen, denen es gelingt, in die Reihen der „ehemals Schüchternen" überzuwechseln. Auch wenn sich Individuen ändern, so bleibt doch das System. Trotz Wunderheilungen geht die Epidemie weiter.

Manchmal schaffen wir die notwendigen Veränderungen nicht, weil wir allzu sehr darauf aus sind, Menschen zu ändern, anstatt Situationen oder soziale Werte. Oft sehen wir die Lösung nicht, weil wir selbst Teil des Problems sind, oder wir erkennen das Problem nicht, weil wir keine Alternativen sehen.

Wir können diese Scheuklappen abwerfen, wenn wir zunächst einmal kurze Fälle untersuchen, in denen Veränderungen der Situation oder der gesellschaftlichen Voraussetzungen erfolgreicher waren als direkte Versuche, die „Problemkinder" zu verändern. Sehen Sie sich die folgenden Beispiele an:

In einem Heim für straffällige Jungen in Washington (D. C.) wurde die Gewalt zum Dauerproblem, das das Personal mit allen gängigen Mitteln zu lösen suchte. Sie gaben ihrer Sorge Ausdruck, belohnten Friedfertigkeit, versuchten es mit beratenden Gesprächen und Therapie und bestraften die unverbesserlichen Unruhestifter – alles umsonst. Erst als sie beschlossen, die Situationen, in denen es zu aggressivem Verhalten kam, zu analysieren, bekamen sie die Gewalttätigkeit in den Griff. Die meisten Zwischenfälle gab es auf den Gängen, insbesondere an Ecken, wo die Jungen oft zusammenprallten. Wer gerempelt wurde, rempelte wieder, es kam zum Handgemenge, und schon war wieder eine Keilerei im Gange. Die einfache Lösung bestand darin, die Mauer einzureißen, die unübersichtlichen Winkel abzurunden und den Gang breiter zu machen. Nun gab es an den Kreuzungen keine Verkehrsunfälle mehr, und die Gewalttätigkeiten gingen stark zurück.[1]

Beim Bemühen, Autofahrer in Wohngebieten zum Langsamfahren zu überreden, waren Verkehrszeichen, saftige Geldbußen und Aufrufe in den Medien viel weniger wirkungsvoll als die einfache Maßnahme, Schwellen in die Straße einzubauen. Eine kräftige Erschütterung bringt einen Raser eher zur Vernunft als zwei Verwarnungen.

Ein Problem, das mich in all den Jahren als Lehrer immer wieder beschäftigt hat (und mit dem unsere Militärakademien von Zeit zu Zeit zu tun haben), sind die Betrügereien bei Prüfungen. Eine Vielfalt von Präventivmaßnahmen ist versucht worden, aber sie sind durchweg weniger einfallsreich als die Betrüger und weniger überzeugend als die Gründe zum Betrügen. Wenn weder mit einem Appell an die Ehre noch mit sorgfältiger Überwachung etwas auszurichten ist, werden letztlich die paar Betrüger von der Schule verwiesen, damit sie die anderen Äpfel nicht auch noch verderben können. Ich bin jedoch zu der Überzeugung gelangt, daß das Faß selbst verseucht ist.

Als ich wieder mal eine ganze Reihe von mündlichen Verhandlungen über mich ergehen lassen mußte, in denen Studenten angeklagt wurden, in meinem Kurs wiederholt betrogen zu haben, wurde mir klar, wie wenig ein solches Vorgehen künftige Betrügereien verhindern konnte. Es wurde nur nach dem *Wer* gefragt und nicht nach dem *Warum.* Der heftige Konkurrenzkampf um einen raren und zu hoch bewerteten Artikel – ein „Sehr gut" – wurde als Hauptgrund genannt. Dann war da die Angst vor der Bewertung durch andere; die Ungewißheit, ob das, was man wußte und gelernt hatte, überhaupt gefragt werden würde; die Tatsache, daß man keine zweite Chance bekam, wenn man nicht vorbereitet war oder versagte; und schließlich die unpersönliche und feindselige Prüfungssituation – jeder einzelne Student muß gegen alle anderen antreten, die darauf aus sind, ihre Überlegenheit zu beweisen.

Ich wende nun eine Präventiv-Strategie an, die beabsichtigt, diese Gründe für das Betrügen irrelevant zu machen; die Folge ist, daß die Betrügereien bedeutungslos geworden sind. Noten zeigen nur, inwiefern jeder Student das behandelte Material beherrscht, und nicht, daß er anderen überlegen ist. Jeder kann sich die Bestnote verdienen, wenn alle ein bestimmtes Kriterium erfüllen (wenn etwa 80 Prozent der Aufgaben richtig gelöst sind). Es ist kein Kampf gegen die anderen Studenten, sondern gegen einen persönlichen Standard. Die Prüfungsangst verringert sich, wenn man Studenten die vielen Prüfungen in einem Kurs immer dann ablegen läßt, wenn sie dazu bereit sind; wenn man sie Prüfungen, die danebengehen, mehrere Male ohne Bestrafung wiederholen läßt; und wenn man die Prüfung in einer einigermaßen persönlichen Umgebung und unter Aufsicht eines Studenten abhalten läßt. Das Ergebnis ist, daß die Studenten fleißiger sind als in praktisch allen anderen Kursen, daß sie mehr Spaß daran haben und daß sie zum größten Teil sehr gut abschneiden. Die neuen sozialen Normen haben das Betrügen in dieser Umgebung sinnlos gemacht und haben nebenbei auch einige Freundschaften mit den beaufsichtigenden Studenten ergeben.

Diese Beispiele verdeutlichen Alternativen zu herkömmlichen Methoden. Sie verhindern unerwünschte Verhaltensmuster, indem sie einige Aspekte des Kontextes, in dem sich normalerweise diese Verhaltensweisen abspielen, verändern. Es kann sein, daß sich die Schüchternheit nur auf eine einzige Weise verhindern läßt: durch eine radikale Veränderung jener Werte in unserer Gesellschaft, die eine Entfaltung der Schüchternheit fördern.

Durch die Gesellschaft programmiert

In welcher Hand halten sie beim Essen die Gabel? In der linken, wenn Sie etwas zerschneiden, und in der rechten, wenn Sie es essen? Höchstwahrscheinlich, *wenn* Sie Amerikaner sind; Europäer behalten die Gabel immer in der linken Hand. Verbeugen Sie sich, wenn Sie einem Freund auf der Straße begegnen? Als Amerikaner tun Sie das wahrscheinlich nicht, doch für einen Japaner wäre das eine grobe Unterlassungssünde. Würden Sie einem Ausländer bereitwilliger helfen als einem Landsmann? Das hängt davon ab, wie Ihre Zivilisation „Eigengruppe" und „Fremdgruppe" definiert. Für den Griechen gehören zur Eigengruppe die Familie, Freunde und Touristen, nicht aber andere Griechen, die ihm fremd sind. Anders reagieren die Bewohner von Paris oder Boston; sie kommen, wie Untersuchungen gezeigt haben, eher Landsleuten als Ausländern zu Hilfe.[2]

In einem Ausmaß, das wir oft verkennen, bestimmt unsere Kultur das, was wir als Realität wahrnehmen, während sie die Struktur unseres Denkens, Fühlens und Handelns programmiert. Selbst eine so fundamentale Wirklichkeit wie der Schmerz löst – je nach der kulturellen Umwelt eines Menschen – ganz unterschiedliche Reaktionen aus. Italiener sind sehr empfindlich gegen Schmerz und übertreiben seine Intensität. Juden reagieren ebenfalls heftig auf Schmerzen, machen sich aber in stärkerem Maße als Italiener Gedanken über die Folgen für ihre künftige Gesundheit. Angelsächsische Protestanten zeigen gefühlsmäßige Reaktionen auf Schmerz nur in privater Umgebung. Irische Patienten dagegen „beißen auf die Zähne" und ertragen den Schmerz selbst im privaten Bereich ohne Klagen und ohne sich etwas anmerken zu lassen.[3]

Wie programmieren kulturelle Werte und Praktiken die Schüchternheit im Menschen? Sie finden eine Antwort auf diese Frage, wenn Sie die schüchterne Gesellschaft entwerfen, die Sie aufbauen würden, wenn Sie Innenminister wären. Wenn Sie zehn Wege zur Schüchternheit zusammenstellen würden, wären wahrscheinlich die folgenden Punkte zu lesen:

1. Krasser Individualismus ist hoch einzuschätzen (es auf eigene Faust versuchen, seinen Weg allein gehen, sich nicht um andere kümmern).
2. Der Ich-Kult ist zu fördern (narzißtische Selbstbeobachtung, Nabelschau, Selbstzweifel).
3. In einem auf hartem Konkurrenzdenken beruhenden System ist der individuelle Erfolg alles, der Mißerfolg dagegen eine Quelle persönlicher Schande.
4. Das grenzenlose Erfolgsstreben ist zu befürworten; gleichzeitig darf es keine genauen Kriterien für den Erfolg geben, und auch keine Anweisung, wie man mit Mißerfolg fertig wird.
5. Emotionale Äußerungen und die Zurschaustellung irgendwelcher Gefühle und Ängste sind zu mißbilligen.
6. Es darf nur wenig Gelegenheit für intime Beziehungen zwischen den Geschlechtern geben, und die meisten sexuellen Ausdrucksformen müssen einem strengen Tabu unterliegen.
7. Gunst und Liebe müssen von ständig wechselnden und kritischen sozialen Leistungsnormen abhängig sein.
8. Die gegenwärtige Erfahrung eines Individuums muß heruntergespielt werden; dazu dienen Vergleiche mit dem unübertroffenen Glanz vergangener Zeiten und mit den Forderungen künftiger Ziele.
9. Die soziale Unbeständigkeit ist zu fördern: durch Mobilität, Scheidungen, wirtschaftliche Probleme und alle nur erdenklichen Maßnahmen.
10. Der Glaube an gemeinsame Ziele der Gesellschaft und der Stolz auf die Zugehörigkeit zur Gruppe sind zu zerstören.

Überlegen Sie, ob dieses Rezept zur Erzeugung von Schüchternheit für Sie bereits Gültigkeit hat. Existieren nicht viele dieser Werte in Ihrer Arbeit, in Ihrem Schuldasein, ganz allgemein in Ihrem Alltag? Ich bin überzeugt, daß wir in jeder Gesellschaft, die mit dem Problem der Schüchternheit zu tun hat, Varianten dieser zehn Punkte finden können. Wo die Schüchternheit etwas weniger verbreitet ist, sollten wir damit rechnen, nur einige dieser Werte in Funktion zu sehen. Wenn wir untersuchen, wie sich die Schüchternheit von Kultur zu Kultur unterscheidet, sind wir vielleicht in der Lage, in bezug auf diese Werte, die die Schüchternheit auslösen, Änderungen vorzuschlagen. Befassen wir uns zuerst mit einer Kultur, wo ein paar dieser Werte so hoch im Ansehen stehen, daß sie die Schüchternheit fast garantieren können. (Eine zusammenfassende Tabelle dieser kulturbedingten Varianten der Schüchternheit folgt unmittelbar im Anschluß an die „Anmerkungen", S. 304.)

Der „unergründliche" Orientale

Unsere Ergebnisse zeigen, daß die Schüchternheit in Japan und Taiwan stärker verbreitet ist als in jeder anderen von uns untersuchten Kultur. Von den Japanern gaben 57 Prozent an, derzeit schüchtern zu sein, bei den Taiwanesen waren es 53 Prozent. Drei Viertel der Japaner sehen in der Schüchternheit ein „Problem", über 90 Prozent geben an, entweder früher schüchtern gewesen zu sein oder es derzeit zu sein, und mehr als jedes andere Volk sagen die Japaner, sie seien in praktisch allen sozialen Situationen schüchtern. Die Schüchternheit ist ein besonderes Problem für Männer, die zwischen widersprüchlichen kulturellen Ansprüchen gefangen sind: sie sollen im Haushalt die dominierende Autorität sein, sich aber jeder anderen Autorität passiv unterordnen. Es sind sowohl in Japan als auch in Taiwan wesentlich mehr Männer als Frauen, die angeben, schüchtern zu sein. In allen anderen Kulturen, die wir untersucht haben, gab es entweder keinen Unterschied zwischen den Geschlechtern (z. B. in den Vereinigten Staaten), oder die Frauen waren schüchterner als die Männer (z. B. in Israel, Mexiko und Indien).

Ein interessanter Widerspruch ergibt sich zwischen der allgemeinen Abwertung der Schüchternheit in diesen orientalischen Kulturen und den traditionellen Werten, die aus Bescheidenheit und Zurückhaltung Tugenden machen. Von allen befragten Gruppen war unter den

Japanern der Prozentsatz derer am höchsten, die sagten, sie seien „gerne" schüchtern und die die positiven Folgen hervorhoben. Dennoch bilden diese 20 Prozent der Bevölkerung eine Minderheit. Vielleicht zeigt sich darin die wachsende Auflehnung der jüngeren Generation gegen die ihnen von den traditionellen orientalischen Werten aufgezwungene formale, stilisierte Struktur, wenn die meisten der an unserer Umfrage beteiligten Studenten in der Schüchternheit kein wünschenwertes Attribut sehen und nicht gerne schüchtern sind.

Japan ist geradezu das Muster einer Gesellschaft, die Schüchternheit erzeugt. Meine eigenen Beobachtungen unterstreichen die Analyse meiner orientalischen Kollegen und anderer Kenner der japanischen Kultur; danach ist das japanische Kind in einem Netz aus kulturellen Werten gefangen, die unweigerlich zur Schüchternheit führen. Zu untersuchen, wie kulturelle Werte dem Kind vermittelt werden, ist ein schwieriges und komplexes Unterfangen, und es kommt dabei leicht zu Fehldeutungen. Doch eine Reihe verschiedener Quellen kommen zu ähnlichen Schlüssen, wenn sie davon berichten, wie sich die kulturellen Werte in Japan auf die Kindererziehung auswirken und wie diese Praktiken einen schüchternen Menschen produzieren. Eine der besten Untersuchungen japanischer und amerikanischer Kinder (und ihrer Eltern) vom dritten bis zum sechsten Lebensjahr kommt zu folgendem Schluß:

> Verglichen mit Japanern sind Amerikaner aktiver, in Worten und Taten gefühlsbetonter, unabhängiger und eher geneigt, ihre soziale und physische Umwelt für ihre Zwecke zu manipulieren.[4]

Eine Erziehung zur Gefühlsbeherrschung, zur Zurückhaltung jeder Selbstäußerung und zur zwanghaften Fixierung auf Details, Planungen, Regeln und Rituale erstickt nicht nur jede Eigeninitiative und Spontaneität sondern unterdrückt auch die legitime Äußerung von Ängsten und berechtigter Wut. Wenn die Japaner geisteskrank werden, neigen sie dazu, die Hauptquelle ihres Problems in sich selbst zu suchen, und das hat zur Folge, daß sie sich gegen die eigene Person wenden. Wenn sich Emotionen und Feindseligkeiten gegen das eigene Selbst wenden, so tragen dazu auch andere kulturelle Werte bei, die ein ausgeprägtes Pflichtgefühl *(giri)* betonen, die Verpflichtung gegen andere, Ehrerbietigkeit und Höflichkeit gegen Autoritäten, Selbstbescheidung und persönliche Verantwortung für den Fall, daß die Erwartungen der anderen nicht erfüllt werden können.[5]

Von grundlegender Bedeutung für die japanische Charakterentwicklung sind *„amae"* und *Schande.* Zunächst ist *amae* nur eine passive Abhängigkeit des Kindes von seiner Mutter (das Verlangen, sich anzuklammern, getröstet und verwöhnt zu werden). Doch dann durchdringt es jede Stufe der japanischen Gesellschaftsstruktur und beherrscht soziale, politische und kulturelle Aktionen. *Amae* bestärkt eine passive Abhängigkeit und eine bedingungslose Loyalität gegen alle, die in höheren Positionen sind, ungeachtet der eigenen Fähigkeit und Begabung. Man muß geduldig auf den richtigen Zeitpunkt warten, da man für seine Verdienste „anerkannt" wird, und zwar häufig von Höherstehenden mit weit geringeren Verdiensten. Der Direktor einer großen japanischen Firma erzählte mir, wenn einer bemüht sei, sich hervorzutun, sich emporzuarbeiten, oder ungeduldig darauf warte, anerkannt zu werden, dann seien das Zeichen der „Unreife". Wenn der Vorgesetzte einen so selbstbewußten Mitarbeiter bremst, dann gilt das als weise Entscheidung. Es ist eine Art Teufelskreis, denn das erzeugt weitere Passivität, Abhängigkeit und ein übertriebenes Bestreben, von kritischen anderen positiv bewertet zu werden.

Der andere Grundmechanismus der gesellschaftlichen Kontrolle in Japan ist der Einsatz des Schamgefühls, der Schande. Tatsächlich wird in der japanischen Gesellschaft sehr viel Energie darauf verwendet, Schande zu vermeiden, da sie verheerende Folgen hat. Jede Tat, die den Erwartungen anderer zuwiderläuft, ist für das Individuum eine potentielle Quelle der Schande – und für all die anderen ebenso. Das japanische Leben spielt sich in Gruppen ab – in der Familie, der Nachbarschaft, der Schule, der Mannschaft, der Arbeitsgruppe. Die Loyalität gegen jede dieser Gruppen ist stark, wie auch die Verpflichtung, das Prestige der Gruppe aufrechtzuerhalten und zu stärken. Wenn man mit seinem Verhalten der Gruppe auch nur im geringsten schadet, sie auch nur entfernt in eine lächerliche oder peinliche Lage bringt, dann gilt das als Schande. Hinterher kann man die Schande durch neue Taten wieder auslöschen, die den der Gruppe zugefügten Schaden wiedergutmachen – oder dadurch, daß man sein unwürdiges Selbst aus der Gruppe entfernt, oft auf dem Wege des Selbstmords. Es gibt kein Versagen, und sei es in den Augen eines Fremden auch noch so geringfügig, das nicht zum Anlaß eines Selbstmords werden könnte. Ein Oberschüler nahm sich das Leben, weil er in einem Baseballspiel einen Fehler gemacht hatte, der zum Spielverlust führte; Professoren begingen Selbstmord, weil sie von Studenten mangelnder Vorbereitung bezichtigt worden waren usw.

„Im Japanischen", schreibt Giyoo Hatano, „ist das Wort für 'Schüchternheit' eng mit dem Wort für 'Scham' oder 'Schande' verwandt. Das drückt sich auch darin aus, daß viele Japaner zur Schüchternheit neigen, weil sie Angst davor haben, ausgelacht zu werden."[6] Die Angst vor der Schande ist für die Gruppe eine verläßliche gesellschaftliche Kontrolle, und das fördert die Schüchternheit als einen sicheren Lebensstil. Dies gilt für Taiwan ebenso wie für Japan.

Die Bedeutung der *amae* und der Schande ermöglicht eine starke psychologische Gruppenkontrolle über jedes antisoziale Verhalten und ist mit dafür verantwortlich, daß es unter den Orientalen in Asien oder in Amerika so wenig Kriminalität gibt. Während die Schüchternheit oder Undurchdringlichkeit innerhalb der Gesellschaft hoch geschätzt wird, sind ihre Auswirkungen auf das Privatleben von Japanern und Taiwanesen geradezu niederschmetternd. Den Chinesen auf dem Festland ist es dagegen gelungen, die verheerenden Wirkungen der Schüchternheit einzudämmen.

Vom Rückgang der Schüchternheit in China

Wie in anderen orientalischen Kulturen, von denen wir gesprochen haben, spielt sich das Leben in China in der Gruppe ab. Der Unterschied liegt darin, daß hier die Gruppe die Selbstachtung fördert und die Selbstzweifel ausräumt. Das kommunale Leben in China (nach der Kulturrevolution) hat mehr Ähnlichkeit mit dem Leben in Israel als mit den anderen orientalischen Gesellschaften. Die Philosophie des Kollektivismus bedeutet, daß keine Einzelperson ihre Interessen über die Interessen der Gruppe stellt. In China (und in Israel) wird das Potential des Einzelnen nicht durch die Herrschaft der Gruppe unterdrückt, sondern dadurch gefördert, daß der einzelne am Stolz und an den gemeinsamen Leistungen der Gruppe teilhat. Der Individualismus wird abgelehnt, wenn er nichts anderes heißt als „egoistisches oder undiszipliniertes Handeln, losgelöst vom Gruppeninteresse". „Die Freundschaft ist wichtiger als der Wettstreit" lautet das Motto, das in den

Klassenzimmer und in den Umkleideräumen der Sportler hängt. Der Wert des individuellen Erfolgs bemißt sich nach dem Nutzen für die Gruppe und die Gesamtgesellschaft. So werden beispielsweise einige Kinder für eine besondere Ausbildung in „Kinderpalästen" ausgewählt, doch sie haben dann die Verantwortung, alles zu lernen, was sie können, um es dann den anderen Kindern weitergeben zu können. Kenntnisse, Talente und Leistungen sollten „dem Volk dienen" und niemals ausschließlich den persönlichen Bedürfnissen des Einzelnen.

Um Umfrageergebnisse über die Erfahrung der Schüchternheit in China zu bekommen, schickte ich einen chinesisch sprechenden Wissenschaftlichen Assistenten, Larry Leo, nach Kanton. Wir bekamen jedoch keine Erlaubnis, unseren Fragebogen zu verteilen; ein Offizieller informierte uns, es sei durch einen Prüfungsausschuß bestimmt worden, das Ausfüllen des Fragebogens „würde die Leute zwingen, zu introspektiv zu sein und zuviel Aufmerksamkeit auf sich selbst zu richten". Hier wurde also das Kulturprinzip unmittelbar in die Praxis umgesetzt.

Leider können wir kein vergleichbares statistisches Material anbieten, aber aufgrund von Beobachtungen haben wir allen Grund zur

Annahme, daß die Schüchternheit, wie wir sie kennen, in der Volksrepublik China eine ungewöhnliche Reaktion darstellt. Mein Assistent berichtete, in jedem Dorf seien die kleinen Kinder zu ihm gekommen, hätten eine höfliche Unterhaltung angefangen, Fragen gestellt und ohne Hemmungen geantwortet. Obwohl er dort war, um etwas über sie zu erfahren, wurde er rasch zum Gegenstand ihrer Neugier. Ein ähnlich umgängliches Verhalten erlebte er bei älteren Kindern und bei Familien, die er besuchte.

Daß das chinesiche Kind praktisch keine Schüchternheit kennt, geht auch aus einem Bericht einer anderen amerikanischen Delegation hervor, die vor kurzem die frühe Kindesentwicklung in der Volksrepublik China untersuchte. Diese Kinderpsychologen besuchten sehr viele Schulen, Hospitäler, Kliniken und chinesische Familien. Aus ihren Beobachtungen schließen sie, daß die Kinder bemerkenswert selbstbeherrscht, psychologisch stabil, selbständig und lebhaft sind.[7]

Offenbar wird die Schüchternheit in dieser Kultur dadurch eingeschränkt oder verhindert, daß man jedem einen Platz in der Gesellschaftsordnung gibt und ihn für das Erreichen der Gruppenziele verantwortlich macht, daß man an die Möglichkeit glaubt, Kinder vervollkommen und mit einer gezielten Erziehung jedermann umwandeln zu können, und daß man die Schuld an Mißerfolgen schlechten sozialen Einflüssen und äußeren Bedingungen zuschreibt und nicht irgendwelchen Mängeln des Individuums.[8] Schon in wenigen Jahrzehnten werden diese kulturellen Werte jene orientalischen Masken der Schüchternheit vertrieben haben, die so viele Jahrtausende lang getragen worden sind.

Chuzpe, Stolz und nicht-schüchterne Juden

Unter den Studenten, die sich an unserer Umfrage beteiligten, waren die amerikanischen Juden am wenigsten schüchtern. Verglichen mit den über 40 Prozent Schüchternen, einer Zahl, die wir bei den Tausenden von Menschen in unserer Umfrage immer wieder erhielten, gaben von den amerikanischen Juden nur 24 Prozent an, sie seien gegenwärtig schüchtern. Zusätzlich waren sie weniger introvertiert, häufiger extravertiert, und wenn sie schüchtern waren, dann war ihre Schüchternheit meistens situationsbedingt.

Obwohl man bei der Begrenztheit der Erhebungsauswahl vor zu

weitgehenden Verallgemeinerung warnen muß, ist die geringe Verbreitung von Schüchternheit unter Juden ein höchst interessanter Befund. Wenn wir vergleichen, welche Dinge in dieser Gruppe Schüchternheit auslösen, und welche in nicht-jüdischen Gruppen, ergeben sich mehrere bedeutsame Unterschiede. Die Juden fühlen sich seltener bedrängt, wenn sie in großen oder kleinen Gruppen im Mittelpunkt der Aufmerksamkeit stehen, wenn sie ganz allgemein in sozialen Situationen sind oder in Situationen, in denen sie von anderen bewertet werden. Fremde und Mitglieder des anderen Geschlechts lösen bei Ihnen nicht so viel Schüchternheit aus wie bei Gruppen, die mit ihnen nach Alter, Bildungsgrad und sozialer Schicht vergleichbar sind.

Interviews und persönliche Erlebnisse mit jüdischen Studenten, Freunden und Verwandten lassen darauf schließen, daß dieser Unterschied unter anderem auf die Pflege der Chuzpe unter Juden zurückzuführen sein könnte. Es gibt eigentlich keine genaue englische Übersetzung dieses Wortes, vielleicht weil die ganze Vorstellung der angelsächsischen Mentalität fremd ist. Man könnte die Chuzpe als eine ganz besondere Art eines stolzen Selbstvertrauens definieren, das einen ungeachtet jedes Risiko handeln läßt, auch wenn man hinterher als unvorbereiteter, unfähiger oder unkluger Tor dasteht. Für Israelis verbindet sich mit Chuzpe ein gewisser Wagemut, eine Bereitschaft, gegen eine unglaubliche Übermacht anzutreten. Viele meinen, allein schon die Existenz des Staates Israel sei ein Produkt der Chuzpe. Entscheidend ist, daß man mit Chuzpe gewisse Dinge sagen oder tun kann, ohne sich krampfhaft überlegen zu müssen, ob man nun etwas Falsches oder Unangebrachtes tut. Die praktische Folge ist, daß man auf lange Sicht mehr Belohnung erhält, wenn man so tut, als habe man sie verdient – vorausgesetzt, man kann kurzfristige Rückschläge ertragen. Wer Chuzpe hat, fordert das attraktivste Mädchen zum Tanzen auf oder bewirbt sich um den höheren Posten oder sagt, die Gehaltserhöhung könnte kräftiger, das Zeugnis besser oder die Arbeit leichter sein. „Was können sie schon anderes tun, als neinsagen, und das hat noch keinen umgebracht, oder zustimmen, und mehr verlange ich ja gar nicht."

Woher kommt aber dieser persönliche Stil, der die Antithese zur Schüchternheit darstellt? Einige Antworten liefern die Ergebnisse der Umfrage, die Dr. Ayala Pines in Israel durchgeführt hat. Er befragte über 900 Israelis zwischen dreizehn und vierzig Jahren – Schulkinder, Studenten, Angehörige des Militärs und Kibbuzniks. Der Prozentsatz der Israelis, die sich als schüchtern bezeichnen (35 Prozent), ist der niedrigste aller acht Länder, aus denen wir Umfrageergebnisse haben. Außerdem gibt es dort mehr Leute, die *nie* schüchtern waren, und die überwiegende Mehrzahl der anderen hat nur gelegentlich und in ganz spezifischen Situationen Gefühle der Schüchternheit.

Die Juden in Israel sehen in der Schüchternheit seltener ein „Problem" als jede andere Nationalität. Nur für 46 Prozent der Erhebungsauswahl ist das Schüchternsein ein problematisches Verhalten; zum Vergleich: 64 Prozent sind es unter amerikanischen Studenten, 73 Prozent unter den übrigen Amerikanern, 75 Prozent bei den Umfragen in Japan und Mexiko, 58 Prozent in Taiwan und 82 Prozent in Indien.

Am ehesten wird ein Israeli in einer Situation verlegen, in der er (oder sie) sich verwundbar fühlt – in etwa das gleiche Ergebnis wie in den amerikanischen Gruppen. Doch fast jede andere Situation, die Amerikaner schüchtern macht, hat bei Israelis viel seltener diese Wirkung. Ganz ähnlich ist es mit den Arten von Menschen, die bei Amerikanern Schüchternheit auslösen: In Israel haben sie diese Wirkung nicht. Die Israelis lassen die Amerikaner geradezu verklemmt erscheinen, denn sie zeigen kaum eine Reaktion auf Autoritäten oder Fremde, aber auch nicht in Situationen, in denen sie taxiert werden, in denen ein selbstbewußtes Auftreten erforderlich ist, in denen sie (in großen und in kleinen Gruppen) im Mittelpunkt stehen, in neuen Situationen oder in sozialen Situationen ganz allgemein.

Nach Dr. Pines und anderen ist die für Israelis charakteristische nicht-schüchterne Orientierung eine zwangsläufige Folge starker Kräfte, die ihre gesamte Kultur beherrschen. Juden ist in hohem Maße bewußt, daß sie Jahrhundertelang in jedem Land in dem sie als Außenseiter gelebt haben, diskriminiert worden sind. Doch während sie von den Menschen zurückgestoßen worden sind, fanden sie Trost in ihrem Glauben, daß Gott sie zu seinem auserwählten Volk gemacht hat. Dieses Wissen hat in ihnen einen Stolz entstehen lassen, der durch keine Unterdrückung auszulöschen war und der weder durch eine Zurückweisung noch durch ein scheinbares Versagen geschmälert wurde.

Dazu kommt, daß die Juden aus Angst vor Verfolgung gezwungen waren, sich in ihr eigenes Gemeinschaftsleben zurückzuziehen, und so wurde die Familie die wichtige Einheit, und Kinder wurden zum Mittelpunkt des Daseins. Daher ist das kommunale Leben stark, selbst wenn

Individuen schwach sind; und Kinder sind ein unschätzbarer Reichtum, auch wenn ihre Eltern arm sind oder von anderen Menschen nicht akzeptiert werden. Pines sagt:

> Kinder gelten als das Symbol des Lebens und als das Versprechen für die Zukunft einer Nation, deren Existenz ständig bedroht ist. So kann man Israel als eine Nation charakterisieren, in der die Kinder im Mittelpunkt stehen und wo man Kindern gegenüber sehr positiv und sehr großzügig eingestellt ist. Kinder werden von allen als ein sehr wichtiges nationales Gut betrachtet – es ist deshalb keineswegs ungewöhnlich, daß Fremde auf der Straße Kinder ansprechen, für sie sorgen und den Müttern ausgiebige Ratschläge zur Erziehung geben. Außer diesem nationalen Symbolismus hat ein Kind in Israel für seine Eltern eine ganz besondere persönliche Bedeutung. Da viele von ihnen Einwanderer waren und nie die Chance hatten, ihr Potential zu verwirklichen, sehen sie in ihren Kindern die Realisierung ihrer Träume. Sie sind deshalb darauf eingestellt, rundweg alles für das Kind zu opfern. Die Folge ist, daß die meisten Kinder in Israel mit dem Gefühl aufwachsen, der Mittelpunkt der Welt zu sein – und das sind sie auch tatsächlich.[9]

Diese positive Einstellung zu den Kindern wirkt sich in mancherlei Hinsicht aus. Kinder werden gewöhnlich in die Gespräche der Erwachsenen mit einbezogen; sie werden aufgefordert, für die Familie und die Freunde ihre Tricks vorzuführen und werden dann überschwenglich gelobt, auch wenn es nicht gerade eine Supershow ist. Sie gewöhnen sich an, von denen, die sie lieben, Unterstützung und Bestätigung zu erwarten, und negative Reaktionen nur mangelndem Verständnis oder persönlichen Vorurteilen des Kritikers zuzuschreiben. Jeder, der Kindern zugetan ist, gehört dazu und wird – auch wenn das Kind ihn oder sie nicht persönlich kennt – von dem vertrauensvollen kleinen Israeli als „Gast" und nicht als „Fremder" behandelt.

Die Institution des Kibbuz, in dem Kinder gemeinsam erzogen werden, reduziert und verhindert die Entwicklung von Schüchternheit, denn dort werden Selbstvertrauen und Führerqualitäten gefördert. Kibbuz-Kinder sind wirtschaftlich nicht von ihren Eltern abhängig und sind auch nicht allein auf sie als Quelle der Liebe und Bestätigung angewiesen. Da die Eltern nicht für die Erziehung ihrer Kinder verantwortlich sind, besteht ihre Funktion in erster Linie darin, auf die Kinder einzugehen, sie zu loben und ihnen ihre bedingungslose Liebe zu schenken, die Geborgenheit und Vertrauen entstehen läßt.[10]

Schließlich ist der Grundsatz der Israelis, unmittelbar zu handeln und sich gefürchteten Menschen und Situationen zu stellen, eine Reaktion auf den „verlogenen bürgerlichen" Lebensstil, den die Israelis als Emigranten in den Städten ihrer Jugend zurückgelassen haben, und auf die Passivität von Juden in den Jahren der Massenvernichtung. Ein freimütiges, offenes, ungehemmtes Auftreten wird konsequent gefördert. Der Schüchterne gilt dagegen als schwach und kraftlos. „Schüchternheit wird in der israelitischen Mentalität mit Schwäche in Verbindung gebracht, mit einer Unfähigkeit, sich einer Herausforderung zu stellen, mit Auslieferung und Kapitulation – mit dem Verhalten jener Juden, die auf dem Weg in die Vernichtungslager der Nazis nicht um ihr Leben kämpften, sondern ihr Schicksal wie Schafe hinnahmen", sagt Dr. Pines.

Diese Fäden der israelitischen Kultur werden zu einem robusten Gewebe verflochten, das das Kind vor den sozialen Ängsten und Minderwertigkeitsgefühlen beschützt, denen die Kinder in unserer Kultur nur allzuoft ausgesetzt sind.

Synanon: eine Gesellschaft ohne Schüchternheit

Man braucht nicht erst einen Kibbuz in Israel oder einen Kinderpalast in China aufzusuchen, um eine Welt zu finden, die relativ frei ist von den Problemen der Schüchternheit. Mitten unter uns gibt es eine Gemeinschaft, in der Kinder die Erfahrung der Schüchternheit so gut wie gar nicht kennen. Es sind mitteilsame, freundliche, umgängliche Kinder, die ihre Gefühle offen und direkt ausdrücken. Es sind die Kinder von Synanon. Synanon ist eine Gemeinschaft mit einem alternativen Lebensstil, die 1958 weitgehend als Programm zur Behandlung Drogenabhängiger gegründet wurde, inzwischen aber zur ständigen Heimat für Tausende von Erwachsenen und Kindern in Städten und ländlichen Gebieten der Vereinigten Staaten geworden ist. Viele „gewöhnliche" Neulinge schließen sich dieser Gemeinschaft an, nicht um sich wegen „Störungen der Persönlichkeit" behandeln zu lassen, sondern um einer Gesellschaft zu entfliehen, deren Prioritäten durcheinandergeraten sind.

Beim Besuch einer Synanon-Gemeinde in Nordkalifornien wurde mir klar, warum vielen Menschen der Synanon-Lebensstil attraktiv erscheint. Es gibt für jeden genügend Arbeit, und jeder arbeitet, um sich das Anrecht auf die gute Unterkunft und das nahrhafte Essen zu verdienen, die ihm geboten werden. Die kommunale Struktur und die gemeinsamen Wertvorstellungen sind so überzeugend, daß es kaum noch physische Gewalttaten, Verbrechen und Probleme mit Süchtigen gibt. Es gibt in dieser demokratisch geführten Gesellschaft keine privilegierten Klassen, die bei den nicht so Begünstigten Minderwertigkeitsgefühle aufkommen lassen könnten. Das Selbstvertrauen gilt als hohe Tugend und wird kräftig belohnt, wo immer es von Kindern und Erwachsenen an den Tag gelegt wird. Die eingeschränkte Mobilität kommt der Stabilität der sozialen Beziehungen zugute, so daß sich unter den Kindern dauerhafte Freundschaften entwickeln.

Die auffallendsten Merkmale des Lebens in dieser Gesellschaft sind ihre kommunalen Wohnverhältnisse und das Synanon-Spiel. Vom Säuglingsalter an leben Kinder getrennt von ihren Eltern in eigens dafür entworfenen Baracken. Nach Altersgruppen getrennt nehmen die Kinder wie die Erwachsenen ihre Mahlzeiten gemeinsam mit ihren Altersgenossen in kommunalen Speiseräumen ein. Eine ganze Reihe von Erwachsenen führen Aufsicht, den sich entfaltenden Bedürfnissen der Kinder wird viel Aufmerksamkeit geschenkt, und man bringt ihnen offensichtlich viel Achtung, Vertrauen und Liebe entgegen. Die Kinder werden praktisch in eine große kommunale Familie hineingeboren, in der es jedoch keine Günstlinge gibt und wo so viele Eltern da sind, daß sich kein Kind jemals verlassen oder ignoriert vorkommt. Es ist eine Freude, unter diesen Kindern zu sein, teilweise auch deshalb, weil es aktive, interessante, emotional reife junge Leute sind, die einem viel Interesse entgegenbringen – selbst wenn man als Fremder hinkommt. Noch laufende psychologische Untersuchungen der sozialen und gedanklichen Entwicklung dieser Kinder lassen erkennen, daß sie in ihren intellektuellen Fähigkeiten weit fortgeschritten sind und daß sie im Umgang mit anderen Kindern und Erwachsenen tüchtig, geschickt und unverkrampft sind.[11]

Im Mittelpunkt des Lebens in Synanon steht das Spiel. Alle Mitglieder der Gemeinde, vom sechsten Lebensjahr an, treffen sich regelmäßig zu Spielen, die unterschiedlich lange dauern können, von einer bis zu achtundvierzig Stunden. Es gibt täglich Spiele, ganz offiziell zu festgesetzten Zeiten, und zwanglose zu ganz beliebigen Zeiten. Physische Gewalt ist nicht zulässig, auch wenn einer noch so sehr durch Worte provoziert wird.

In den Spielen drücken die Mitglieder offen ihren Haß, ihre Frustration und ihre Wut über das Verhalten anderer aus und teilen ihre Ängste und Unsicherheiten mit den anderen. Aufgrund der Annahme, daß Menschen unerwünschte Verhaltensweisen ändern können, wenn sie von deren negativen Auswirkungen auf andere erfahren, sind die Mitglieder dafür verantwortlich, anderen einen „verbalen Haarschnitt" zu verpassen, wenn das nötig wird. Zu Verhaltensänderungen kommt es durch Kritik und durch Anregungen und Unterstützung der Gruppe für nicht-aggressive und nicht-nachteilige Alternativen. Das sorgt für Gruppensolidarität und stellt eine wirksame soziale Kontrolle dar, so daß die Mitglieder zu einem angemessenen Verhalten finden.[12]

Diese starke Betonung der Gruppe läßt in Synanon kaum Raum für Schüchternheit. Kinder waren eindeutig nicht schüchtern, weder im Klassenzimmer noch in ihren Wohnbarracken oder in Gegenwart von Erwachsenen. Wenn Erwachsene mit ihrer Schüchternheit nach Synanon kommen, wird ihnen gesagt, sie sollten so tun, als seien sie nicht schüchtern. Und wenn sie das in dieser kulturellen Umgebung beherzigen, legen viele ihre alte Schüchternheit ab.

Die Individualität einebnen oder sich zur Lebenslust bekennen?

Was können wir von diesem Ausblick auf die Schüchternheit in verschiedenen Kulturen lernen? Wo die Schüchternheit weit verbreitet ist (wie in den orientalischen Kulturen, die wir untersucht haben, und ganz ähnlich in unserer eigenen Kultur), stellen wir fest, daß man die Kinder spüren läßt, daß ihr Wert und die Liebe, die sie sich von den Erwachsenen wünschen, von ihrer eigenen Leistung abhängt. Sie müssen beweisen, daß sie diese Liebe verdient haben, denn sie leben in einer Welt, in der man so maßvoll ist, den Erfolg für selbstverständlich zu halten und mit Belohnungen höchst sparsam umzugehen, den Mißerfolg dagegen als Schande anzuprangern und an die große Glocke zu hängen. In Gesellschaften, die Schüchternheit erzeugen, werden Kinder oft nicht ermutigt, ihre Gedanken und Gefühle offen auszudrücken, und sie erhalten nicht oft genug Gelegenheit, sich mit Erwachsenen auseinanderzusetzen oder mit Gleichaltrigen unbeschwert zu spielen. Sie werden daran gewöhnt, zu sehr in der persönlichen Welt ihrer eigenen Gedanken zu leben, in der nichts passiert.

Im Gegensatz dazu weisen die Gesellschaften, in denen die Schüchternheit die Jungen noch nicht fest im Griff hat, folgende Gemeinsamkeiten auf: In der Volksrepublik China, in Israel und in der Synanon-Subkultur innerhalb der Vereinigten Staaten geht es vorrangig um gemeinsame Ziele, die über die begrenzten Bedürfnisse des Individuums hinausreichen. Den Kindern wird das Gefühl vermittelt, daß sie etwas Besonderes sind, die Blüte dieser Generation und die Verheißung der nächsten. Die Liebe der Eltern ist an keine Bedingungen geknüpft und wird nicht mit einer Schulung der Verantwortlichkeit und Disziplin verwechselt. Die Leute lernen aus Fehlern und werden durch sie nicht gebrandmarkt. Es ist ausreichend Gelegenheit, Beziehungen zu anderen zu pflegen und sowohl die Fertigkeiten im Gespräch als auch das Teilen in der Gemeinschaft zu üben. Wenn es in diesen Gesellschaften vor allem um die Tat geht und darum, daß niemand isoliert oder entfremdet wird, so ist das ein weiteres Gegenmittel gegen die soziale Krankheit der Schüchternheit.

Wenn ich beschreibe, wie die Schüchternheit in diesen Kulturen hierzulande und in anderen Ländern verhindert wird, bekomme ich oft zu hören: „Ein schüchternes Kind ist mir lieber als einer dieser angepaßten, gelehrigen Roboter ohne jede Persönlichkeit!" Wer ist denn wirklich der Roboter? Letztlich ist es doch der Schüchterne, der sich nach dem Willen anderer richtet und sich der Tyrannei unterwirft. Der Schüchterne ist es, der sich von den Freuden des sozialen Zusammenlebens abwendet und sich in die Isolierung einer Nichtexistenz zurückzieht.

Es ist nicht in meinem Sinne, daß wir bei der Suche nach einer Lösung für das Schüchternheitsproblem in unserer Gesellschaft jede Individualität zertrampeln. Wir müssen aber erkennen, daß die Schüchternheit nur ein Symptom für die Existenz kultureller Werte und sozialer Praktiken ist, die die Qualität des menschlichen Lebens ärmer machen. Diese Werte lassen sich ändern, ohne daß wir zwangsläufig auch die politische und wirtschaftliche Richtung dieser Gesellschaft übernehmen, in denen es so wenig Schüchternheit gibt. Wenn wir Gesellschaftsstrukturen schaffen, in denen Menschen in Harmonie zusammenleben können, brauchen wir den Geist der Individualität keineswegs einzuschränken – vielmehr können wir die Kraft jedes Individuums vervielfachen. Aber nur wenn wir beginnen, unsere eigenen kulturellen Prioritäten kritisch zu überprüfen, können wir die soziale Revolution in Angriff nehmen, die erforderlich ist, wenn wir die Schüchternheit überwinden und sie der nächsten Generation ersparen wollen.

Ich bin kein Befürworter der geistlosen Anonymität jedes Gruppendaseins, in dem die kostbarste Verwirklichung des menschlichen Potentials möglich ist. Es ist vielmehr das Lied des Alexis Sorbas, zu dem ich tanze. Es ist die Liebe zum Leben, zu der ich mich bekenne. Aber ich kann nur tanzen und lieben und frei sein, weil ich ein geselliges Wesen bin und als solches in und mit einer Gemeinschaft von Menschen lebe und für diese Menschen da bin, die meiner Existenz erst ihren Sinn geben. Mit der Überwindung der Schüchternheit bekennen wir uns zum Leben und entdecken in uns eine Fähigkeit zur Liebe und eine Energie zum Leben, die wir uns vorher nicht einzugestehen wagten. Es ist jede Mühe wert, diese Entdeckung in uns selbst, in unseren Kindern, unseren Partnern und unseren Freunden zu machen. *Jetzt* ist der richtige Zeitpunkt, damit zu beginnen, *hier* ist der richtige Ort dazu, und der richtige Leiter dieser Expedition zur Überwindung der Schüchternheit sind *Sie.*

ANMERKUNGEN

Einführung

1. Wie stark sich Rollen, Regeln und Situationszwänge auf die Persönlichkeit und die Wertmaßstäbe des Individuums auswirken können, demonstrieren etliche sozialpsychologische Experimente, insbesondere:
   P. G. Zimbardo, C. Haney und D. Jaffee, „The Mind Is a Formidable Jailer: A Pirandellian Prison", in: *New York Times Magazine*, 8. April 1973, Sektion 6, SS. 38-60.
   P. G. Zimbardo, „On Transforming Experimental Research into Advocacy for Social Change", in: M. Deutsch und H. Hornstein (Hg.), *Applying Social Psychology: Implications for Research, Practice, and Training.* Hillsdale, N. J. (Lawrence Erlbaum Associates) 1973. SS. 33-66.
   S. Milgram, *Obedience to Authority.* New York (Harper & Row) 1974.
   N. J. Orlando, „The Mock Ward: A Study in Simulation", in: P. G. Zimbardo und C. Maslach (Hg.), *Psychology for Our Times.* 2. Aufl., Glenview, Ill. (Scott Foresman) 1977. SS. 243-248.
   R. Jones, „The Third Wave", in: *No Substitute for Madness.* San Franzisco (Zephyros Press) 1976.
   J. Elliott, „The Power and the Pathology of Prejudice", in: P. G. Zimbardo, *Psychology and Life.* 9. Aufl., Glenview, Ill. (Scott Foresman) 1077. „Research Frontiers Section", SS. 13A-13D.

Kapitel 1

1. Wie diese besondere Art der Angst funktioniert, hat Malcom Brenner von der Universität von Michigan in seiner Untersuchung des „Kreises der Vorausahnung" überzeugend aufgezeigt. Seine – durchweg männlichen – Versuchspersonen saßen um einen großen Tisch und wurden aufgefordert, eine Aufgabe zu erfüllen: nacheinander mußte jeder von einer gedruckten Karte ein einfaches Wort (wie „Gemüse" oder „Oktober") laut vorlesen. Vorher wurde ihnen gesagt, sie würden hinterher nach allen laut vorgelesenen Wörtern gefragt werden. In jeder Runde las die eine Hälfte der Versuchspersonen ihre Wörter vor, während die andere Hälfte zuhörte.

„Die *Zuhörer* erinnerten sich etwa an die gleich große Zahl von Wörtern, die die anderen vorgelesen hatten", berichtet Dr. Brenner. „Ein interessanter Befund ergab sich jedoch im Erinnerungsvermögen der *Sprecher*. Natürlich erinnerten sie sich an ihre eigenen Wörter und wußten auch noch viele der Wörter, die die anderen vorgelesen hatten – mit zwei Ausnahmen: es fiel ihnen äußerst schwer, sich an die Wörter zu erinnern, die unmittelbar vor und unmittelbar nach ihrem eigenen Auftritt vorgelesen wurden." Obwohl sie genau wußten, was sie zu sagen hatten und es auch noch von einer gedruckten Karte ablesen durften, genügte die Angst vor einem öffentlichen Auftritt, um ihr Gedächtnis zu beeinträchtigen. Wenn schon die Vorstellung, ein einziges Wort sagen zu müssen, solche Angst hervorruft, kann man sich denken, welche Folgen es hat, wenn ein Schüchterner in eine Situation gerät, wo er nicht mal *weiß*, was er sagen oder tun soll!

2. Robert Young, zitiert in *Family Circle* vom Februar 1976. Nachdruck genehmigt.
3. Brief an Ann Landers im *San Francisco Sunday Examiner and Chronicle*, 25, Januar 1976. Nachdruck genehmigt.
4. Melvin Belli, zitiert in einem Artikel von Charlotte K. Beyers, „Don't Worry If You're Shy" in: *Parade*, 18. Januar 1976, Seite 12. Nachdruck genehmigt.
5. Viele der in diesem Buch zitierten empfindsamen, persönlichen Darstellungen extremer Schüchternheit stammen von Zuhörern einer von mir geleiteten Talk-Show in Carlo Prescotts Programm im Sender KGO in San Francisco.
6. F. A. Hampton, „Shyness", in: *Journal of Neurology and Psychopathology*, 1927-1928, SS. 124-131.
7. Isaac Bashevis Singer, zitiert in Charlotte K. Beyers, „Don't Worry If You're Shy", in: *Parade*, 18. Januar 1976, Seite 12. Nachdruck genehmigt.
8. Eine eingehendere Analyse der Funktion der Anonymität im Rahmen der Befreiung des Verhaltens von den Zwängen der Konvention findet sich in P. G. Zimbardo, „The Human Choice: Individuation, Reason, and Orders versus Deindividuation Impulse, and Chaos", in: W. J. Arnold und D. Levine (Hg.), *1969 Nebraska Symposium on Motivation*. Lincoln, Nebr. (University of Nebraska Press) 1970. SS. 237-307.

Kapitel 2

1. Weitere persönliche Einblicke in die Schüchternheit und deren Behandlung bringt Shirley Radl in ihrem Artikel: „Why You Are Shy and How to Cope with It", in: *Glamour*, Juni 1976, SS. 64, 84.
2. Phyllis Diller, zitiert in *Family Circle*, Februar 1976. Sie schildert ihre Schüchternheit außerdem in einer persönlichen Mitteilung vom 26. August 1976. Nachdruck genehmigt.
3. Vgl. D. C. Murray, „Talk, Silence, Anxiety", in: *Psychological Bulletin*, 24 (1971), SS. 244-260.

4. G. M. Phillips und N. J. Metzger, „The Reticent Syndrome: Some Theoretical Considerations about Etiology and Treatment", in: *Speech Monographs,* 40 (1973).
5. T. Williams, *Memoirs.* New York (Doubleday) 1976. Seite 12.
6. Cornell MacNeil in *Family Circle,* Februar 1976. Nachdruck genehmigt.
7. A. Modigliani, „Embarrassment, Facework, and Eye Contact: Testing a Theory of Embarrassment", in: *Journal of Personality and Social Psychology,* 17 (1971). SS. 15-24.
8. A. Fenigstein, M. F. Scheier und A. H. Buss, „Public and Private Self Consciousness: Assessment and Theory", in: *Journal of Consulting and Clinical Psychology,* 4 (1975). SS. 522-527. Vgl. auch C. S. Carver und D. C. Glass. „The Self Consciousness Scale: A Discriminant Validity Study", in: *Journal of Personality Assessment,* 4 (1976). SS. 169-172.
9. P. A. Pilkonis, „Shyness: Public Behavior and Private Experience", Dissertation an der Stanford-Universität, 1976.
10. Roosevelt Grier, zitiert in *Family Circle,* Februar 1976. Nachdruck genehmigt.
11. Vgl. A. Bavelas, A. H. Hastorf, A. E. Gross und W. R. Kite, „Experiments on the Alteration of Group Structures", in: *Journal of Experimental Social Psychology,* 1 (1965). SS. 55-70. Vgl. auch R. N. Sorrentino und R. G. Boutillier, „The Effect of Quantity and Quality of Verbal Interaction on Ratings of Leadership Ability", in: *Journal of Experimental Social Pschology,* 11 (1975). SS. 403-411.
12. Johnny Mathis, zitiert in einem Zeitungsinterview und in einer persönliche Mitteilung am 16. August 1976 bestätigt.
13. Nancy Walker, zitiert in *Newsweek* vom 29. Dezember 1975.
14. Elizabeth Taylor, zitiert in einem Zeitungsartikel von Lester David und Jhan Robbins, „Liz and Dick – Meant for Each Other?", im *San Franzisco Chronicle.* Ihre Schüchternheit wurde in einer persönlichen Mitteilung ihres Agenten John Springer am 3. Dezember 1976 bestätigt.
15. Barbara Walters, zitiert in einem Zeitungsartikel „Tough on the Outside, but Shy on the Inside", im *San Francisco Chronicle* vom 26. November 1976.
16. Barbara Walters, zitiert in einem Zeitungsartikel „TV News Queen Barbara Walters Reveals: My Battle with Shyness" von Christina Kirk, in: *The Star* (Washington, D. C.), 26. Oktober 1976. Ein ausführliches Porträt dieser durchaus berühmten Schüchternen findet sich in Jean Baer, *How to Be an Assertive (Not Aggressive) Woman.* New York (Rawson) 1977.
17. Joan Sutherland, zitiert in Charlotte K. Beyers, „Don't Worry If You're Shy", in: *Parade,* 18. Januar 1976. Nachdruck genehmigt.
18. Carol Burnett, zitiert in *Family Circle* vom Februar 1976. Nachdruck genehmigt.

Kapitel 3

1. H. Campbell, „Morbid Shyness", in: *British Medical Journal*, 2 (1896). SS. 805-807.
2. R. Cattell, *Personality and Mood by Questionnaire.* San Francisco (Jossey Bass) 1973. Außerdem hat Andrew Comrey die Schüchternheit als einen Charakterzug mit den Mitteln der Psychometrie untersucht. Vgl. A. L. Comrey und K. Jamison, „Verification of Six Personality Factors", in: *Educational and Psychological Measurement*, 26 (1966). SS. 945-953.
3. John Watsons klassische Aussage steht in J. B. Watson, „What the Nursery Has to Say about Instincts", in : C. Murchinson (Hg.) *Psychologies of 1925.* Worcester, Mass. (Clark University Press) 1926. SS. 1-34.
4. G. V. Solomon und J. C. Solomon, „Shyness and Sex", in: *Medical Aspects of Human Sexuality*, 5 (1971). Seite 15.
5. D. M. Kaplan, „On Shyness", in: *International Journal of Psychoanalysis*, 53 (1972). SS. 439-453.
6. M. Mahler, *On Human Symbiosis and the Vicissitudes of Individuation*, Band 1. New York (International Universities Press) 1968.
7. Michael York, zitiert im *San Francisco Chronicle*, 1976.
8. V. Packard, *A Nation of Strangers.* New York (McKay) 1972.
9. R. C. Ziller, *The Social Self.* New York (Pergamon) 1973.
10. Vgl. T. Szasz, „The Myth of Mental Illness", in: P. G. Zimbardo und C. Maslach (Hg.), *Psychology for Our Times.* 2. Aufl., Glenview, Ill. (Scott Foresman) 1977. SS. 235-242.
11. D. Rosenhan, „On Being Sane in Insane Places", in: P. G. Zimbardo und C. Maslach (Hg.), *Psychology for Our Times.* 2. Aufl., Glenview, Ill. (Scott Foresman) 1977. SS. 249-261.
12. Vgl. A. Farina, C. H. Holland und K. Ring, „The Role of Stigma and Set in Interpersonal Interaction", in: *Journal of Abnormal Psychology*, 71 (1966). SS. 421-428.
13. Angie Dickinson, zitiert in *Family Circle*, Februar 1976. Nachdruck genehmigt.
14. Nach Nietzsches *Geburt der Tragödie.*
15. R. D. Laing, *Das Selbst und die Anderen.* Köln (Kiepenheuer & Witsch) 1973. Und: *Phänomenologie der Erfahrung.* Frankfurt am Main (Suhrkamp) 1969. Vgl. auch Jean Paul Sartre, *Ist der Existentialismus ein Humanismus?* Deutsch 1947.

Kapitel 4

1. T. Solomon, „The Correlates and Consequences of Shyness in School Children". Unöffentlicher Bericht im Rahmen des Schüchternheitsprojekts an der Stanford-Universität. 1976.
2. S. L. Hedrick, „A Study of Achievement as Related to Intelligence, Achievement, and Self-Concept", in: *Dissertation Abstracts International, A. Humanities and Sciences*, 33 (September/Oktober 1972). SS. 3-4.
3. S. Schachter, *The Psychology of Affiliation.* Stanford, Ca. (Stanford Univer-

sity Press) 1959. Vgl. auch N. Miller und P. G. Zimbardo, „Motives for Fear-Induced Affiliation: Emotional Comparison or Interpersonal Similarity", in: *Journal of Personality*, 34 (1966). SS. 481-503

4. L. Forer, *The Birth Order Factor.* New York (McKay) 1976. Seite 128.
5. N. Miller und G. Maruyama, „Ordinal Position and Peer Popularity", in: *Journal of Personality and Social Psychology*, 33 (1976). SS. 123-131.
6. J. W. MacFarlane, L. Allen und M. P. Honzik, *A Developmental Study of the Behavior Problems of Normal Children between Twenty-One Months and Fourteen Years.* Berkeley, Ca. (University of California Press) 1962. Vgl. auch J. W. MacFarlane, „Studies in Child Guidance. 1. Methodology of Data Collection and Organization", in: *Monographs of the Society for Research in Child Development*, 3 (1938). Nr. 6
7. Nortons Problem erschien in einer „Dear Abby"-Kolumne im *San Francisco Chronicle* vom 15. April 1974. Nachdruck genehmigt.
8. Die Unempfindlichkeit von Lehrern gegen die Schüchternheit ihrer Schüler wird in den oben angeführten Untersuchungen von Ziller (1973) und Hedrick (1972) erwähnt.
9. Marilynne Robinsons Analyse der Schüchternheit in ihren Schülern aus dem zweiten Schuljahr ist eine Zusammenfassung einer persönlichen Mitteilung vom 1. November 1976.
10. Lehrermeinungen zum Lampenfieber am ersten Schultag stammen aus einem Artikel von Anita Kay im *San Francisco Chronicle* vom 10. September 1976.
11. N. Hatvany, „Shyness, Emotional Arousal, and Information Processing". Magister-Arbeit an der Stanford-Universität. 1976.
12. Wie unempfindlich manche Kinder gegen Traumata in ihren ersten Lebensjahren zu sein scheinen, schildert Ruthe Stein eingängig in ihrem Artikel „Children – Thriving on Calamity?" im *San Francisco Chronicle* vom 29. Juni 1976. Da heißt es zum Beispiel, daß Eleanor Roosevelts „Mutter starb, als sie acht Jahre alt war; zwei Jahre später war auch ihr Vater – ein selbstzerstörerischer Alkoholiker, den sie vergötterte – tot. Eleanor wurde als ein furchtbar schüchternes Mädchen von einer strengen Großmutter in einem düsteren Haus großgezogen, wo ihre Freundinnen und Freunde nie gern gesehen waren." (Seite 19.)
13. H. Renaud und F. Estees, „Life History Interviews with One Hundred Normal American Males: 'Pathologenicity' of Childhood", in: *American Journal of Orthopsychiatry*, 31 (1961). SS. 786-802. Vgl. auch E. L. Cowen, A. Pederson, H. Babigian, L. D. Izzo und M. A. Trost, „Long-Term Follow-Up of Early Detected Vulnerable Children", in: *Journal of Consulting and Clinical Psychology*, 41 (1973). SS. 438-446.
14. Die Zitate von Carol Burnett entstammen dem Typoskript eines ausführlichen telefonischen Interviews vom 13. Januar 1977. Abgedruckt mit Frau Burnetts Erlaubnis.

Kapitel 5

1. Alexander Solschenizyn beschreibt sehr schön, wie es ihm sein intuitiver Sensor ermöglichte, in russischen Gefangenenlagern zu überleben, da er „Spitzel" identifizieren konnte, denen man nicht vertrauen konnte. Vgl. *Der Archipel Gulag*. Bern und München (Scherz Verlag) 1974. SS. 182-183.
2. Vgl. Z. Rubin, *Liking and Loving*. New York (Holt, Rinehart & Winston) 1973. Ferner: *Doing Unto Others, Joining, Molding, Conforming, Helping, Loving*. Engelwood Cliffs, N. J. (Prentice Hall) 1975.
3. I. Sarnoff und P. G. Zimbardo, „Aniexty, Fear, and Social Affiliation", in: *Journal of Abnormal and Social Psychology*, 62 (1961). SS. 356-363.
4. S. M. Jourard, *The Transparent Self*. Princeton (Van Nostrand) 1964. SS. 888, 46. Vgl. auch A. L. Chaikin und V. J. Derlega, „Self-disclosure", in: J. W. Thibaut, J. T. Spence und R. C. Carson (Hg.), *Contemporary Topics in Social Psychology*. Morristown, N. J. (General Learning Press) 1976. SS. 117-120.
5. Vgl. D. E. Linder, „Personal space", in: J. W. Thibaut, J. T. Spence und R. C. Carson (Hg.), *Contemporary Topics in Social Psychology*. Morristown, N. J. (General Learning Press) 1976. SS. 455-477.
6. Daß Menschen mit „Schlangen-Phobien" zunächst ganz unterschiedliche Reaktionen auf Schlangen zeigen, erforschte mein Kollege Albert Bandura, *Principles of Behavior Modification*. New York (Holt, Rinehart & Winston) 1969. Um demonstrieren zu können, daß eine bestimmte Behandlung gegen solche Phobien Wirkung zeigt, muß man tatsächlich zuerst die Leute eliminieren, die sich die Phobie nur einbilden.
7. P. Ellsworth und L. Ross, „Intimacy in Response to Direct Gaze", in: *Journal of Experimental Social Psychology*, 11 (1075). SS. 592-613.
8. L. M. Horowitz, „Two Classes of Concomitant Change in a Psychotherapy", in: N. Freedman und S. Grand (Hg.), *Communicative Structures and Psychic Structures*. New York (Plenum) im Druck.
9. Richard Beerys Analyse des begrifflichen Zusammenhangs zwischen der Furcht vor schulischem Versagen und der Furcht vor sozialem Versagen habe ich aus einer persönlichen Mitteilung vom 5. Januar 1977. Vgl. R. G. Beery, „Fear of Failure in the Student Experience", in: *Personnel and Guidance Journal*, 54 (1975). SS. 191-203.
10. R. Keyes, *Is There Life after High School?* Boston (Little Brown) 1976.
11. Vgl. R. E. Glasgow und H. Arkowitz, „The Behavioral Assessment of Male and Female Social Competence in Dyadic Heterosexual Interventions", in: *Behavior Therapy*, 6 (1975). SS. 488-498. – K. B. McGovern, H. Arkowitz und S. K. Gilmore, „Evaluation of Social Skill Training Programs for College Dating Inhibitions", in: *Journal of Counseling Psychology*, 22 (1975). SS. 505-512. – C. T. Twentyman und R. M. McFall, „Behavioral Training of Social Skills in Shy Males", in: *Journal of Consulting and Clinical Psychology*, 43 (1975). SS. 384-395.
12. Vgl. P. G. Zimbardo, *The Cognitive Control of Motivation*. Glenview, Ill. (Scott Foresman) 1969.

13. Therapeuten im studentischen Gesundheitsdienst an mehreren großen Universitäten an der Ost- und Westküste berichten von einer zunehmenden sexuellen Impotenz unter Männern. Die Ursache für diese Unfähigkeit zu zufriedenstellenden sexuellen Beziehungen sehen sie in der Angst vor dem Versagen und einer Rollenverwechslung, die diesen jungen Männern zu schaffen machen, wenn Studentinnen ganz offen zum Schäferstündchen auffordern. Dazu kommen gelegentlich Schuldgefühle, wenn einer aus moralischen oder religiösen Gründen eigentlich nicht „bis zum letzten gehen" möchte, dabei aber das Gefühl hat, angesichts der offenen Einladung wäre das wenig männlich. Eine wirksame Beratung hilft also nicht nur dem Mann, zu seiner sexuellen Identität zu finden, sondern bringt auch der Frau bei, etwas subtiler vorzugehen, so daß sich der Mann nicht gleich bedroht fühlt.
14. Die „Kontrolle" ist ein weiterer Punkt, der Schüchternen zu schaffen macht, wenn sie einen neuen Menschen kennenlernen. In einer gerade abgeschlossenen Untersuchung (mit 160 Studenten) fanden wir heraus, daß doppelt so viele Schüchterne wie Nicht-Schüchterne angaben, sie machten sich Sorgen, „ein anderer könnte die Kontrolle über sie gewinnen". Eine Möglichkeit, mit dieser Angst fertigzuwerden, sehen sie darin, niemand an sich heranzulassen, um weiterhin in der Lage zu sein, diese eingebildete Kontrolle selber auszuüben.
15. L. Forer, *The Birth Order Factor.* New York (McKay) 1976. Seite 171.
16. G. V. Solomon und J. C. Solomon, „Shyness and Sex", in: *Medical Aspects of Human Sexuality,* 5 (1971). Seite 16.
17. R. May, *Love and Will.* New York (Norton) 1969. SS. 145,156.
18. N. Kazantzakis, *Alexis Sorbas.* München (Desch) 1962.

Kapitel 6

1. H. Navy, „In the Pursuit of Happiness: Consumers of Erotica in San Francisco", in: *Journal of Social Issues,* 29 (1973). SS. 147-161.
2. *First Special Report to the U. S. Congress on Alcohol and Health from the Secretary of H. E. W.* Dezember 1971. DHEW pub. no. HSM 72-9099 USGPO, p. v.
3. Jimmy Breslin, zitiert in *Time* vom 28. Februar 1969. S. 76.
4. Susan Brownmiller, *Against Our Will: Men, Women, and Rape.* New York (Simon and Schuster) 1975.
5. M. J. Goldstein, „Exposure to Erotic Stimuli and Sexual Deviance", in: *Journal of Social Issues,* 29 (1973). SS. 197-219.
6. E. Magargee, „Undercontrolled and Overcontrolled Personality Types in Extreme Anti-social Aggression", in: *Psychological Monographs.* 1966, Nr. 11.
7. Ebenda. Vgl. auch J. Prater und S. Malouf, „The Sudden Murderer: A Study on the Relationship between Shyness and Violence". Unveröffentlichte Dissertation, Stanford-Universität 1976.

8. Vgl. C. Maslach, „The Personal and Social Basis of Individuation", in: *Journal of Personality and Social Psychology*, 29 (1974). SS. 411-425.
9. E. Fromm, *Die Furcht vor der Freiheit.* Deutsch 1945.
10. E. H. Schein, zus. mit I. Schneier und C. H. Barker, *Coercive Persuasion: A Sociopsychological Analysis of the „Brainwashing" of American Civilian Prisoners by the Chinese Communists.* New York (Norton) 1961.

Teil II: Einführung

1. C. Bakker, „Why People Don't Change", Manuskript, Medizinische Fakultät der Universität von Washington. Seattle, Washington, Januar 1972.

Kapitel 7

1. Vgl. S. Duval und R. A. Wicklund, *A Theory of Objective Self Awareness.* New York (Academic Press) 1972. Dort findet sich eine provokative Analyse der Psychologie der Selbst-Bewußtheit.

Kapitel 8

1. Johnny Carson, zitiert in Christina Kirk, „TV News Queen Barbara Walters Reveals: My Battle with Shyness", in: *The Star* (Washington, D. C.), 26. Oktober 1976.

Kapitel 9

1. Vgl. die im 3. Kapitel erwähnten Forschungsergebnisse von Ziller.
2. Unveröffentlichte Untersuchungen von Trudy Solomon zeigen einen signifikanten Zusammenhang zwischen der Schüchternheit und der Selbstachtung (r = –,48) bei 250 Angestellten in Verkauf und Verwaltung einer großen Firma; ebenso einen signifikanten Zusammenhang zwischen der Schüchternheit und mangelndem Selbstwertgefühl (r = –,31) bei 43 Doktoranden in klinischer Psychologie mit dem Berufsziel des Therapeuten.
3. Vgl. A. Bandura, „Self-Efficacy: Towards a Unifying Theory of Behavior Change", in: *Psychological Review* (1977).
4. Eingehendere Berichte über Strategien der Entspannung und ihre Auswirkungen finden sich in D.A. Bernstein und T. A. Borkovec, *Progressive Relaxation Training.* Champaign, Ill. (Research Press) 1973. Ferner in H. Benson, *The Relaxation Response.* West Caldwell, N. J. (William Morrow) 1975.

Kapitel 10

1. Das Zitat von Lawrence Welk entstammt privater Korrespondenz vom 23. Dezember 1976.
2. Vgl. P. G. Zimbardo, E. B. Ebbesen und C. Maslach, *Influencing Attitudes and Changing Behavior.* 2. Aufl. Reading, Mass. (Addison-Wesley) 1977.

3. Das Zitat von Richard Hatch stammt aus einem Artikel von Andee Beck, „New Man on 's". F. Streets, im *San Franzisco Sunday Examiner and Chronicle* vom 15. August 1976.
4. Vgl. L. P. Cercell, P. T. Berwick und A. Beigal, „The Effects of Assertion Training on Self Concept and Anxiety", in: *Archives of General Psychiatry*, 31 (1974). SS. 502-504.
5. M. L. Knapp, R. P. Hart, G. W. Friederich und G. M. Shulman, „The Rhetoric of Goodbye: Verbal and Nonverbal Correlates of Human Leave-Taking", in: *Speech Monographs*, 40 (1973). SS. 182-198.
6. Diese Übungen entnehme ich der informativen Anleitung zur Schulung des Selbstbewußtseins aus der Feder meiner Freunde Sharon und Gordon Bower, *Asserting Yourself: A Practical Guide for Positive Change*. Reading, Mass. (Addison-Wesley) 1976. SS. 222-223.

Kapitel 11

1. Roosevelt Griers Danksagung an Robert Kennedy stand in *Family Circle* vom Februar 1976. Nachdruck genehmigt.
2. Francis Ford Coppola wollte nicht, daß sich seine schüchterne jüngere Schwester Talia Shire um eine Rolle in einem Epos *Der Pate, Teil 2* bemühte. Als sie dann für den Oscar vorgeschlagen wurde (für die beste weibliche Nebenrolle), konnte sich der große Bruder nicht dazu durchringen, ihr zu gratulieren. In einem Artikel in der New York Times über Talia Shire (vom 12. Dezember 1976) wird diese folgendermaßen zitiert: „Wissen Sie, Francis sagt nie ein Wort über meine Oscar-Nominierung ... Er hat mir bis zum heutigen Tag nicht gesagt, ob er mich für eine gute Schauspielerin hält. Von meiner Schwägerin bekomme ich dann zu hören: 'Francis sagt, du hast Talent', aber *er* kann es mir einfach nicht sagen". [Sagen Sie's ihr doch, FFC, denn sie hat es verdient, und ein Kompliment von Ihnen bedeutet ihr viel – und den anderen auch, mit denen Sie zusammenarbeiten.]
3. Das Zitat von Dr. Alice Ginott über die Rachefantasien des kleinen Alfred stammt aus ihrem Artikel „The Impact of Words" im *Sunday San Francisco Examiner and Chronicle* vom 9. Februar 1976.
4. Die Puzzlespiel-Technik als Mittel, Kindern den Nutzen der Zusammenarbeit zu verdeutlichen, ist von Elliot Aronson entwickelt und ausgiebig getestet worden: „Therapy for a Competetive Society", in: P. G. Zimbardo, *Psychology and Life*. 9. Aufl., Glenview, Ill. (Scott Foresman) 1977. „Research Frontiers Section", SS. 12A-12D.
5. Das neue Buch des Sprachtherapeuten James White, das Erwachsenen helfen soll, sich mit Kindern besser zu verständigen, ist: *Talking with a Child*. New York (MacMillan) 1977.
6. Mehr über die Möglichkeiten, die soziometrische Bewertung eines Kindes in einer Gruppe Gleichaltriger zu verbessern, findet sich in S. Oden und S. R. Asher, „Coaching Children in Social Skills for Friendship-Making", in: *Child Development*. 1977.

7. Eine interessante Darstellung der Verbindung zwischen mangelndem Körperkontakt und sozialer Pathologie gibt James Prescott, „Body Pleasure and the Origins of Violence", in: P. G. Zimbardo und C. Maslach (Hg.), *Psychology for Our Times*. 2. Aufl., Glenview, Ill. (Scott Foresman) 1977. SS. 336-344.
8. Khalil Gibran, *The Prophet*. New York (Knopf) 1923. SS. 15-16.
9. Dr. Gerald Phillips' Behandlungsprogramm führte bei über 50 Prozent seiner Klienten zum Erfolg, wie einem vor kurzem vorgelegten Bericht über die ersten fünf Jahre der Beratungsstelle zu entnehmen ist. Vgl. „The Frienship Clinic: The Treatment of Reticence". Vortrag vor der *Eastern Communication Association* am 13. März 1975.
10. Dr. Smith beschrieb das Schüchternheitsseminar, das sie in Südkalifornien begonnen hat, in einer persönlichen Mitteilung am 4. Oktober 1976.

Kapitel 12

1. Wie sich die Gewalttätigkeit durch eine Umstrukturierung der Situation reduzieren läßt, schildert Harold Cohens Bericht in Harold L. Cohen und James Filipzak, *A New Learning Environment*. San Francisco (Josey-Bass) 1971.
2. Kulturelle Unterschiede bei der Hilfestellung für andere beschreibt R. Feldman, „Response to Compratiots and Foreigner Who Seeks Assistance", in: *Journal of Personality and Social Psychology*, 10 (1968). SS. 202-214.
3. Wie unterschiedlich Amerikaner verschiedener Herkunft auf körperlichen Schmerz reagieren, beschreibt M. Zborowski, *People in Pain*. San Francisco (Josey-Bass) 1969.
4. W. A. Caudill und C. Schooler, „Child Behavior and Child Rearing in Japan and the United States: An Interim Report", in: *The Journal of Nervous and Mental Disease*, 157 (1973). SS. 240-257. – W. A. Caudill, „General Culture: The Influence of Social Structure and Culture on Human Behavior in Modern Japan", in: *The Journal of Nervous and Mental Disease*, 157 (1973). SS. 240-257.
5. Zur Auswirkung kultureller Werte auf die Psychopathologie in Japan und Taiwan vgl. R. Hsien, C. Schooler und W. A. Caudill, „Symptomatology and Hospitalization: Culture, Social Structure and Psychopathology in Taiwan and Japan," in: *The Journal of Nervous and Mental Disease*, 157 (1973). SS. 296-321.
6. Dr. Hatanos Vergleich der „Schüchternheit" mit der „Schande" im Japanischen steht in einer persönlichen Mitteilung vom 12. November 1976. Er empfiehlt uns Ruth Benedicts klassische Analyse der Gesellschaftsstruktur Japans, *The Chrysanthemum and the Sword*. Eine zusätzliche Bestätigung des hohen Prozentsatzes von Schüchternen unter den Japanern liefert eine detaillierte Umfrage, bei der Michiru Sugawa 614 Japaner und 351 Amerikaner in Japan erfaßt hat. Frau Sugawas unveröffentliches Material für eine Dissertation stimmt in hohem Maße mit unseren

Ergebnissen überein. Schüchternheit unter Amerikanern ist für sie eine Persönlichkeits- oder Temperamentsfrage, während beim Japaner die Schüchternheit die Angst wiederspiegelt, zu sehr von den sozialen Normen der Schicklichkeit abzuweichen.

7. Den eindrucksvollen Bericht der amerikanischen Delegation, die die frühe Kindesentwicklung in der Volksrepublik China studiert hat, gab William Kessen heraus: *Childhood in China.* New Haven (Yale University Press) 1975.
8. Vgl. die faszinierende Darstellung von D.Y. F. Ho, „Prevention and Treatment of Mental Illness in the People's Republic of China", in: *American Journal of Orthopsychiatry,* 44 (Juli 1974). SS. 620-636.
9. Dr. Ayala Pines Charakterisierung der kulturellen Werte, die die Entwicklung der Schüchternheit verhindern oder abschwächen, steht in einem unveröffentlichten Bericht, der für unser Schüchternheitsprogramm zusammengestellt wurde: „Why Are Sabra (Israeli) Children Less Shy?" 12. Oktober 1976.
10. Eine ausgezeichnete Übersicht über die historischen, sozialen und psychologischen Hintergründe, die zum besseren Verständnis der israelitischen Einstellung zur Schüchternheit beitragen, gibt A. Jarus, J. Marcus, J. Oren und Ch. Rapaport (Hg.), *Children and Families in Israel: Some Mental Health Perspectives.* New York (Gordon and Breach) 1970.
11. Über die sozialen und intellektuellen Folgen der gemeinschaftlichen Erziehung für die Synanon-Kinder berichtet E. A. Missakian, „Social Behavior of Communally-Reared Children", Antrag auf finanzielle Förderung durch das US-Gesundheitsministerium, 1976; und: L. W. Burke, „The Effects of Communal Rearing in Synanon", Antrag auf finanzielle Förderung durch das US-Gesundheitsministerium, 1975.
12. S. I. Simon befaßt sich in seiner Dissertation ausschließlich mit der Analyse des Synanon-Spiels: *The Synanon Game.* Dissertation an der Harvard-Universität 1973. Abgedruckt in *Dissertation Abstracts International.* Band 36 (1975).

13. Vergleich der Schüchternheit in verschiedenen Kulturen (für 18- bis 21jährige, sofern nichts anderes angegeben)

	Anteil der Schüchternen jetzt	irgendwann schüchtern (jetzt und/oder früher)	nie schüchtern	schüchterne Männer (von allen Männern)	schüchterne Frauen (von allen Frauen)	Schüchternheit ist ein persönliches Problem
	%	%	%	%	%	%
2482 amerikanische Studenten	42	73	7	44	39	60
123 orientalische Amerikaner	48	88	0	50	44	59
136 hawaiianische Orientale	44	89	2	47	42	61
28 hawaiianische Hawaiianer	60	85	7	75	39	68
291 Taiwanesen	55	84	0.4	59	51	58
305 Japaner	60	82	2	60	43	75
84 Deutsche	50	92	1	45	55	91
167 Studenten aus Indien	47	66	10	46	52	82
307 Mexikaner	39	81	3	30	56	75
231 Israelis	31	70	10	28	43	42
152 jüdische Amerikaner	24	70	2	30	16	68
163 Fettleibige[1]	40	68	7	33	40	73
540 Angehörige der Kriegsmarine[2]	33	68	9	33	33	46
junge Marine-Angehörige[3]	39	75	4	40	33	44

[1] Hier handelt es sich um Klienten einer Beratungsstelle für Fettleibige. Das durchschnittliche Alter liegt bei 35.

[2] Es handelt sich um Angehörige der U.S.-Navy. Das Durchschnittsalter liegt bei 26.

[3] Dies ist eine getrennte Auswertung für die 18- bis 21jährigen Marine-Angehörigen